中国传媒大学青年学者译丛
媒介与传播系列　段鹏　主编

有效的危机传播
从危机到转机
（第四版）

罗伯特·R. 厄尔默（Robert R. Ulmer）
[美] 蒂莫西·L. 塞尔诺（Timothy L. Sellnow）　著
马修·W. 西格（Matthew W. Seeger）

郭晓科　译

Effective
Crisis
Communication
Moving From Crisis to Opportunity

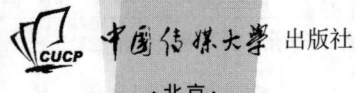 中国传媒大学出版社
·北京·

图书在版编目（CIP）数据

有效的危机传播：从危机到转机／（美）罗伯特·R.厄尔默（Robert R. Ulmer），（美）蒂莫西·L.塞尔诺（Timothy L. Sellnow），（美）马修·W.西格（Matthew W. Seeger）著；郭晓科译. -- 4版. -- 北京：中国传媒大学出版社，2023.7

（中国传媒大学青年学者译丛／段鹏主编. 媒介与传播系列）

书名原文：Effective Crisis Communication：Moving From Crisis to Opportunity

ISBN 978-7-5657-2780-1

Ⅰ.①有…　Ⅱ.①罗…　②蒂…　③马…　④郭…　Ⅲ.①传播学—研究　Ⅳ.①G206

中国版本图书馆 CIP 数据核字（2020）第 178600 号

有效的危机传播：从危机到转机（第四版）

YOUXIAO DE WEIJI CHUANBO：CONG WEIJI DAO ZHUANJI（DI-SI BAN）

主　　编	段　鹏	
著　　者	［美］罗伯特·R.厄尔默（Robert R. Ulmer）	
	［美］蒂莫西·L.塞尔诺（Timothy L. Sellnow）	
	［美］马修·W.西格（Matthew W. Seeger）	
译　　者	郭晓科	
责任编辑	于水莲	
责任印制	阳金洲	
封面设计	运平设计	

出版发行	中国传媒大学出版社	
社　　址	北京市朝阳区定福庄东街 1 号	邮　编　100024
电　　话	86-10-65450528　65450532	传　真　65779405
网　　址	http://cucp.cuc.edu.cn	
经　　销	全国新华书店	

印　　刷	唐山玺诚印务有限公司
开　　本	787mm×1092mm　1/16
印　　张	15.75
字　　数	289 千字
版　　次	2023 年 7 月第 1 版
印　　次	2023 年 7 月第 1 次印刷

书　　号	ISBN 978-7-5657-2780-1/G·2780　　定　价　75.00 元

本社法律顾问：北京李伟斌律师事务所　　郭建平

总 序

从广播电视到互联网、移动互联网，传媒让这个世界变得绚丽多姿、神奇诡秘。传媒正在急速地改变这个世界，通过新闻传播，人类分享现实中的信息资讯，通过艺术，人类分享脑海中的想象力。基于传播科技百年激荡的新闻传播和艺术学，推动着历史发展，也影响着历史发展。

中国传媒大学是中国传媒人才的摇篮，建校六十多年，为信息传播领域输送了大批高层次人才。从培养高层次、复合型创新人才的社会责任出发，中国的传媒事业亟须高校培养出一批谙熟新闻传播规律和艺术传播规律并具有创新意识和创作才能的新闻人才和艺术人才。

在全国众多高校中，中国传媒大学以在信息传播领域"小综合"的学科特色而闻名，2017年入选首批"世界一流学科建设高校"，新闻传播学、戏剧与影视学入选教育部"双一流"建设学科名单。同年12月，在教育部学位与研究生教育发展中心公布的全国第四轮学科评估结果中，新闻传播学、戏剧与影视学这两个一级学科均拿到了A+名次。从"双一流"学科建设的教育使命出发，中国的传媒事业亟须高校在媒体融合发展的顶层设计下，推进理论体系、教学理念、教学内容、方法手段、体制机制等全方位的创新研究，成为国家传媒事业发展强有力的理论支持和智力支持力量。

因此，在整个世界传统媒体与新兴媒体融合发展的时代大背景下，我校组织翻译出版一套"中国传媒大学传播与艺术译丛"，借此整理西学前沿著作，以期对当代中国新闻传播和艺术学在理论建设和成果创新方面有借鉴意义，帮助广大传媒学者和媒体一线从业者寻找解决问题的途径。

此套丛书由中国传媒大学与新闻传播领域的国际权威出版机构SAGE国际出版集团合作，遴选了一批由SAGE出版并经过教学与实践严格检验的优秀书目，力求全面、系统地反映出当下新闻传播和艺术学在理论研究、方法研究以及实务研究等方面所进行的最新探索。译丛是我校与SAGE国际出版集团继合作出版《全球媒体与中国》（*Global Media and China*）英文期刊之后，又一个重要的合作项目，前后筹备三载有余，最终完稿、付梓，倾注了新闻传播学和艺术学领域的知名教授、学者和留学博士的大量心血，力争为每一本书做出"信、达、雅"的翻译。

自民国开始，译丛便是中国知识分子和青年学生获取西方最先进理论知识的重要桥梁之一。中国传媒大学在20世纪80年代就已开始译介、学习和研究国外新闻传播学、艺术学的方法和成果，建立与世界新闻传播学、艺术学界对话的共同经验范围。毋庸置疑，我们的工作是卓有成效的。

正如习近平总书记在哲学社会科学工作座谈会上所强调的，"不忘本来，吸收外来，面向未来"。借船出海、借梯登高，主动接轨，优势互补，共同发展，为尽快赶上国际先进水平，尽早实现"双一流"学科建设争创世界一流的伟大目标，我们应该虚心学习和推介国外前沿的新闻传播理论与优秀的实务指导教材，以培养出更多国际化的新闻传播人才和艺术人才。译丛带来的新鲜理论和鲜活实务，也有助于我校在"双一流"学科建设中，进一步优化学科结构，凝练学科发展方向，突出学科建设重点，增强学校在国际上的竞争力。

但值得注意的是，我们应当以批判的态度保持与西方新闻传播和艺术学对话的姿态，在借鉴西方优秀教材和经典专著时不妨思考，有哪些是缘木求鱼，有哪些是举一反三，想想本土社会中产生的经验与问题在哪里。我们应该明确，我们的目标是制定具有中国特色的新闻传播和艺术学学科标准，积极建设和探索新闻传播学、艺术学本土化发展的道路。

所以，在译丛工作之后，我们还要推进"西方理论—中国问题"向"中国实践—中国理论"的转型，立足本土，跨越东西，高效地将科研成果结合当代中国传媒行业发展诉求，转化为服务社会发展的实在生产力，最终实现"中国特色，世界一流"。

最后，希望本译丛还可以成为一个促进思想交流、激发智慧灵感的载体，增进东西方在新闻传播和艺术学领域的深度学术交流，接收来自全世界新闻传播和艺术学领域多元化的声音，促进新闻传播和艺术学研究在媒体融合时代更大的繁荣，让新闻传播和艺术学成为改变世界的最大正能量。

丛书主编

译者的话

  "危机"一词在汉语中本身就包含两层意思——既代表了一种威胁程度极高的状态，同时也蕴藏着机遇。本书提出"有效的危机传播"，核心观点是把视角从过去转向未来，危机传播的核心要义是组织学习和重建。本书第一部分介绍了危机传播的相关概念和理论；第二部分重点阐述了有效的危机传播、如何管理不确定性、如何提升领导力等，并辅以相关的典型案例，帮助读者理解应用这些理论；第三部分聚焦于机遇，包括组织学习、风险沟通、道德规范、组织重建等重要理念。

  危机传播管理是提升治理能力现代化的重要方面，对于保持社会健康稳定发展和应对各种风险挑战具有重要的现实意义。随着5G互联网时代的到来，信息传播速度更快、连接更广泛、信息容量更庞大，新技术的发展给包括政府和企业在内的各类组织都带来了全新的机遇和挑战。危机传播理论和实践也必须应时代的变化而发展，避免因危机传播的失败而造成不可挽回的惨重损失，甚至一蹶不振。《有效的危机传播》为我们打开了新的视野，而且具有高度的实践性和可操作性，值得学习和借鉴。

  感谢段鹏教授牵头组织本套丛书的翻译工作，感谢中国传媒大学媒介与公共事务研究院院长、国防部新闻局原局长杨宇军对本书翻译给予的指导，张童昕、李璐、杨紫嫣等参与了本书的翻译工作，在此一并表示感谢。特别感谢我的妻子王晓丽，不仅给予我支持和鼓励，还帮助我完成了大量翻译、统稿和审校工作。本书涉及的理论和实践案例众多，翻译过程中难免有纰漏，还望读者批评指正。

郭晓科

2023年6月

第四版前言

第四版《有效的危机传播——从危机到转机》的核心观点是：危机传播不仅仅是关于
管理危机所引发的威胁，同时还会创造潜在的机遇，有效的危机传播能够促进组织的重建
与成长。从传播的视角来看，危机通常被描述为具有破坏性和威胁性的、负面的、无任何正
面价值的事件。因此，危机传播通常是防御性的和消极的。组织为最大限度减轻危机带来
的破坏和影响，往往倾向于推卸责任、寻找替罪羊，或者采用僵化的法律途径，甚至保持缄
默。上述种种危机响应举措，会让组织失信于公众。事实上，现在已经有很多危机传播理论
可以为组织提供有效的分类处置策略，帮助组织维持形象和声誉。

本书所描述的危机传播方法，超越了组织形象或声誉管理的层面，为读者提供了更多的
危机应对选项，这无疑是一场思想上的转变。所有的危机都带有不同程度的威胁，然而，我
们建议经历危机的组织要抓住机遇并从中学习，诚实而有道德地进行传播，尽可能减轻危
机造成的伤害和影响，树立前瞻性的愿景，从而使组织向前发展。这种方法要求组织建立
坚定而积极的核心价值观，运用有效的危机传播方法指导其危机响应。诚然，这种方法看
上去激进且超乎寻常，但是，正如你将在本书中所看到的那样，我们已经通过大量不同的案
例、危机种类和情境进行了验证。

阅读本书，你会注意到第四版与之前的版本有所不同。全书包括三部分：第一部分包
括第1章和第2章，主要为本书奠定概念基础。第1章界定了危机传播的概念，第2章检视了当
前的危机传播理论。第二部分包括第3—8章，主要内容为危机管理课程以及每节课程的实
际应用案例。例如，第3章讲解了如何进行有效的危机传播，第4章提供了应用这些课程内容
的案例；第5章描述了如何有效处置危机中的不确定性，第6章考察了诸多案例来测试读者的
相关应用能力；第7章描绘了有效的危机传播领导力，第8章提供了多个案例以评估读者在危
机传播中的领导力水平。学习这些课程及案例能够帮助危机传播研究者和从业者在危机传

xvi　播的语境下分析、思考和评估这些理论和实践。回答案例后的相关问题能帮助读者有效提升危机传播技能。

第三部分聚焦"机遇"，检视了组织学习、风险传播、传播伦理在危机后创造机遇过程中所扮演的角色。这些章节建议读者抵制危机传播中的威胁偏见，珍视危机能够带来的机遇。最后一章介绍了"话语重构"理论，作为有效处置危机的一个重要方法，研究者可以用这种方法检验理论的可行性，评估危机传播中具体实例的优缺点。研究者和从业者可以运用话语重构来制定危机信息，并且更全面地考虑风险和危机传播决策。

理论帮助我们以不同的视角来理解和洞察世界，我们将理论视为帮助我们更好地理解世界的镜头。本书提供了丰富的课程以及检视各类危机的新视角，我们希望这些关于有效危机传播的建议能帮助读者拓展和重新思考关于危机传播的看法；我们希望书中描述的案例能够激发人们关于看待和传播这些事件的探讨；我们希望本书能够鼓励人们深度理解关于危机传播的研究、实践和政策。

致　谢

我们要感谢那些帮助我们形成这些思想的人。以下同事提供了许多有益的建议：安德鲁·派尔（Andrew Pyle）、阿莱西亚·弗格森（Alesia Ferguson）、史蒂文·维奈特（Steven Venette）、杰弗里·布兰德（Jeffrey Brand）、朱莉·诺瓦克（Julie Novak）、乔尔·艾弗森（Joel Iverson）、金伯利·考登（Kimberly Cowden）、凯瑟琳·安东尼（Karthryn Anthony）、瑞贝卡·弗雷霍特（Rebecca Freihaut）、摩根·格切尔（Morgan Getchell）、阿丽莎·米尔纳（Alyssa Millner）、劳拉·巴夏（Laura Pechta）、伊丽莎白·彼得伦-塞耶斯（Elizabeth Petrun-Sayers）、黛博拉·塞尔诺-里士满（Deborah Sellnow-Richmond）、凯瑟琳·维多罗夫（Kathleen Vidoloff）和凯莉·沃尔夫（Kelly Wolf）。

我们各自的学校也有许多学生为我们撰写有效的危机传播和话语重构相关内容提供了思路。在此，我们要特别感谢柯蒂斯·利斯卡（Curtis Liska）、帕蒂·莫赛特（Patty Mossett）、卡瑞纳·克雷敏（Carina Cremeen）、范古（Fan Ku）、雷根·麦基（Reagen McGee）、朗达·特里莱特（Rhonda Troillett）、阿什利·巴卡罗萨（Ashley Bocarossa）、詹妮弗·梅德利（Jennifer Medley）、玛丽·巴士比（Mary Busby）、杰西卡·史密斯-艾利斯（Jessica Smith-Ellis）、马克·弗莱德兰德（Mark Freidlander）、艾米莉·赫尔塞尔（Emily Helsel）、佩奇·莫黑德（Paige Moorhead）、阿什利·戴（Ashleigh Day）、梅尔文·冈普顿（Melvin Gupton）和凯瑟琳·加伦汀（Catherine Gallentine）。

我们还要感谢以下评论家，他们为本书的前三版贡献了极具价值的反馈：

❖ 第三版

杰弗里·D.布兰德（Jeffrey D. Brand），密利克大学（Millikin University）；

迈克尔·A.考迪尔(Michael A. Caudill)，西卡罗来纳大学(Western Carolina University)；

阿琳·麦格雷戈(Arlene MacGregor)，麻省海事学院(Massachusetts Maritime Academy)；

JJ·麦金泰尔(JJ McIntyre)，阿肯色中央大学(University of Central Arkansas)；

帕特里克·斯彭斯(Patric R.Spence)，肯塔基大学(University of Kentucky)；

R.泰勒·斯普拉德利(R. Tyler Spradley)，史蒂夫奥斯汀州立大学(Stephen F. Austin State University)；

杰瑞·汤玛斯(Jerry Thomas)，林赛威尔森学院(Lindsey Wilson College)。

❖ 第二版

约翰·R.费舍尔(John R. Fisher)，西北密苏里州立大学(Northwest Missouri State University)；

卡罗尔·M.马德(Carol M. Mader)，东南路易斯安那大学(Southeastern Louisiana University)；

xviii 约瑟夫·埃里克·梅西(Joseph Eric Massey)，国立大学(National University)；

梅琳达·邦德·里夫(Melinda Bond Shreve)，底特律大学(University of Detroit Mercy)；

R.泰勒·斯普拉德利(R. Tyler Spradley)，史蒂夫奥斯汀州立大学(Stephen F. Austin State University)；

莎莉·R.薇尔(Shari R. Veil)，俄克拉荷马大学(University of Oklahoma)。

❖ 第一版

杰弗里·D.布兰德(Jeffrey D. Brand)，密利克大学(Millikin University)；

艾里斯·达里默(Elise Dallimore)，东北大学(Northeastern University)；

罗伯塔·道格特（Roberta Doggett），北佛罗里达大学（University of North Florida）；

维姬·弗雷穆思（Vicki Freimuth），佐治亚大学（University of Georgia）；

基斯·赫里特（Keith Hearit），西密歇根大学（Western Michigan University）；

大卫·里奇（David Ritchey），阿克伦大学（University of Akron）。

目　录

概念基础

1

危机传播的定义

❖　　❖　　❖

我们的社会不断遭受各种危机的侵袭，比如飓风、海啸、森林火灾等自然灾害，也 *3*
包括食源性疾病、公司渎职、恐怖袭击等组织危机。不管你身居何处、从事何种职业，
各种各样的危机随时都可能严重扰乱你的工作和生活；无论任何群体和组织，无论公
共领域还是私人领域，都无法躲开危机的侵扰。

就在我们撰写这本书的第四版时，越来越多的人希望了解如何进行有效的危机
传播并掌握相关的技能方法。在本书上一版问世仅两年后，全球数十个国家的医院
因遭受网络攻击致使基础医疗数据泄漏而被勒索，导致部分医院不得不暂停医疗救
治；大众汽车公司（Volkswagen）因伪造旗下柴油车尾气排放水平而激怒了客户、监管
机构以及环保人士；福克斯新闻（Fox News）解雇了知名节目主持人比尔·奥雷利（Bill
O' Reilly）和该频道创始人、前首席执行官罗杰·艾尔斯（Roger Ailes），因这两人被多
名雇员指控性骚扰；为众多汽车制造商供应安全气囊的日本高田公司（Takata），因气
囊展开后可能会弹出危险的金属片而在全球召回数百万个安全气囊；贝勒大学（Baylor
University）因深陷性骚扰丑闻而开除其足球教练，校长也引咎辞职。这份清单虽不详
尽，但着实让最近经历毁灭性危机的组织足够抢眼——或丢脸。除了组织危机，人们遭
受的自然灾害也同样令人警醒，例如，奥罗维尔大坝（Oroville Dam）发生的泄洪道事故

致使加利福尼亚州近20万人紧急撤离；飓风"马修"（Matthew）肆虐海地、古巴、巴哈马群岛、多米尼加以及牙买加，并导致美国佛罗里达州、乔治亚州、南卡罗来纳州、北卡罗来纳州等多地发生洪灾，损失惨重；2017年1月爆发的41起龙卷风灾害致使美国东南部仅一个月内的死亡人数堪比全美2016年因龙卷风致死人数的总和。登录"灾难报道网"（www.disaster-report.com）即可获取全球当前自然灾害情况的最新信息。正因我们不断经历各种毁灭性危机的侵袭，目前学习有效的危机传播及相关技能的需求与日俱增。

由于危机普遍存在，国土安全部（DHS）、联邦应急管理局（FEMA）、疾病控制和预防中心（CDC）、应急管理部门、公共健康部门，以及政府机关、公关公司、各大企业等各类组织机构，都需要具备良好危机传播技能的专业人士。总之，危机传播技能与知识在任何行业都是有用的。也正因为危机的普遍存在，危机传播技能往往最受雇主们关注。无论你从事哪类工作，本书探讨的相关知识与技能都能让你在身处危机之时更有效地开展传播工作。

有人或许会问："谁会愿意在一个令人沮丧的领域工作并研究负面危机呢？"我们的回答是，危机从其本质上来看并不是社会的消极力量，事实上，我们认为危机甚至会产生一些积极的结果，我们也可以视危机为学习和改进的机遇。究其本质，危机是一个组织生命周期中的危难时刻或转折点，但同时会给组织带来潜在机遇，让组织日后在某些方面变得更强大。

如果我们不对危机传播进行研究，组织及其成员在遭遇危机时就很容易惊慌失措。实际上，一些组织在危机发生后的传播表现十分糟糕，这使它们一蹶不振，失信于组织成员及公众。

本书将呈现我们经过多年调研以及担任顾问所积累的战略和经验，着重强调危机带来的是机遇而非灾难。各章节将阐释危机过后组织应如何进行修复与重建，以及如何创造机遇的重要传播经验与要点。我们认为，有效的传播技能对于在危机转折点上创造积极的重建机会至关重要。

本书最新版分为三部分，以增进读者对于危机传播技能的理解。第一部分包括两章，主要阐明有效的危机传播的概念：第1章指引读者思考危机传播概念的内涵与外延，并阐释危机的种类；第2章向读者介绍危机传播的重点研究领域及相关理论，这一章可以作为工具，帮助读者扩充关于描述、解释和理解危机传播的相关概念。第二部分从理论转至实践：在这一部分，我们为读者提供基于实证研究的实践课程，包括危机中的有效传播、不确定性管理、领导力等要素。读者每学完一章的课程，都有机会将所学内容在下一章的危机案例中进行应用。例如，第3章聚焦有效的危机传播，包括10节相关课程；第4章由6个相关案例组成，通过实践检验读者掌握有效的危机传播技能的情况，读者通过活学活用以提升自身技能。众所周知，每个危机都伴随着不同程度的不确定性，第5章涵盖了关于危机不确定性管理的10节课程，阐释了如何在危机引发的不确定性中进行有效的传播；第6章介绍了6个案例，供读者测试其在高度不确定性条件下施展传播技巧的能力。第7章是有效的危机传播领导力的10节课程；第8章由6个案例组成，以评估读者在危机传播中的领导力水平。在每一个案例章节中，我们都会要求读者对有效的危机响应做出决策。

第一部分和第二部分主要提供了对有效的危机传播的概念理解和技能拓展实践。第三部分主要探讨了从失败案例、风险传播及传播伦理中能学到什么，即如何在危机传播中"转危为机"，其中最后一章主要讲述了危机后如何提振人心和重塑形象。第9章解释了组织如何从失败中学习从而提高危机应对与回应能力；第10章展示了有效的危机传播何以为危机传播者提供机遇从而防范未来的危机；第11章检视了危机的伦理内涵以及在强有力的伦理立场和传播环境下所展现的机遇；第12章提出了一个有效的危机传播理论——"话语重构"，我们对这一理论进行了描述并说明了其在危机传播中的应用。纵观全书，我们采用了一系列典型案例用以阐述危机传播的方方面面。

❖ 危机传播的定义

首先，我们要界定何为"危机"。在日常对话中，"危机"一词的使用十分随意。做一个简单的实验：花一两天听听你身边人的谈话。多数情况下，你会听到你的朋友、同事或同学把他们日常面临的问题——轻微交通事故、忘记约会、闹心的婆婆、不如意的一天或最喜欢的大学球队失败记录——视为危机，所有这些情景都是糟糕的体验，但并不能被定义为危机。同样，从规律性的程度上看，组织所面临的一些事件，如意外的低销售额或关键雇员的背叛，虽然是组织经历的困难时刻，但不一定是危机。**危机是组织的历史中那些独一无二的时刻。**

在一项经典的研究中，赫尔曼（Hermann, 1963）指出了危机区别于其他令人不悦的事件的三大特征：

    1.意外性

    2.威胁性

    3.响应时间短

    一件令人困扰的事如果不具备意外性，不会产生严重的威胁，且不会迫使你在短时间内做出响应，那么就还尚未达到危机的程度。下面，让我们来进一步界定赫尔曼提出的这三个危机要素的特点。

意外性

    即便是自然发生的事件，比如洪水、地震、森林大火，只要其发生的时间或强度没有超过政府官员和居民的预期，则不会升级至危机级别。例如，2013年袭击美国俄克拉荷马州摩尔市的龙卷风就带来了高度的意外。数以百计的家庭流离失所，24人死亡，该城市被宣布为灾区。

    2011年，一名联邦快递（FedEx）的客户在YouTube上发布了一则视频（搜索"联邦快递暴力投放"），该视频显示快递员将电脑显示器包裹从高墙外直接扔进客户家院内，视频点击量有数百万次。当时这一事件对联邦快递而言，显然是个意外和危机。联邦快递迅速就危机事件向顾客及公众进行回应（搜索"联邦快递回应顾客视频"）。最终，这一危机威胁到了联邦快递长久以来树立的价值观及其为客户服务的基本生命线。

威胁性

    任何危机事件对组织产生的威胁都不可与其他一般问题同日而语——由危机引发的威胁会对组织的财务安全、客户群、生产设施以及周边的居民等产生影响。例如，2010年英国石油公司（BP）位于墨西哥湾外海的钻油平台发生故障后爆炸，导致数百万加仑的原油倾泻入墨西哥湾，这一危机受到全球关注。原油污染的海域对当地的渔业造成了极大的破坏，鸟类及海洋生物也受到了影响，进一步加剧了对这一地区生态系统的威胁。随后，英国石油公司出资 5 亿美元启动墨西哥湾研究计划（Gulf of Mexico Research Initiative），研究原油泄漏对环境及海洋生物产生的短期及长期影响。人们预计，应对和恢复工作，以及对墨西哥湾石油泄露影响的全面评估,将持续多年。

原油泄漏在全球属常规现象,且一般只产生迅速的、非长期性的破坏,很少会升级至危机。然而在英国石油公司的案例中,因原油泄漏量过大,导致威胁激增。最终,这一危机演变成了美国历史上最严重的环境灾难。

响应时间短

危机的威胁性意味着组织需要迅速响应。英国石油公司在上面提到的原油泄漏事件发生时,就因没有及时回应关切而备受批评。此外,该公司还因为没有针对类似重大灾难的风险传播预案而饱受非议。原油泄漏事件发生后,危机势态严重超出了英国石油公司的掌控范围。公司时任首席执行官托尼·海沃德(Tony Hayward)因在首次回应中瞒报危机范围及强度、存在缺乏同情心和同理心等沟通失误问题而被广泛谴责。由此可见,组织必须在危机发生后立即进行有效的传播。这或许很难,因为我们往往面临着很多不确定性,而且我们还不知道危机发生的原因。但是,组织可以利用短暂的窗口期来控制危机,并对回应和修复努力定调。

正如这些案例所示,危机最令人沮丧和头疼的就是持续不断的紧急情况。这种紧急性也是由危机的意外性和随即产生的高度威胁性导致的。

❖ 传统危机定义的拓展

在本书中,我们讨论了很多类型的组织危机,无论工业事故还是自然灾害都有所涉及。为了进一步阐释所有这些种类的危机,我们对组织危机做如下定义:

> 组织危机是指特定的、**不可预测的**(unexpected)、**非常规的**(nonroutine)单一或系列事件,且该事件会产生高度**不确定性**(uncertainty),并对组织的**高优先级目标**(high-priority goals)既带来**威胁**(threats)又创造**机遇**(opportunities)。

如上所述,危机的强度伴随着特定的意外性。即便在某些案例中已出现明显的征兆,但当危机真正来临时还是会出乎多数人的意料。因此,危机经常是出其不意的事件,因超出预期而无法用常规方法应对。一旦组织舍弃常规措施,那么领导层在面对不确定性进行危机传播时，将要面临的要么是成长与重建的机遇，要么是组织形象和声誉俱毁的威胁。表1.1描述了组织危机中每一个关键要素的操作定义。

表1.1 组织危机中关键要素的操作定义

不可预测性	事件出乎意外，这种意外程度超过了组织的预见或计划范围，也可能由于某些特定情况已非组织最强有力的危机管理方案能够解决。
非常规性	任何组织的日常工作都会出现问题，组织一般会有常规措施来解决这些问题。而危机却并非常规措施能够解决的，需要独特的、超乎常规的特殊应对方法。
产生不确定性	危机的不可预测性和非常规性会产生极大的不确定性。不经过深入调查，组织便无法弄清危机的原因和最终后果。危机过后，组织或许需要付出几个月甚至几年的努力以降低这种不确定性。
创造机遇	危机可能会创造非比寻常的机遇。组织可以从危机中学习、实现战略转型和组织成长，或发展出新的竞争优势。
对形象、声誉或高优先级目标构成威胁	危机会对组织及其成员产生高度威胁，这种威胁通常被描述为对组织的形象或声誉的破坏。甚至，危机可能会使组织遭到毁灭性的打击。

❖ 灾难、突发事件、危机和风险

"危机"一词通常意味着对组织产生严重后果的事件。然而，社群也经常经历龙卷风和飓风等灾害。同样，组织和社群可能还会经历一些突发事件，这些突发事件与真正的危机和灾难相比，属于小范围、可控的"小型"危机。煤气泄漏而引发的建筑物应急疏散等案例属于突发事件。目前，已有一些处理突发事件的应急办法，但这些不在本书的讨论范围内。相反，如果是组织（例如一家工矿企业）发生瓦斯爆炸则属于危机，如何应对此类事件就在本书的讨论范围内了。同样，你将在案例章节看到一些实用的启示，以帮助你更好地理解组织和社群对恐怖主义、自然灾害、环境灾害等灾难的响应。

此外，我们在之前的定义中并没有提及"风险"。我们把危机和风险分开，是因为风险与我们如影随形，但危机通常是可以避免的。诚然，有些人所承担的风险高于其他人，例如，他们就居住在炼油厂附近或飓风频发的海岸边，抑或容易发生泥石流、森林大火的地方。但我们要明白，危机和风险是密切相关的，糟糕的风险沟通会导致危机。在第10章，我们将更具体地说明有效的风险沟通能创造机遇。下面，我们先来探讨危机的类型。

❖ 危机的类型

现在，请在脑海里回顾组织危机的定义，想想有哪些事件可以被归为危机。你曾经直接或间接地处于危机之中吗？或许你没有亲历一家世界500强企业的破产，但你可能见证过一场洪水、一个组织领导者的失信、一家全国连锁餐厅暴发食源性疾病、一场毁灭性的工业大火，或者一场影响广泛的恐怖袭击。所有这些情境都可以被称为危机。

危机传播研究者们制定了危机的分类系统，以更好地制定危机响应预案，从而减少危机的不确定性。最简单也是最有效的分类方法就是把危机分为两大类型：人为危机以及自然因素和不可抗力导致的非人为危机。为了把所有潜在危机考虑全面，研究者们努力思考各种出乎意料的情况，最终的清单不仅无穷尽，而且对组织来说都是独一无二的。在这里，我们并不是要一一列举所有人为或非人为的危机，我们只是提供一份分类清单，而大多数危机都能被归入这两类。

人为危机

我们把以下七类蓄意破坏组织的行为划定为人为危机：

1. 恐怖主义
2. 蓄意破坏
3. 工作场所暴力
4. 不良的劳资关系
5. 不良的风险管理
6. 恶意收购
7. 领导层道德失范

自美国"9·11"事件以来，**恐怖主义**（terrorism）无疑成为最严峻的人为危机。所有组织必须意识到自己在面临恐怖主义事件时的脆弱性，那是一种将会使一个组织乃

9

至国家陷入混乱的严重危机。

组织还容易遭到**蓄意破坏**（sabotage），可能是组织内部人员对产品或生产设施进行的人为破坏。一般来讲，蓄意破坏可能出于报复或为了获取经济利益。同样，**工作场所暴力**（workplace violence）在美国已广泛存在。雇员或前雇员因不满被组织虐待而采取暴力手段。令人悲哀的是，这种暴力行为愈发普遍，甚至已蔓延至校园，导致伤亡事故多发以及对组织和劳动力的巨大破坏。

不良的劳资关系（poor employee relationships）也会引发大规模危机。如果组织无法保持与员工的积极关系，则可能会出现问题。例如，如果一个组织因其不良的劳资关系而声名狼藉，且这一情况一直得不到改善，那么这个组织可能既难以留住员工，也难以招到新员工。而没有合格的员工，一个组织就无法继续运行。另一种可能是，加入工会的员工因对工作条件不满而选择采取行动，比如罢工。通常情况下，罢工会冲击组织的财务稳定。我们知道，不良的劳资关系未必是所有罢工或员工流失问题的罪魁祸首，但我们相信，当罢工和员工流失引发危机时，组织与员工的关系管理通常会引发争议。

如果组织因不良的风险管理而铸错，会对消费者和员工造成灾难性影响。例如，一家位于美国中西部城市的牛肉加工厂由于未及时维修排水系统而引发公共卫生事件，排水系统过载溢出污物，屠宰过程中产生的臭气熏天的牛粪及其他残余物被直接排放到了流经拥有十万以上人口的社区的河流中。最终，该加工厂糟糕的风险管理让自己遭受重罚并被迫关门。

恶意收购（hostile takeovers）也是组织所面临的一大威胁。简单来讲，恶意收购是指一个组织的大多数股份被竞争对手收购，其结果可能直接颠覆现任领导层，并导致组织瓦解。成千上万的员工可能因为这一完全发生在工作场所之外的行为而失业。虽然联邦法规要解决恶意收购的问题，但这些对组织的攻击行为依然存在。

最广泛的一类人为危机源于**领导层的道德失范**（unethical leadership）。一项基于6000多个样本的研究显示，有新闻价值的组织危机案例大都是源于管理问题。更糟的是，这其中的大多数危机是由经理人的犯罪行为导致的（Millar & Irvine, 1996）。第11章将主要讨论道德问题。在这一点上，我们想要强调，道德失范行为往往是危机情境的终极原因。当一个组织的领导已明知员工、顾客、投资者或周边社区陷入风险，却依然不诚实地面对风险，一般会发生两种情况：一是系统发生崩溃，最终导致危机；二是当公众发现组织领导层不诚实时，组织的领导层将不被饶恕。因此，重建的道路对于不诚实的领导来说要远比诚实的领导艰难。

非人为危机

很明显，并不是所有危机都源于人们的不良动机所导致的蓄意破坏。事实上，有很多危机是不可预测也无法避免的。在这一部分，我们主要归纳了五大类非人为危机：

1.然灾害

2.疾病暴发

3.不可预测的技术交互

4.产品问题

5.经济衰退

组织和个体一样，在**自然灾害**（natural disasters）面前都不堪一击。龙卷风、飓风、洪水、森林大火以及地震都有可能摧毁组织、工厂或整个社区。虽然这些事件一般不可预测，但我们依然能采取一些措施来尽量减轻对组织的影响。例如，在地震带建造核反应堆就是非常不明智的。同理，将组织设立在洪水或热带风暴多发区也是不可原谅的。总之，组织应尽可能在投资设施前把潜在的自然灾难威胁考虑到位。如果组织决策失误，那么一场自然灾害会带来更糟糕的后果。但尽管我们小心翼翼，自然灾害仍无法避免。

疾病暴发（disease outbreaks）也是一种不可避免的危机，且有些是自然发生的，例如2009年甲型H1N1流感病毒在全球暴发。而诸如食源性疾病等危机，却是因组织失误而导致的。例如，施万公司（Schwan's Sales Enterprises）发现其在全国销售的冰激凌含有沙门氏菌，导致数万名消费者发病。施万公司快速响应，立即召回产品以减轻问题产品对公众的危害，这一危机处置方法还算成功。产品故障在所难免，但有效的危机应急预案能够减轻其严重性和发生频率。

许多因故障而引发的危机都是源于**不可预测的技术交互**（unforeseeable technical interactions）。查尔斯·培罗（Charles Perrow, 1999）在他的经典著作《常态事故》（Normal Accidents）中，描述了许多由看起来不相关的设备故障所导致的组织监测及安全设备失灵的案例。例如，他提到一架商用飞机因咖啡机短路引发电气火灾、安全设备及控制系统失灵，最终导致飞机紧急迫降。在这个案例中，飞行员和维修组都遵守

11

了所有规定程序，咖啡机也连接适当，而危机还是由几乎难以想象的事件所引发。

产品召回是一件司空见惯的事。组织发现产品的意外风险或缺陷会宣布召回、修理或更换产品，或为客户退款，然后再恢复如常。美国人对**产品故障**（product failure）导致的召回习以为常，许多消费者会权衡召回带来的不便和瑕疵产品的潜在风险。大多数时候，消费者可能根本不理会召回，但有时，召回会导致危机。比如全球儿童安全组织（Safe Kids Worldwide, http://www.safekids.org）这样的机构会为家长监测并发布各类召回产品。浏览类似的网站，你会发现有无数召回产品严重影响涉事机构和全世界的孩子。因此，产品召回也是一类频发危机。

最后，几乎每一类组织都会遭遇**经济衰退**（downturns in the economy）引发的危机。就连那些诚信的、有严密规划的、严格执行安全标准的组织也会成为经济衰退的受害者。如果消费者失去购买力，一个组织再怎么善于传播也几乎无法解决这一问题。经济衰退会引发减产裁员和企业倒闭。2008—2010年，美国经历了"大萧条"以来最严重的一次经济危机。这场由金融风险和房地产市场崩盘引发的危机，导致了美国金融体系的崩溃。大小企业无法获得信贷，最终，包括雷曼兄弟（Lehman Brothers）、美林证券公司（Merrill Lynch & Co.）、华盛顿互惠银行（Washington Mutual）、美联银行（Wachovia Corporation）在内的多家大银行纷纷宣告破产或被其他公司收购。此外，通用汽车公司（General Motors）、克莱斯勒公司（Chrysler）等大企业也因融资困难相继破产。经济衰退导致的危机已远远超过组织能够应对的能力范畴。

❖ 全球化与危机

组织危机是一种特定存在，我们无法阻止它，也无法回避它。更糟糕的是，危机正变得愈发普遍。培罗（1999）解释说，随着科技进步和人口增长，我们会遭遇越来越多的、在20或30年前想象不到的危机。

作为消费者，我们也比从前更加依赖组织。25年前，互联网还只是个概念，有线电视被视为奢侈品，卫星电视还像个襁褓中的婴儿，手机有电锯那么大。而现在，以上这些科技以及相关支持组织已成为我们这个时代的标志。随着我们越来越依赖这些服务和组织，我们暴露在危机中的风险也自然提高了。

此外，随着我们步入全球社会，在大陆这一头发生的事件很可能会引起大洋彼岸的一场危机。想想最近一次经济危机给全球带来的危害不难发现：仅一个国家的经济危机就能够让全球的经济衰退。另一个全球社会的例子是食品安全，正如我们之前提到的，2008年源于中国的"三聚氰胺"奶粉事件严重影响了全球喝进口奶粉的婴幼儿，他们饮用了被人为夸大的蛋白质补充剂三聚氰胺污染的进口奶制品。这一危机致使多个国家禁止进口并召回中国奶粉，或对中国奶粉启用更详细严苛的检测手段。随着我们的世界变得更加复杂、互联、集中、高效，危机的发生频率和表现形式也在稳步增长，有效的危机传播技能正愈发彰显价值，要做到有效，就必须正确认识危机传播，同时摒弃一些错误观念。

❖ 厘清对危机和危机传播的误解

在介绍危机传播理论之前，我们希望读者先认清关于危机传播的十大误解。我们的误解不仅关乎如何定义和理解危机，还关乎我们如何应对危机。正因如此，这种理解是开启下一章——关于危机传播理论的重要过渡。更重要的是，这些误解会导致我们处置危机时的失效和不适应，要想成为一个有效的危机传播者就必须抵制这些误解。多数的失误和无效传播意味着领导者和危机传播者对传播和危机存有误解。以下，我们列出了关于危机和危机传播的十大误解，并逐一阐释如何修正认识，从而进行有效的危机应对（详见表1.2）。

表1.2 对于危机传播的十大误解 *13*

1. 危机塑造品格。
2. 危机没有任何正面价值。
3. 解决危机仅仅是关于追责。
4. 危机传播仅仅是把预设信息传递给利益相关者。
5. 危机传播就是采取被动防御姿态。
6. 危机传播就是要制定详尽的危机预案。
7. 危机传播就是要"过度"消除公众对于危机影响的顾虑，避免引起恐慌。
8. 危机传播只在有新消息出现时才进行传播。
9. 危机传播主要是管理组织的形象与声誉。
10. 危机传播可以捏造事实。

第一个很常见的误解就是经历危机能帮助组织塑造品格。我们相信，并非危机"塑造"组织品格，而是危机传播"展现"了组织长久以来形成的品格和价值观。事实上，危机恐怕是利益相关者仅有的、能亲眼见证组织价值观的机会。例如，若不是因为安然公司（Enron）那场颇具传奇色彩的危机，利益相关者就无法直接看到该公司贪婪、不道德的商业运作，尽管安然公司早已如此运营。同样，艾伦·佛尔斯坦（Aaron Feuerstein）在1995年其工厂大火之后进行的危机传播，展示了他长久以来对员工和社区的关怀和价值观。这两个案例都揭示了危机为组织提供了展示其价值观的机会，本书会详细阐释。

第二个误解是认为危机必然是负面事件。正如本书所指出的，危机既会带来威胁，也会创造机遇。虽然威胁性是危机最显著的特征，但正如本章所述，如果处置得当，危机仍不失为一次"危险的"良机。例如我们将在第4章提到的堪萨斯州格林斯堡镇的案例，它证明了危机最终转化成挽救一个正在缓慢衰退的城镇的机遇。此外，第4章涉及施万公司和奥德瓦拉公司（Odwalla）的食源性疾病危机，这些危机使两家公司改进了巴氏灭菌工艺，创造出更安全的食品加工体系。

第三个误解是解决危机仅仅是关乎纠错、追责和调查事件。事实上，危机领导力和有效的危机传播还包括超越危机本身去开阔视野、从危机中学习并创造意义。当你读到本书的案例章节时，请特别注意那些最有效的危机管理者是如何在危机中引领前瞻性愿景的，有效的危机传播千万不要深陷调查危机事件的泥潭中。请特别注意第4章和第8章中科尔硬木公司（Cole Hardwood）和莫尔登纺织厂（Malden Mills）的工业大火案例，在这两个优秀的案例中，两家公司的企业主都抵挡住了"危机传播只是追究责任"这一错误思想，由保险公司和其他机构确定了火灾原因，而米尔特·科尔（Milt Cole）和艾伦·佛尔斯坦这两位企业主，均把精力放在了更长远的事情上。

第四个误解是认为危机传播就是把预设的信息发布出去。我们发现危机传播者很愿意倾听和回应关切。认识和回应利益相关者的关切，远比发布组织认为需要的信息更为重要。诚然，组织能够与利益相关者在危机到来之前预估风险，评估危机信息种类及发布渠道，但危机是动态的，对多数人的影响是出其不意的。想想2008年美国的金融危机，即便有最强大的经济模型以及无数金融组织，却没有人预测到房地产市场的崩溃以及紧随其后的信贷危机。这个例子说明，有效的危机传播者要倾听受危机影响最深的群体的独特需求，从而制定信息传播策略。本书介绍的危机传播成功案例就出自那些具备美德，同时又积极回应关切的领导者们。在每个案例中，这些领导者都会定期与利益相关者会面并聆听他们的关切。

第五个误解即组织和社会系统在危机发生后必须恪守组织原则。而我们认为，更加灵活的组织或系统会更有益于响应不确定的、复杂的、不断变化的危机。有效的危机传播需要适应危机的动态变化，组织在危机中最好采取行动来进一步理解危机。多数情况下，组织按兵不动或不采取任何行动，只会让危机更加糟糕。而那些接纳现状和不确定性，并采取行动以减少不确定性的组织才是有效的危机传播者。经过一系列误判，意大利拉奎拉（L'Aquila）的新闻发言人向焦虑的人们误传了地震风险。当严重地震发生后，居民们认为受到了欺骗，多名科学家因误判地震风险而入狱。这场误判给意大利带来了长期的危机。本书将对拉奎拉的案例进行详细阐述。

第六个误解即事先制定危机预案是应对危机的最佳准备。虽然危机预案有一定帮助，但最好的预警是紧密、积极的利益相关者关系。请特别注意本书关于危机中组织依赖利益相关者支持的那些案例。正因如此，组织若想做好应对危机的准备，就要与其利益相关者建立紧密、积极的关系，我们建议组织在危机发生前就解决这个问题。肯花时间建立以上这种良性关系的组织往往能在危机发生时更好地回应关切。

15

第七个误解即让公众"过度放心"危机产生的影响。有效的危机传播者不会让公众过度安心，而只是向公众提供信息以保护他们。在第5章，我们专门讨论了"自我效能感"（self-efficacy）这一类传播。作为危机传播者，你越是尽力帮助和保护利益相关者，效果就越好。但是向公众过度担保，其后果往往是损害自身的公信力。

第八个误解是回应"无可奉告"或含糊其词。有效的危机传播会定期组织媒体公众见面会回应关切，以保证信息公开，让所有人了解关于危机的最新动态。发生危机后，组织会在毫无准备的情况下被问及他们不知如何回答的问题，在这种情况下，我们建议组织告诉公众他们已知和未知的信息，以及应对危机将要做的事。

第九个误解是重视组织形象，而轻视危机处理。无效的危机传播者往往努力找替罪羊撇清自己的关系，以稳固自己的形象。一旦危机发生，便很难挽救或恢复形象。但是，有效的危机传播者会注重解决危机从而减轻形象的损坏。我们认为，稳固公司形象和声誉几乎是不可能的，多重事件和公众对组织的多角度看法会塑造公司的整体形象和声誉。因此我们认定，组织应该掌控住他们所能做到的，即修正错误以及从危机中吸取经验要点。

最后一个误解就是捏造事实。纸包不住火，一旦真相大白，捏造事实只会加重危机，并且使危机传播者显得不道德和不负责任。组织要尤其警惕那些建议你捏造信息以规避责任的人，只有抵制住这样的建议，才能成功地进行有效的危机传播。

❖ 小　结

本章对危机的定义进行了拓展，解释了不同的危机种类，描绘了对危机传播的错误理解。下一章将检视危机传播的重要理论，这些理论能帮助我们扩充关于描述、解释、理解危机传播的词汇。接下来，让我们来检视不同的理论如何帮助我们理解危机传播实践。

2

危机传播理论与实践

◆　◆　◆

　　为了更好地界定和理解危机传播，研究者提出了一些相应的理论。危机是多　*17*
个学科的研究领域，包括心理学（Morgan, Fichhoff, Bostrom, & Atman, 2002;
Slovic,1987）、社会学（Chess, 2001; Clarke & Chess, 2008; Mileti & Peek, 2000; Mileti
& Sorensen, 1990; Quarantelli, 1988）、商学（Mitroff, 2005; Mitroff & Anagnos, 2001;
Weick, 1988; Weick & Sutcliffe, 2007）、数学和物理学（Bak, 1996; Lorenz, 1993;
Mandelbrot, 1977），以及政治学（Birkland, 2006; Comfort, Sungu, Johnson, & Dunn,
2001; Ramo, 2009）等。此外，许多业界人士也曾写过危机传播方面的书（Reynolds,
2002; Witt & Morgan, 2002）。联邦应急管理局1993—2001年时任局长詹姆斯·李·威
特（James Lee Witt），根据自己多年来管理自然灾害的经验，提出了关于有效的危机传
播的明确建议；芭芭拉·雷诺兹（Barbara Reynolds）根据其处置全球公共卫生突发事件
的资深经验，提供了危机和风险沟通的指导原则。所有这些相关学科和从业者都为界
定和理解危机管理作出了突出贡献（详见表2.1）。

　　例如，心理学提供了心智模型理论（Mental Model Theory）来研究危机传播，以及
风险和危机传播的社会放大效应，帮助我们更好地理解人们如何认知和应对风险与
危机。社会学相关理论能指导我们如何在各类灾难中开展社区疏散，以及社区如何应

表2.1　为风险与危机传播作出理论贡献的学科

学科	理论贡献
心理学	风险与危机传播的心智模型方法 风险与危机认知的社会放大效应
社会学	灾难疏散理论 灾难的社会响应 灾难中的社会及机构网络
商学	组织意义建构理论 组织学习理论 高可靠性组织理论
数学与物理学	混沌理论 复杂性理论 沙堆/自组织临界性理论
政治学	政策变化理论和毁灭性灾难 深度安全理论

对这些灾难。商学视域下的理论检视了危机前、危机中、危机后领导力的意义建构过程，应对危机时的组织学习角色，以及"防范危机型组织"或"频发危机型组织"的组织结构。数学和物理学中的混沌和复杂性理论已广泛应用于传播学中，作为由危机产生的混乱和自组织的隐喻（Gilpin & Murphy, 2008; Murphy, 1996; Sellnow, Seeger, & Ulmer, 2002）。政治学领域的理论，例如雷默（Ramon, 2009）提出的深度安全理论就是基于决策者在处置和回应诸如恐怖主义等危机时要运用的复杂性和网络理论。想详细了解关于危机传播的跨学科理论方法，请参考《风险与危机传播最新版手册》（Coombs & Holladay, 2010; Health & O' Hair, 2009; Pearson, Roux-Dufort, & Clair, 2007）。你将

18 发现本书接下来的章节所涉及的理论都以上面提到的这些跨学科研究为基础，不过，传播学相关研究对于危机传播贡献了相当大的比重。以下为危机传播的几个重要理论。

❖ 媒介理论和危机传播

很多危机传播理论都聚焦于媒介在危机中的角色。在一些案例中，媒体报道能放大公众的恐慌（Pidgeon, Kasperson, & Slovic, 2003）。反之，媒体又常常超越"环境监

测"而扮演"社区建构"的角色，从而在危机恢复期起到帮助作用（Wilkins，1989，p.33）。无论哪种情况，媒体都扮演着重要角色，即在危机中带来实质性影响。正因如此，斯格（Seeger，2006）把建立媒体关系作为危机传播的第一要务。在这一部分，我们将回顾若干重要理论，这些理论经过大量研究改进，用于解释危机中媒介的角色，包括新闻框架理论、焦点事件理论、新闻扩散理论以及例证理论（详见表2.2）。

表2.2 关于危机传播的媒介理论

理论	特征
新闻框架理论	强调危机被设置成正面或负面框架的程度； 聚焦新闻报道； 特点在于媒体和组织双方的特征信息（往往是截然不同的）构成危机框架。
焦点事件理论	强调根据危机事件进行决策； 聚焦辩论将要发布的政策； 特点在于追责，评估未来发生类似危机的可能性，吸取经验要点。
新闻扩散理论	强调回应危机的信息分布； 聚焦共享消息的速度与准确性； 特点在于人们接收信息的渠道以及这些渠道在危机中的适应性。
例证理论	强调受众如何评估媒体塑造，例如对其安全和健康带来的风险，包括因恐惧导致的风险回避或者采取自我保护行动； 聚焦范例——简短、简单、易记的消息，例如图片、短语或情感性例子，从而能够引起受众强烈的积极或消极的反应； 特点在于所有包含范例的消息（例如新闻报道、图片、网络热词、公共演讲、新闻发布会等）。

新闻框架理论

新闻框架理论的核心在于"记者和编辑通常会选择特定的方法来呈现新闻报道"（Hook & Pu，2006，p.169），他们会选取素材来设置框架以呈现正面或负面报道。危机本身存在的争议问题经常会强化或极端化框架设置的过程。例如，某组织希望设置成此次危机不可避免的框架，但是媒体却将同样的一场危机设置成组织失职的框架。这种极端化的危机框架并不少见。

新闻框架会对读者如何看待危机造成深刻的影响。正因如此，霍拉迪（Holladay，2010）指出，"组织参与设置框架是至关重要的"（p.161）。如果组织在框架设置过程中处于被动，一旦竞争对手设法让媒体进行负面报道，那么组织很容易受到攻击。例

19

如，一家医院近期为解决预算缺口解雇了一批护士，当地媒体报道医院裁员时，新闻框架是由于医院管理不善而导致预算缺口问题。更糟糕的是，报道中出现了被解雇的护士们的孩子因家庭经济困难而痛哭流涕的描述。同时，社区中的另一家医院以相当的薪水雇用了部分被解雇的护士，而陷入财务问题的医院在危机中全程沉默。最终，这家医院没有挺过危机，而是被另一家健康管理公司收购。如果这家医院能够设置关于裁员的有力解释框架，结果可能会截然不同。

正如医院的案例所示，框架会影响人们如何看待组织危机。如果危机被设置成负面框架，则组织的危机修复能力会被削弱。因此，新闻框架理论提倡组织在框架设置过程中扮演积极角色。

焦点事件理论

20　　　焦点事件理论是议程设置理论的延伸。**议程设置**（Agenda setting）是指媒体能够决定新闻报道和公共政策的重要程度。一个议题在媒体议程中越受重视，则受到的报道和关注也越多。危机变成焦点事件的关键在于媒体关注度高，同时对危机的报道从其原因和影响，延伸到重新审视现行政策或新政策，以防范将来发生类似危机。

伍德（Wood, 2006）解释道，焦点事件包含四个一致性属性：第一，像所有危机一样，它们具有突发性；第二，它们是罕见的；第三，它们会引发广泛关注；第四，公众和决策者都会视它们为第一要务。菲什曼（Fishman, 1999）指出，"戏剧化的新闻事件和媒体报道制造了采取行动的紧急性"（p.353），而行动需要政策辩论，以及改进现行政策或实施新政策的建议。例如，发生在康涅狄格州新镇桑迪胡克小学（Sandy Hook Elementary School）的悲惨枪击事件引发了关于枪支管理法的讨论。虽然在国家层面没有实质性的改变，但很多社区都在桑迪胡克危机后修订了关于枪支和学校管理的现行政策。

由焦点事件引发的政策辩论主要基于三大话题：确定责任、界定常态、吸取要点。确定责任是指弄清危机究竟是人为的还是非人为的因素所致，从而进行政策调整。界定常态是指危机作为常规性事件的程度。在第1章里我们提到了许多反复出现的危机

21　　　类型，常规危机就属于这一类。例如，大规模枪击案在美国频繁发生，以至于人们将其视作常规危机，并认为有必要进行政策辩论。相比之下，异常危机由于罕见而很难引发政策改变。例如，埃博拉病毒的暴发在非洲部分地区很少见。埃博拉病毒会引起异常出

血，且通常会致死。不过，每当埃博拉暴发时，总会被迅速控制住。最后，吸取要点对政策辩论是至关重要的，应对焦点事件而改变政策的根本，就在于从危机中吸取要点。

正如第1章所述，危机常常会给组织和社区带来新机遇。焦点事件理论能够为机遇转化成政策提供实践指导方法。因此，焦点事件促使危机传播抓住机遇，提高危机后公众的安全感。

新闻扩散理论

危机的震撼和影响会引发公众的强烈关注。媒体在扩散和传播信息时扮演主要角色。当危机出现时，好奇和关切的公众通常会通过电视和网络持续关注危机进展。正如麦金泰尔、斯彭思和拉克兰（McIntyre, Spence, and Lachlan, 2011）所说，"媒体曝光是处理危机的常用方法"（p.303）。危机新闻扩散理论试图了解人们如何以及何时接收危机信息。新闻扩散包括所有传播渠道，从电视、互联网、报纸、广播、面对面的人际传播，到各种形式的社交媒体。

危机中的意外性和不确定性给记者带来了挑战，而这些挑战又被对信息的强烈需求进一步加剧。新闻扩散理论的研究者们对媒体报道的准确性和适应性比较感兴趣。例如推特这类社交媒体填补了危机中信息的空白。最近发生在密苏里州乔普林的龙卷风，以及飓风"桑迪"（Sandy）等危机揭示了目前人们一般通过社交媒体了解危机信息。当城镇被大型龙卷风破坏时，一位名叫布莱恩·斯特尔特（Brian Stelter）的《纽约时报》（New York Times）记者正好在密苏里州乔普林附近，他无法用传统媒体进行报道，于是拿起了自己的手机，用Instagram和推特发布了图片和短讯。他发布的帖子被数万名关注乔普林龙卷风灾害的网民浏览。

《纽约时报》这名记者所展现的适应力是新闻扩散研究中的一个主要特点。例如，斯彭思、拉克兰和韦斯特曼（Spence, Lachlan, and Westerman, 2009）研究了当地广播电台为了在龙卷风或洪水等危机中继续播报所做的准备工作。他们发现，调研中的几家电台已经做好在自然灾害中恢复并继续播报的预案。

危机新闻扩散理论中有两个经典的案例研究，一个是1963年时任美国总统约翰·肯尼迪（John F. Kennedy）被暗杀事件，另一个是1981年时任美国总统罗纳德·里根（Ronald Reagan）在一次暗杀企图中受伤事件。90%的受访者表示，他们在事发后一小时内就得知了肯尼迪总统被枪杀的消息（Greenberg, 1964）。近20年后，调查结果相似，受访者表示在里根总统被袭后，他们迅速通过人际传播、电视、广播等渠道第一时间知道了这个危机（Bantz, Petronio, & Rarick, 1983）。现如今，危机新闻扩散速度比以往更快。一篇经过新闻信源证实的报道，几分钟之内就会出现在人们智能手机上的新闻提示中。我们还能通过社交媒体比以往更快速、更有效地分享信息。因此，新媒体给危机新闻扩散研究注入了新的活力。在组织危机中，媒体在设置框架、理解和扩散信息方面起到了重要作用，除此之外，组织本身也必须进行响应。

例证理论

究其本质，危机会激发人们负面的情绪反应，例如恐惧、愤怒以及厌烦。例证理论有助于洞察这些情绪反应是如何随着时间的推移被传播和记住的。例证理论的分析要点在于那些简短、清晰、能引起人情绪反应的视觉、书面或口头信息及范例。例如，在佛罗里达州中部多个湖区周边，居民时常发现有鳄鱼出没并且偶尔会出现鳄鱼攻击人的情况，湖区附近还间歇性出现过毒蛇。于是湖区周边的通道设立了简明的警示牌，用于提醒居民和游客禁止涉水。其中一个版本的警示牌内容非常简单明了——"注意：谨防野生动物"，同时还附上了鳄鱼和蛇的图片。这一范例背后的策略，是为了激发人们强烈的情绪反应从而避免涉水带来的风险。简单来讲，例证理论检视了基于范例"形成和修正的关于现象和问题的观念"（Zillmann, 2006, p.S221）。

斯彭思和他的同事说明了范例能够影响人们看待威胁的方式（Spence, Lachlan, Lin, Sellnow-Richmond, & Sellnow, 2015）。他们解释道，人们处理危机信息通常是迅速、主观的，而非缓慢、理性和客观的。正因如此，范例引起的即时反应通常极具说服性。回到我们之前的例子，居民在靠近湖边时只需看到蛇和鳄鱼的图片就足以警醒。除了警示作用，范例还能引发组织的声誉危机。例如，仅仅提到床虱，就足以招致多数人的厌恶。因此，如有宣传称一家连锁汽车旅馆或公寓大楼里有床虱，便会立即令顾客望而却步。我们将会在第4章阐明，仅用一个贬义范例描述一个产品就可以引发声誉危机。在该案例中，一家媒体将"细绞瘦"牛肉描述为"粉红肉渣"，最终发酵成一场牛肉制品厂的全面危机。不幸的是，虽然最终证实媒体的报道是虚假的，但这次范例给企业形象造成的负面影响恐怕会留在潜在顾客的潜意识里（Westerman, Spence, & Lachlan, 2012）。

危机传播需要注意范例给组织带来的影响。持续的负面形象及其对组织的影响会造成长期的声誉损害。但是如果组织针对这种范例提供清晰、可信的回应，那么还是能够降低甚至逆转这种损害的。在斯彭思和他的同事开展的两组单独实验中，第一组建立了对组织有负面影响的范例，第二组以清晰的证据回应这些范例，并利用观察者常用的媒介进行传播，从而修复了组织声誉（Spence et al., 2015; Spence, Sellnow-Richmond, Sellnow, & Lachlan, 2016）。危机传播管理者需要注意传统媒体和新媒体中关于组织的信息，一旦出现负面范例，必须及时响应（Spence, Lachlan, Sellnow, Rice, & Seeger, 2017）。

❖ 组织危机传播理论

过去20年中，传播研究者们已发展出应对组织危机的理论方法（详见表2.3），包括辩解理论（Hearit, 2006）、形象修复理论（Benoit, 1995）、情境危机传播理论（Coombs & Holladay, 2002），以及重建话语理论（Ulmer, Sellnow, & Seeger, 2009）。辩解理论、形象修复理论和情境危机传播理论能够帮助组织确定战略，以修复组织在危机后的形象和声誉；重建话语理论主要聚焦于从危机中吸取要点，坚守传播伦理，辩证地看待危机中的威胁与机遇，以及展望未来愿景。下面，我们将逐一简要地检视这些理论。

表2.3 危机传播理论

理论	特征
辩解理论	强调对有说服力的攻击产生的威胁进行管理； 聚焦不端行为的辩解； 特点在于辩解的传播策略。
形象修复理论	强调修复因指控被破坏的形象； 聚焦解释引发危机的组织行为； 特点在于管理解释的传播策略。
情境危机传播理论	强调弱化相应危机的归因责任； 聚焦根据危机类型和组织声誉资本以决定传播策略； 特点在于运用流程图决策过程选择危机应对策略以影响利益相关者的归因看法。
重建话语理论	强调从危机中学习和成长的机遇； 聚焦创造危机事件中的机遇； 特点在于广泛的领导和组织沟通，强调积极的价值观、乐观的前瞻性视角以及学习克服危机。

辩解理论

辩解理论最初被定义为自我辩护（Ware & Linkugel, 1973）。赫里特（Hearit, 2001）界定**辩解**（apologia）并不完全是道歉，而是"对批评的回应，试图对组织遭受的指控提出一个令人信服的叙述"（p.502）。在这种情况下，危机是源于对组织错误行径的指控。赫里特和考特莱特（Hearit and Courtright, 2004）指出，辩解"是由于媒体或公众利益群体认为组织有行为过错而向组织提出控告导致的"（p.210）。辩解理论提供了一系列供组织应对这些危机使用的传播策略，包括"否认、反击、差异化、道歉和诉诸法律"（Hearit, 2006, p.15）。这些策略多为防御性的，主要为组织在危机后解释其行为而制定。

形象修复理论

24　　班尼特（Benoit, 1995）提出了全面的形象修复理论。**形象**（image）是指利益相关者和公众如何看待组织。与辩解理论类似，班尼特（1997）认为"理解形象修复理论的关键，在于思考引起负面反应的攻击或投诉的本质是什么"（p.178）。他指出，攻击的两个因素至关重要，一是组织必须"对行为负责"（Benoit, 1997, p.178），二是这种行为必须是令人不快的（Benoit, 1997, p.178）。班尼特（1995）的理论包括14项形象管理策略，其中五大主要策略包括：否认、规避责任、减轻攻击性、纠正行为和表达歉意，每项策略可独立使用也可以综合运用（Sellnow & Ulmer, 1995; Sellnow, Ulmer, & Snider, 1998）。班尼特的形象修复理论与辩护理论具有一致性，都聚焦于组织在受到不端行为控告后如何进行回应。有效的回应能帮助组织修复被破坏的形象和声誉。

情境危机传播理论

　　关于危机传播的第三大重要理论是情境危机传播理论。库姆斯（Coombs）将归
25 因理论和危机回应策略相结合提出了这一理论（Coombs, 2012; Coombs & Holladay, 2002）。他的理论"评估危机情境导致的声誉威胁，而后根据威胁等级提出危机回应策略建议"（p.138）。这种危机回应策略是辩解理论、印象管理（impression management）和形象修复理论的综合体，这些策略是对"至少由两位危机专家提出的策略"（p.139）进行筛选并发展完善的。库姆斯提出了四种主要的传播策略，即否认、弱化、重建和强化，以及10项危机响应策略。这些危机传播策略根据组织受到的声誉威胁等级，基于

"危机类型、危机历史、优先声誉"等情况加以应用（Coombs, 2012, p141）。

库姆斯（2012）提出，危机可被归为三大类："受害型、事故型和可预防型"（p.142）。受害型危机包括自然灾害、谣言、工作场所暴力以及恶意行为；事故型危机包括挑战、技术故障事故以及技术故障产品危害；可预防型危机包括人为误差、事故、人为误差产品危害以及组织不端行为。在选择危机应对策略时，除了考虑危机类型，还要考虑组织的危机历史和优先声誉。

危机历史和优先声誉之所以重要，在于利益相关者不容易接受反复出现危机或声誉不佳的组织发布的信息。危机过后，利益相关者倾向于"给负面突发事件定责"（p.138）。库姆斯（2012）的理论就是基于这一考虑，根据危机类型、危机历史和优先声誉，为组织提供相应的危机响应建议。

重建话语理论

正如你看到的前三个理论那样，很多危机传播研究都关注管理危机对组织形象和声誉产生的威胁。我们认为危机中潜藏着积极话语，也就是机遇。声誉和形象固然是重要的组织概念，但在解决组织危机时它们未必是主要角色。本书接下来的众多案例将证明重建、学习和机遇比声誉和形象更为重要。因此，我们认为危机能够带来潜在机遇。为了证明这一点，我们提出了"重建话语理论"，它强调危机后的学习成长以及机遇。我们认为重建话语理论有四大理论目标：组织学习、传播伦理、展望性而非回顾性视角和有效的组织修辞。我们会在最后一章深入讨论这个理论。以下为该理论四大要素的简要描述。

组织学习

我们相信，一个组织能成功度过危机，必然会从中学习。第9章深入解释了组织和社区如何从失败和危机中学习。组织向利益相关者表明，通过学习确保今后不再遭遇类似危机也同样重要。

传播伦理

更新性回应的第二个关键因素在于危机前、危机中、危机后都秉持传播伦理。组织尚未做好应对危机的充分准备，或确实存在不道德的商业行为时，有时也不得不进行回应。事实上，不道德的行为往往是危机的导火索。危机的一个重要作用是揭示一个组织的道德价值观。危机不会塑造品格，而是会暴露一个组织的品格。如果一个组织在危机发生前就是不道德的，那么在危机中这些品质就会显现出来。组织若具备坚定、积极的价值观，比如开放、诚实、有责任感、有担当、值得信赖，就容易在危机后实现复兴。第11章将深入阐释传播伦理的重要性以及伴随危机传播而来的机遇。

展望性而非回顾性视角

复兴式回应的第三大特点在于传播角度聚焦于未来而非过去。形象与声誉相关的理论强调回顾性视角，更多地关注谁应该负责。如果组织想要开展复兴式回应，则应该用展望性的视角，关注未来而非过去。这样的组织会从错误中学习，秉持无畏的乐观态度进行沟通，强调从危机中复兴而非指责过错。第12章将详细检视重建话语理论以及进行展望性传播的重要性。

有效的组织修辞

管理一场危机往往关乎与利益相关者的沟通，构建和维护其对现实的看法。复兴的过程需要领导者激励利益相关者在危机中始终与我们并肩，使复兴后的组织比以往更好。对于那些希望激发他人认同危机中存在机遇的领导者，我们建议他们首先要成为乐观、负责、道德的楷模。有效的组织修辞需要声誉良好、有远见的领导层为利益相关者指明方向，说服他们超越危机本身。本书最后一章将检视制定危机中有效的组织修辞的传播策略。

❖ 危机传播理论之描述、解释及指导

正如你所看到的，大量的研究从传播学角度来说明如何对危机和灾难进行管理和传播。一般而言，理论能够描述传播，解释有效和无效传播，并指导我们如何传播。本章所介绍的媒介理论用于描述和解释媒介在危机传播中设置框架和议程的角色。辩解理论和形象修复理论等传播理论描述了组织危机的一般应对方法，并可用于解释回应的有效性和无效性；情境危机传播理论描述、解释并提出传播策略，以维护组织声誉度过危机；与情境危机传播理论一样，重建话语理论描述、解释、提出有效的危机

应对方法。然而，两者的核心区别在于，重建话语理论中组织声誉受到的威胁相对较小。在诸多重建话语的案例中，追责、形象、声誉等问题从来都不是这类危机回应的主要内容。复兴式回应之所以有效，就在于它们调动了利益相关者的支持，并给予他们克服危机的希冀。而那些在危机回应中强调声誉威胁的组织，基本都缺少这些积极的特质，故而会延长危机的周期。这样的组织危机传播通常会被我们所谓的**威胁偏差**（threat bias）所困。

❖ 理解和界定危机传播中的威胁偏差

我们相信，一个组织如果愿意平衡地看待危机，既看到威胁也看到机遇，则更有可能从危机中恢复。然而，无论从理论还是实践角度我们都发现，仅从威胁的视角看待危机是一个顽固的偏见。正如我们在本章开篇所述，威胁是界定和理解危机的一个重要部分，但我们认为研究者和实践者们都过分强调和关注了危机对组织声誉和形象的威胁，进而导致了无效的回应。以下为关于威胁偏差的讨论。

为了避免在现有的危机传播研究中出现威胁偏差，我们建议危机传播管理者能够从更具包容性的角度谨慎定义和检视危机事件。内森（Nathan, 2000a）解释了何为包容性角度：

> 在危机中，人们经常最先识别威胁程度并据此采取行动，而潜在的机遇却不易被发现。当预测会有危机来临或危机已经发生，管理者应当在决定如何行动前，既看到威胁**也**看到机遇。（p.4）

内森进一步解释道，我们对危机的理解和我们所采取的应对策略是紧密联系的。他指出，仅仅关注危机的威胁方面"会促进威胁应急响应，而这会放大或加剧危机"（Nathan, 2000b, p.12）。我们认为全面地看待危机中的潜在威胁和机遇，是更为有效地进行危机传播的前提。因此，我们重新思考危机的定义，应该包括同等看待危机中的威胁与潜在机遇。

28

危机，究其本质是对组织生存的威胁。当然，没有一个组织会为了体验重建话语理论中所描述的机遇而希望经历危机。不过，危机对于组织来说是必然的、不可避免的。那些仅仅视危机为公共形象威胁的组织，往往会采取防御性和操纵性的措施。而这种防御性姿态，充其量只对一件事有益，即生存。我们认为同时强调威胁和机遇，才会帮助组织生存和成长。这种成长本身就体现了组织回应的积极意愿——修辞敏感性、合乎道德的决策、从危机中学习、放眼未来。正如我们整章所述，这些因素恰好体现了应对危机时的一种平衡的方法。应用这些因素能够为复兴带来远超生存之外的机遇。

❖ 小 结

我们希望本书能使你明白，有效的危机管理是组织发展过程中自然且必不可少的部分。我们相信有效的危机管理规划和传播，能够使领导者更好地应对所有危机所引发的意外、威胁、响应时间紧迫等难题。虽然有很多人为的和非人为的危机存在，但是也有很多帮组织转"危"为"机"的策略。所有的危机管理都需要有效的传播。抵制威胁偏差、理解有效传播的技巧，将在本书第二部分重点讨论。接下来章节的教程全部基于长期以来跨学科的研究及实践。此外，第二部分将从危机和危机传播的概念与理论范畴进阶到实践应用，即危机传播技巧。

第二部分

理论与应用

❖ ❖ ❖

3

如何进行有效的危机传播

❖   ❖   ❖

在前两章，我们定义了危机传播，并讨论了危机传播的一些关键理论。本章以这些 *31*
理论为基础，讨论如何在危机中进行有效的传播。在过去的30年里，人们开展了大量的
危机传播研究。最近的一些研究侧重于向组织提供有效应对危机的策略，本章将着重
探讨在危机中实现有效的传播的关键方法。我们相信，对危机的有效响应有可能将一
个组织的灾难转变为超越事件本身的机遇，并让组织从中学习、成长、繁荣和重生。

本章阐述了关于有效的危机传播的十大要点，为危机传播者提供了有效响应的关
键要素。从众多危机传播案例研究中得出的经验要点能帮助我们解决一些问题，有些
经验通常易于迅速完成，比如"确定你的目标"；而其他经验则可能更为复杂、耗时，比
如"管理利益相关者关系"。读者可能会对我们在本章提供的一些建议感到惊讶。例
如，我们讨论了在最初的响应中使用清晰、准确和直接的信息的重要性，这些经验似乎
有些违背常理。然而，研究一再证实，这些战略是管理危机的有效手段。此外，我们还
提供了一些对于过度安抚利益相关者的建议。

❖ 确定你的目标

危机发生后，危机传播者首先需要确定的是危机响应的目标。目标通常是指帮助

组织指导决策的宽泛陈述，并凸显组织的宏观价值观。危机传播的一个目标是减轻危机影响，另一个目标是维护组织形象或维系客户群。美国疾病控制和预防中心在危机传播中采取了"迅速、准确、可信"的目标（CDC, 2014）。从本质上来讲，美国疾病控制和预防中心在危机期间的目标是迅速、可信地与利益相关者建立联系。快速响应有助于减少危机期间的伤害。确定目标是准备和应对危机的关键一步，将这些目标与组织的使命、价值观联系起来有助于确保危机响应与更大的战略目标相协调。更宏观的战略

32   还可以减少组织的不确定性，因为一旦确定了目标，组织就能够更好地、更有意识地思考哪些策略有助于实现危机传播目标。

一些组织的危机传播目标实际上可能相互矛盾。例如，公共卫生部门的主要目标通常是向公众通报卫生危机。然而，有时他们可能无法达成这一目标，因为与禁止传播此类信息的个人隐私权保护相关法律发生冲突。在危机发生之前，甄别、排列和识别危

要点一：确定你的危机传播目标。

机传播目标的潜在障碍是进行有效的危机传播的关键步骤。当组织为危机做准备时，应考虑自己的组织价值和危机传播目标。此外，他们还应该与其他团队合作，解决潜在的目标冲突，并建立伙伴关系。

❖ 与危机受众合作

我们认为，一旦确定了应对危机的目标，危机传播的第二步就是明确利益相关者在危机传播中的角色。实现有效的危机传播的关键，取决于组织与利益相关者之间的关系。组织应在危机发生前就未雨绸缪，与利益相关者建立牢固的伙伴关系。

我们将**伙伴关系**（partnerships）定义如下：

> 伙伴关系，指与对组织有影响的团体或组织建立的平等沟通关系。伙伴关系是通过就每个团体或组织的重要问题进行坦诚、公开的对话建立的。合作伙伴可以是组织的倡导者，也可能是对组织持敌对态度的团体。

我们认为，有效的危机传播早在危机来临之前就已经开始，并且应该成为每个组织业务和战略计划的一部分。与其他团体和组织建立并维持平等的伙伴关系，对于实

现有效的危机传播来说至关重要。我们认为，不应该试图以某种方式操纵或欺骗利益相关者去做一些我们一厢情愿的事，相反，组织应与利益相关者就重要问题进行对话，并制定公平的解决方案。尽管这可能是一个耗时的过程，但对于危机准备以及最终有效的危机响应至关重要。

我们建议组织在准备危机响应时与当地媒体合作。例如，公共卫生部门应在危机发生之前与当地媒体合作。正如我们前面提到的，公共卫生部门负责向其服务的社区提供重要的健康信息，而媒体通常是健康传播的媒介。但是，涉及个人隐私权的相关法律常常使公共卫生部门的传播不透明，此限制可能导致部分传播渠道受影响。通过开诚布公的讨论，公共卫生部门可以解释在保护个人隐私上的立场，媒体可以表达对公众获取信息的期望。经验表明，这些讨论可以对公共卫生部门如何传播重要的卫生信息以及媒体如何接受这些信息设定期望值，减少不确定性。此外，在危机之前解决这些差异，可以提高采取有效应对措施的效率。

33

研究表明，公众或利益相关者甚至可以帮助组织摆脱危机。通常，公众可以帮助组织识别危机，这对于解决危机非常重要。基于对诸多洪水案例的研究，我们发现控制洪水最重要的方法之一是建造临时堤坝来阻止洪水泛滥，筑堤意味着需要发动许多志愿者来填充和堆放沙袋，因此对抗洪水需要公众的合作。同

> **要点二：** 危机发生前，与对组织重要的组织和团体建立真正平等的伙伴关系。

> **要点三：** 处理危机时，请与利益相关者（包括媒体）成为合作伙伴。

样，几乎所有的传染病防控都需要公众的帮助，公众在生病时洗手、打喷嚏时别对着人，是控制疾病暴发的重要措施。2014—2016年，埃博拉在西非暴发，直到公众了解了该疾病及其传播方式，疫情才得以控制。

❖ 了解受众的多样性

危机发生后，高效的危机传播者一般会考虑到受众的多样性，而不是将受众视为庞大且同质的公众。在第2章中，我们将利益相关者定义为能对组织产生影响的内部或外部群体。在这里，我们列举了可能的利益相关者以呈现出沟通对象的图谱，举例如下：

- 雇员
- 竞争对手
- 债权人
- 消费者
- 政府机构和官员
- 社区
- 激进组织
- 环境

34
- 股东
- 媒体

该列表还可以更加详尽，这取决于组织形式及其利益相关者。为了更好地处理危机，并且节约危机响应时间，我们必须区分组织的主要利益相关者和次要利益相关者。

❖ 主要利益相关者和次要利益相关者

考虑单个组织利益相关者的多样性时，最好要理解主要和次要利益相关者。希思（Heath, 1997）阐述道，对利益相关者的识别必须同时包括"盟友、支持者和反对者"（p.28）。

对于组织的成功至关重要的团体可以被定义为**主要利益相关者**（primary stakeholders），他们与组织之间有着密切联系，例如客户、供应商和员工。

次要利益相关者（secondary stakeholders）也十分重要，尽管他们对组织的日常活动没有显著影响，但对于组织的成功与否仍然十分重要。次要利益相关者主要包括政府部门以及激进组织。

在使用利益相关者的区分来定义组织受众时，我们会问以下问题：

- 你多久与这些利益相关者沟通一次？
- 该利益相关者是否对你的成功有直接影响？
- 哪些团体或组织将你视为利益相关者？
- 这些团体多久与你交流一次？

- 你倾听并了解这些团体的关切吗?

- 你是否赞同对主要和次要利益相关者都重要的问题?

我们发现,许多组织都知道它们的利益相关者,但是却不和他们沟通,或者尽管存在沟通,但却很少。当组织在危机后需要沟通时,往往对沟通对象缺乏了解。因为组织没有和他们事先建立任何关系,双方缺乏沟通交流的基础,所以会出现这种不熟悉的情况。如果组织在危机之前没有与利益相关者建立合作伙伴关系,那么与之进行的交流可能会很尴尬,并且常常是无效的。危机到来时才和重要的利益相关者群体初次谋面,这是多么糟糕的时刻。高效的危机传播者即使在危机发生之前也要倾听利益相关者的意见,并合法处理他们的诉求。通过这种方式,高效的危机传播者就会知道危机发生之后利益相关者的期望及信息需求。

35

与利益相关者之间存在负面关系甚至比不了解他们还要糟。组织应该与利益相关者建立牢固、积极的关系。有时,组织与利益相关者之间存在对立关系甚至剑拔弩张。这时,组织就需要遵循经典的建议:亲近你的朋友,更要亲近你的敌人。

组织需要与利益相关者合作,以缩小利益相关者与组织期望之间的差距。每个组织在危机期间都需要帮助,在危机之前与利益相关者建立良好的关系,能减少危机期间和危机之后利益相关者的诉求。通常来说,组织不容易应对与他们存在冲突的利益相关者。我们认为,组织应该与敌对利益相关者进行长时间的沟通,倾听他们的担忧是了解他们需求的关键。并且,这样做还可以帮助组织了解危机之后可能会出现哪些反对意见和投诉。

为了更有效地沟通,组织必须确定他们与主要利益相关者之间的沟通关系或合伙关系的类型(见表3.1)。**积极的利益相关者关系**(positive stakeholder relationships)被定义为组织和利益相关者将彼此视为合作伙伴,双方

> 要点四:组织需要与主要和次要利益相关者建立牢固且积极的关系。

虽不可能在每个问题上都达成共识,但能相互听取意见,并努力调和分歧。

表3.1　可能的主要和次要利益相关者关系或合作伙伴关系

利益相关者关系	范例
积极的利益相关者关系	组织和利益相关者可以有效地理解、认可、交流、倾听的对等关系。
消极的利益相关者关系	组织与利益相关者之间存在对立关系，组织不愿意与利益相关者团体进行沟通或倾听其诉求。
矛盾的利益相关者关系	非伙伴关系；组织和利益相关者各自试图迫使对方同意，但两者互不倾听。
无利益相关者关系	组织不了解或不承认利益相关者，且不与利益相关者沟通。

消极的利益相关者关系（negative stakeholder relationships）是组织与利益相关者之间沟通不畅所导致的。组织和利益相关者彼此之间不信任和误解，并且可能导致双方对立。**矛盾的利益相关者关系**（ambivadent stakeholder relationships）被定义为组织和利益相关者彼此之间的"共识工程"（engineering consent）。"共识工程"是公共关系从业者爱德华·伯奈斯（Edward Bernays）提出的一种思想，广告和公共关系可用于驱使团体达成同意或近乎同意。这种关系表明彼此之间缺乏兴趣，且一方试图控制另一方。**无利益相关者关系**（nonexistent stakeholder relationships）的定义是缺乏对特定利益相关者的了解甚至不承认该利益相关者。在这种情况下，组织及其利益相关者甚至都不知道它们会相互影响。

❖ 在危机期间与少数群体沟通

组织还必须考虑危机期间不同利益相关者群体的多样性和沟通需求。这些群体可能包括基于文化、种族、性别、性取向或类似因素的少数群体，以及来自不同地区或国家的人群，抑或拥有不同价值观和需求的人群。特定的受众可能有特定的交流需求或兴趣。当前的研究表明，针对少数群体制定危机信息时有三种选择（Dutta，2007），分别是：

- 文化中立的方法
- 文化敏感的方法
- 以文化为中心的方法

文化中立的方法是指，默认所有利益相关者的群体行为方式以及获取危机传播信息的方式相似。"卡特里娜飓风"期间的危机传播就体现了文化中立的方法。在新奥尔良飓风期间，危机传播信息的构建和呈现没有考虑到少数群体的社会经济背景或危机传播需求，造成许多最贫困的居民因为没有车而无法撤离。

与少数群体沟通的文化敏感的方法认为，应根据少数群体的文化特点来量身定制危机传播信息，以满足他们的需求。例如，某些群体可能希望由他们本文化群体的发言人来提供危机信息，有些人希望在特定地点（例如教堂或社区聚会场所）发布信息，还有的群体可能希望危机信息中包含某些术语或符合特定认知水准。不同群体的特征可能相差甚远，但文化敏感性的危机传播目标，就是要根据不同群体的特征定制信息，以满足不同的需求。

最后一种方法，也是我们认为最合适的方法，是以文化为中心的方法。该方法在文化敏感的基础上，进一步吸纳少数群体参与危机前的准备和沟通交流。在这种情况下，危机传播者让未被充分代表的利益相关者参与其中，以决定谁来发布、以何种方式发布信息。以文化为中心的方法使得少数群体可以参与决定发布内容、传播渠道以及最可靠的发布人选。若使用此方法，我们建议在危机前就与利益相关者少数群体建立伙伴关系，以确保危机发生后与其进行有效的沟通。要想成功地进行危机传播，每个组织都应与社区中未被充分代表的群体建立关系，并使他们成为危机传播预案的一部分。接下来是关于倾听的讨论，这是与利益相关者发展关系的关键部分。

37

❖ 关于合作与倾听

虽然我们经常将危机传播视为说话或发布消息，但接收或倾听同样重要。危机传播者最常见的错误之一，就是试图通过寻求"兜售"组织的故事来实现公众的"共识工程"。这种被称为**倾向性报道**[①]（spin）的策略经常使公众感到没有知悉事件的全貌，这可能会引起公众对组织的不满和不信任。最糟糕的是，组织甚至没有解决公众的关键

---

① Spin doctor是指总统竞选中所雇用的媒体顾问或政治顾问，他们旨在确保候选人在任何情况下都能获得最佳宣传。Spin起源于体育运动。在板球、桌球和棒球等体育运动中，spin这种旋转式击球动作能使运动员更好地控制球的运行轨道和方向。自20世纪70年代起，spin开始表示"通过有倾向性或歪曲的报道以期在公众面前制造对己有利的影响"。从此，spin成了通过改变事实的"轨道"来影响公众的一种方式。——译者注（此后脚注若无特殊标注则均为译者所注，不再一一说明）

问题。当这种情况发生时，组织的声誉和品牌可能会遭到破坏。

倾听利益相关者的声音也是危机发生后传播的重要方面。有效的传播不是一个单向的过程。我们主张，危机发生后，组织不仅要向利益相关者提供信息，而且还要安排时间来倾听他们的担忧和回答他们的问题。举行公开会议，让利益相关者有机会表达自己的担忧，对于危机后的响应和恢复工作至关重要。组织可以举办公众信息发布会，包括为利益相关者提供与组织代表进行互动，检视有关危机响应和恢复举措的信息，并根据需要以问答表的形式收集其他信息。此外，组织可以第一时间了解利益相关者的关切，由此可以努力满足公众或利益相关者的期望。

出于某些原因，组织可能难以举行这些公开会议。在培训中，我们经常说，组织不仅要与友好的利益相关者保持紧密联系，而且要与不满的利益相关者保持更紧密的联系。但是，许多组织感到不得不与相左的利益相关者保持距离，仅联系和倾听认同他们的利益相关者。我们认为，这是一种无效的做法。我们发现，组织只有在危机前和危机后协调好与所有利益相关者团体的关系时，才能更好地应对危机。组织与不满的利益相关者打交道时，应尽一切努力尽快解决他们的问题，且应将此作为危机响应预案的一部分。

必须承认，危机中举行的公开会议可能要面对利益相关者不悦、指责、愤怒的反应。我们参加过一个涉及密歇根州弗林特市水污染的会议。在官员承认这一问题之前，居民已经喝了几个月被铅污染的饮用水。许多居民非常生气，会上的讨论有时非常激烈。认真、诚实、尽力地倾听可以减少一些愤怒，并能帮助每个人理解面对危机时的问题和情绪。在这种情况下，重要的是要接纳人们的愤怒，承认这些情绪既自然又合法。

> 要点五：有效的危机传播需要倾听利益相关者的意见。

这些会议在某种程度上是重建信任并帮助社区灾后重建非常关键的步骤。一旦确定倾听是有效的危机传播的关键因素，下一步就是着重确定应该倾听哪些群众的意见以及如何解决他们的问题。这并不意味着你总能拥有全部答案，有时这意味着你意识到自己没有全部答案，但会竭尽全力寻找答案。

❖ 危机发生后利益相关者需要哪些信息？

对于危机后的有效沟通，我们提供了四大建议：尽早并经常与利益相关者就危机进行沟通、查明原因、与所有受影响的人联系以及就当前和未来的风险进行沟通。

尽早与内部和外部利益相关者进行沟通

危机传播者应该知道的基本原则之一是，他们必须立即联系利益相关者，或者正如美国疾病控制和预防中心所建议的那样，第一时间进行沟通。尽管问题的严重性可能尚不清楚，利益相关者仍迫切需要尽早了解和跟进组织的响应。尽早面对危机，对于树立威信和及早传播信息而言非常重要。社交媒体的出现，为组织在危机中迅速传播信息提供了便利条件。

许多组织危机传播的失败，是因为他们与利益相关者缺少联系。我们建议危机传播者在发生危机后要迅速发声、滚动发布。当没有信息可发布时，倾听利益相关者的意见并提出建议，比置之不理更有价值。

查明危机原因

解决危机的关键因素是查明原因。一旦明确了原因，就可以消除一些不确定性，并可以采取纠正措施。但主要问题是，确定原因通常需要耗费大量时间。有时原因多种多样，有时一些原因是多种因素复杂交织、相互作用的结果。许多独立机构和政府部门都可能参与调查危机的原因，他们可能不同意或质疑他方的证据。此外，危机发生后，人们无法立即掌握危机起因的准确信息，在这段时间里，媒体和其他利益相关者经常猜测责任主体——谁应该受到谴责，谁必须为危机造成的伤害负责？有的组织为了避免受到指责，会试图拖延发布信息或故意兜圈子，表现出抗拒和置之不理的态度，这会对组织的信誉和组织与利益相关者的关系产生负面影响。

拒绝沟通、抗拒合作无益于危机传播。这不仅阻断了信息传播，还会造成利益相关者对组织的失信和敌对。重要的是，这样会阻碍组织了解事件起因，让组织陷入被动。

与所有受危机影响的人联系

危机一旦发生，组织应尽快与受影响的每个人或群体取得联系。在与利益相关者进行沟通时，应抱有同情、关怀和同理心，这是十分重要的。但这并不意味着发言人就要放弃专业性。然而，由于许多危机的戏剧性和这些事件对人们生活产生的影响，因此

39

重要的是确保组织以同情的态度对待人们正在经历的事情，关心他们的福利。联邦应急管理局原局长詹姆斯·李·威特（Witt & Morgan, 2002）说，灾后的沟通技巧至关重要：

> 你要同情他们在无助时的窘迫与痛苦，要理解他们对尊严的渴求从而调整灾后重建过程，要确保他们有庇护所和热食。你可以倾听他们的故事并了解他们的担忧，拥抱他们，让他们放声哭泣。你可以对他们说，我们无法挽回你的记忆，但我们可以帮助你建立新的记忆。（p.147）

正如你所看到的，同情、关怀和同理心是一种可以帮助人们克服危机并重建希望的重要沟通策略。表达你的感同身受，可以减少利益相关者的愤怒程度，以支持组织的重建。

确定当前和未来的风险

40   为了应对不确定性，组织还应该意识到其当前面临的风险以及未来潜在的风险。那些考虑到环境中潜在风险的组织，应该为这些事件做好准备并减少这些事件的不确定性。利益相关者想要知道他们是否有遭受类似危机的风险，因此，在有效的危机传播中，组织能够向利益相关者解释其纠正措施、使其相信组织已做出适当的更改和纠正。

在有效的危机传播的这四大策略中，还有一些重要的沟通方法或策略需要强调。

> 要点六：尽早就危机进行沟通，承认不确定性，向公众保证你将与他们就现在和未来的风险保持联系。

第一个重点是确定性在危机传播中的作用。一段时间以来，明确和清晰的沟通一直是有效的危机传播的标志。尽管清晰明确的沟通可能很重要，并且有助于有效应对危机，但我们认为有时它会使组织陷入更多麻烦，使组织的整体响应复杂化，甚至可能是不负责任的。

❖ 确定性传播总是最好的方法吗?

许多危机传播的早期研究表明，组织需要尽快向利益相关者提供清晰并且一致的信息（Marconi, 1992; Schuetz, 1990; Seeger, 1986）。尽管这是一个很好的建议，但在某些特定情况下，这个建议并不适用甚至是不可行的。那些传播迅速且态度坚定的组织通常不久之后便会撤回自己的公开评论，而媒体以及利益相关者发表的公开声明也会被用来对抗组织本身。我们认为，组织最初的公开声明可以表达出一定程度的模糊性或不确定性，这既可以使组织与公众进行沟通交流，又可以突出当时所遇到的不确定性，这是一个更准确的情况说明。毕竟，在危机初期，事实有时的确不够清晰。

风险与危机传播顾问彼得·桑德曼（Peter Sandman, 2004）检视了关于2004年亚洲禽流感的成功和失败的回应，这场禽流感疫情对家禽养殖者来说是一场灾难性的危机。在危机期

> 要点七：在掌握充足的信息之前，避免向公众和媒体提供确定或绝对的回答。

间，各国政府和公共卫生组织被要求回应禽流感是否会变异成为在普通人之间传染的流感。桑德曼解释说，世界卫生组织（WHO）发言人鲍勃·迪茨（Bob Dietz）在确认危机的不确定性时进行了有效的沟通，他确认一位越南女性携带的禽流感病毒不含人类流感基因。迪茨解释道，"这样的结果令人鼓舞，但这并不是确凿证据，这种病毒仍然有可能在人与人之间传播，我们不能忽视"（p.46）。相反，当被问及禽流感是否已经传播到泰国时，泰国总理他信·西那瓦（Thaksin Shinawatra）回应说，"这没什么大不了的。如果是禽流感，那就是禽流感。我们可以处理……我们一直在努力……请相信政府。没有在最开始向公众发表声明是因为不想引起恐慌"（p.46）。桑德曼指出，第二个例子中的语言过于肯定，并向公众过分保证不会有问题。组织能够传达的是他们当时所知道的事实。因此，在某些情况下，他们必须说"我们还不了解情况，但是我们正在调查"。有时，在掌握准确的信息之前，最恰当甚至最诚实的说法是"我们不知道"，同时说明正在调查原因以及大概何时能公布相关信息。

❖ 避免对利益相关者过度安抚

组织应避免向受众过分保证有关危机的风险或影响，这与我们在危机期间关于不确定性的传播观点是一致的。人们对危机传播存在一个普遍的误解，即当危机袭来时，公众会惊慌失措，做出歇斯底里的反应。例如，火灾

> 要点八：不要过度消除利益相关者对于危机影响的疑虑。

发生时，刚撤离的人们可能又跑回燃烧的大楼。多年来的危机研究显示，公众在危机期间陷入大规模恐慌的证据并不多（e.g., Quarantelli, 1988）。事实恰恰相反，多数情况下，真正的威胁很难让公众迅速采取行动保护自己。例如，当人们受到飓风威胁时是很难撤离的。很多研究结果表明，人们会在危机中表现得很"理性"。毫无疑问，人们会为保护自己采取行动，但在大多数情况下，他们会根据自己所掌握的信息采取合乎逻辑的行动。美国疾病控制和预防中心发言人芭芭拉·雷诺兹（2002）解释说，"最容易引起恐慌的情况不是坏消息，而是来自权威人士的相互矛盾的信息"（p.24）。在这种情况下，当公众认为他们不能信任权威人士或发现这些人隐瞒了信息时，他们感知到的威胁可能会大大提高。危机管理者有时认为，如果他们不尽量安抚，利益相关者就会恐慌。但如果利益相关者认为自己被误导了，风险被低估了，他们就会对权威人士失去信心，很可能会做出不恰当的行为。

❖ 告诉你的利益相关者如何保护自己

42   公众经常寻找有关如何确保自身安全的信息。这可能涉及某些具体的行动，比如疏散、就地避难、烧开水或产品召回等。通用汽车公司在管理汽车点火器次品相关的风险时，建议消费者从钥匙链上取下多余的钥匙，以降低开关上的压力。即使组织能够提出保护措施，也不应过度保证；相反，他们应该注重自我效能（self-efficacy）——传递如何切实有效地进行自我保护以免受危机影响的信息，这类信息应该尽可能有用、务实，且适用于不同的需求。

     芭芭拉·雷诺兹（2002）建议危机传播者要对自我保护做出三个等级的回应，即最小、中等和最大。例如，为了保护人们不饮用被细菌污染的水，她提供了三种选择："（1）在不确定安全的情况下使用氯滴剂；（2）将水煮沸2分钟；（3）购买瓶装水。我们建议采用第二种——把水煮沸"（p.24）。在这种情况下，人们会收到关于如何保护自己的多种信息和选择。

     我们认为，自我效能的信息应该是准确的、有用的和有意义的，切实保护利益相关者免受潜在风险的影响。2003年，美国国土安全部建议人们准备一些塑料布和胶带来密封门窗，以便在遭受生化恐怖袭击时进行防护。这对许多人来说是一个不切实际的建议，比如，人们可能会因为缺氧而窒息。然而，在1997年北达科他州发生洪水时，公众为了保护家园而积极搬运沙袋加固红河谷的堤坝,事实证明,动员公众参与危机应对不仅是必要的,而且是一种有效的新方法,对于法戈、大福克斯,以及穆尔黑德和东大福克斯的许多公民是适用的(Sellnow, Seeger, & Ulmer, 2002)。

我们建议的危机传播方法可能看起来很奇怪,甚至违背常理。我们主张组织传播的信息应该带有一定程度的模糊性或不确定性,而

> 要点九:在危机中,公众需要实用的、有操作性的自我效能信息。

不是为了防止公众恐慌而立即肯定地回答有关危机的问题。组织可以给出一些简单的回应,比如说"我们仍在收集信息,但这是我们目前知道的所有情况"。在此声明中,我们主张在获得足够的信息之前,不要提供绝对的答案或过度安抚公众。此外,组织在危机之后发布自我效能的声明,能够进一步争取利益相关者作为危机管理的资源。然而,即使是自我效能信息,也应该根据利益相关者低、中、高层面的担忧,包含一定程度的模糊性信息。

❖ 减少和强化组织在危机前、危机中和危机后的不确定性

危机传播和重建理论概述

通过广泛的研究,我们确定了组织可能强化或减少危机模糊性和不确定性的方式。本章所探讨的策略提供了一种传播过程方法,用于准备危机中和危机后的沟通。首先,有效的危机前传播实践包括:建立坚强、积极、良性的领导和核心价值观来指导危机决策;其次,在危机之前与利益相关者进行公开、坦诚的沟通,从而建立良好的关系,有助于在危机发生后减少不确定性;最后,制定危机预案的组织,特别是表现出致力于建立良好关系、获得利益相关者支持的组织,能够在危机期间更有效地进行传播。在这种情况下,危机前的有效传播策略包括:

- 强有力的积极领导、价值观和目标
- 与利益相关者进行公开坦诚的沟通
- 对利益相关者负责并发展良好关系

相反,在危机发生之前,组织的一些表现会在危机开始时提高模糊性和不确定性。首先,如果与组织内外的利益相关者之间存在不良的沟通关系,那么模糊性和不确

43

定性可能会在危机之后加剧，组织应特别注意内部上下级之间的沟通以及与外部利益相关者之间的关系；其次，疏远利益相关者并忽视他们需求的组织，更有可能在危机发生之后经历非常高的模糊性和不确定性；再次，组织试图从内部或外部的利益相关者那里寻求同意，而不是倾听他们的需求，这样的组织可能会经历高度的模糊性或不确定性；最后，不参与危机预案或不进行任何模拟和演练的组织更有可能在危机期间进行无效的传播。在这种情况下，危机前无效传播的预测因素包括：

- 与利益相关者的不良沟通关系
- 与利益相关者的关系疏离
- 没有倾听利益相关者的需求
- 没有危机预案

在危机期间，有一些关键的传播策略可以有效地减少危机带来的不确定性和模糊性。例如，遵循危机传播目标和核心价值观来指导危机决策有助于减少不确定性；与利益相关者建立积极的关系，为组织在危机期间提供支持，将有助于减少不确定性和提升传播效果；事先开展风险评估，并且采取风险管理措施的组织，遇到危机不确定性的概率会随之降低。詹姆斯·李·维特（2002）解释道，"有效的传播能让你提早知道危机何时发生，有时早到足以防止危机的发生"（p.46）。组织若能持续发布危机恢复过程信息，将有助于为关键的利益相关者减少不确定性和模糊性。最后，公开坦诚沟通的组织能够更有效地减少危机导致的不确定性。有效的危机传播实践策略包括：

- 利用核心价值观和危机发生前制定的危机传播目标来指导响应方式
- 持续跟进发布恢复过程信息
- 坦诚沟通

首先，组织若回应不及时或只会说"无可奉告"，可能会加剧模糊性或不确定性；其次，组织没有危机预案或强有力的价值观，不知道向谁发布或发布什么内容，也会增加危机期间的不确定性和模糊性；再次，为了淡化危机，或为了过度安抚利益相关者而进行的传播，往往会加剧危机的不确定性；最后，针对危机的复杂问题进行的传播过于绝对，会在危机期间产生更多的不确定性。使效果大大降低的危机传播策略包括：

- 说"无可奉告"
- 不知道向谁发布，或没有确定的价值观作为响应基础
- 过度消除人们对危机影响的担忧

- 危机传播过于绝对

最后，组织试图粉饰危机以减轻责任的传播在危机后是无效的。在这种情况下，组织会试图规避或者推卸责任，弱化自己在危机中的角色，或使危机责任的证据复杂化。这些传播技巧不仅不道德，而且还会加剧组织的风险，提升危机的不确定性，推迟危机的恢复。在这种情况下，危机后无效的传播包括：

- 推卸危机责任

- 隐瞒过错

相反，如果组织能够从危机中学习，通过信息公开透明进行诚实而合乎道德的传播，为恢复提供前瞻性愿景，则更有可能减少危机后的不确定性。他们有更多的机会进行恢复，甚至是重生。危机后的传播要减少不确定性和模糊性，应该做到以下几点：

45

- 从危机中学习

- 以合乎道德和公开的方式就责任问题进行沟通

- 为恢复提供前瞻性愿景

本节描述了危机前、危机中和危机后有效和无效的传播策略。一个组织的领导者所做的决定，将会深刻影响危机响应的有效性和利益相关者的不确定性。做出关于准备、管理和解决危机的正确选择，可以帮助组织从危机中恢复，并创造未来成长和革新的机会。下面是关于危机潜在机遇的讨论。

❖ 社交媒体和有效的危机传播

社交媒体，如推特、脸书、YouTube、即时通信和博客，都是有效的危机传播的重要工具。社交媒体可以帮助我们快速、直接地做出回应。谢尔曼（Sherman，2010）解释说："监测和使用社交媒体对危机传播者有所帮助。"她认为社交媒体有以下用途：

- 监测有关公司的舆情

- 预测潜在的危机

- 在危机中与利益相关者沟通

组织可以使用互联网工具来跟踪出现他们名字的推文和讨论，比如通过谷歌趋势、Tweet Beep和Social Mention等免费网站。许多组织通过社交媒体来监测客户和公众对其产品及服务的舆情。美国疾病控制和预防中心利用社交媒体和互联网搜索数据，来快速确认疾病暴发。"肠胃感冒"搜索量的激增可能预示着某些传染病的暴发，比如志贺氏杆菌。志贺氏杆菌很容易在食物中传播，并可导致严重腹泻。如果组织监测这些媒体，他们就能在问题发酵之前及时关注，而且当他们看到负面的评论或投诉时，也能在问题变得更严重之前采取行动。组织通过监测社交媒体能更好地预测潜在危机，并与利益相关者保持联系。

为了防止个别问题演变为全面危机，谢尔曼（2010）提出了以下建议：

• 确认问题，并为过错道歉

• 公开表示立即解决问题，问题解决后通知所有人

• 私信那些发布相关问题信息的人，使其知晓问题正在解决过程中

• 在社交媒体上公开@那些私信联系不到的网友并进行解释

并非每一次都需要这样的回应。此外，我们并不建议你承认那些非你所犯的错误。但当你或你的组织犯了错误时，最好尽快解决问题，并在解决问题后通知利益相关者。这时，社交媒体为解决潜在问题提供了便利渠道，但如果不对这些渠道进行密切监测，组织可能会错失提前解决潜在问题的机会。

在危机期间，社交媒体可以被用来定期更新信息，以提醒利益相关方。博客、推特、即时通信和脸书页面可以让人们了解有关危机的最新情况，也可以收集可能解决危机的方案信息。

社交媒体应该被视为危机传播响应的一部分。然而，有效的危机传播原则应该聚焦于社交媒体传播的信息内容。换句话说，要把本章前面所讲的经验要点和第2章介绍的理论相结合。例如，斯特雷斯纳（Stracener, 2012）采访了6位来自公共和私营危机管理领域的社交媒体权威专家。他发现，这些专家并不需要利用理论来打磨他们的社交媒体信息内容，相反，他们更关注自己网站的点击量，并转发社交媒体上的信息内容。社交媒体要想在危机传播中发挥作用，就需要将危机传播理论与实践更紧密地结合起来。这样做可以为有效的危机传播创造意想不到的机会。谢尔曼提道，"现在，每一个批评都有可能成为与客户更紧密联系的机会……当发生危机时，社交媒体可以提供监测和交流解决方案，且比大多数传统媒体的信息传播速度更快"（p.27）。显然，社交媒体与有效的危机传播策略相结合，有可能减少危机的影响，甚至阻止危机的发生。以下是有效的危机传播能产生的其他积极效应。

❖ 积极行动的力量

知道如何看待危机事件,是一个组织超越危机最重要的策略之一。我们发现,当一个组织能够思考危机的积极方面而不是消极方面时,它就能够更好地应对危机。以积极的方式应对危机有助于组织的复兴和未来的成长。许多组织在处理危机时,会为了减轻责任而"甩锅"给其他组织,还会把危机描述成对组织本身及其成员的一场可怕的灾难。而能够以更乐观的方式来描述危机的组织,将会更有能力克服危机。这样的组织会思考危机中潜在的积极结果和一线希望,专注于克服危机事件,并为组织成员提供积极的工作方向。迈耶和霍勒萨(Meyers and Holusha, 1986)描述了危机可能带来的7个潜在的积极结果:

1.英雄诞生

2.变化加快

3.揭示潜在问题

4.人们发生改变

5.形成新战略

6.发展早期预警系统

7.显现新的竞争优势

迈耶和霍勒萨(1986)认为,有效处理危机的领导者可以被视为英雄。危机可以加速变革,因为包括资金在内的资源通常都是可利用的,人们可以清楚地看到变革的必要性。危机可以揭示潜在的问题,因为这些问题通常是造成危机的首要原因。危机可以为解决被忽视或未被理解的问题创造机会。人们可以因危机而改变,因为他们看到了影响自己的错误信念对组织及其利益相关者的影响。危机促进新战略的形成,因为组织必须发展新的运营方式来摆脱危机。危机可以促进发展早期预警系统,使组织能够更好地预见和管理潜在的威胁。最后,新的竞争优势会在危机后显现,因为整个业务的性质可能会改变。例如,"9·11"事件之后,航空业发生了巨大的改变。"9·11"事件之前,大型航空公司主导市场,而现在,小众航空公司占据了市场,如美国西南航空(Southwest Airlines)、美国捷蓝航空(JetBlue)和"宋"航空(Song),都取得了很大的成功。只有时间才能告诉我们,这种竞争优势将持续

> 要点十:有效的危机传播承认组织危机中蕴含着积极因素。

多久。有效的危机传播包括在处理事件时保持积极的心态并且思考危机潜在的积极方面。当积极思考时，组织有能力以积极的方式为利益相关者解决危机。

❖ 小 结

本章检视了基于实践的有效的危机传播方式，例如，倾听在有效的危机传播中的作用、组织在危机中理解各种受众的必要性，以及受众想要了解什么。我们讨论了确定性在危机传播中的作用、积极行动和思考力的作用，以及它对摆脱危机的影响。

下一章将描述领导者如何制定和运用本章中的要点内容。

在危机中进行有效的沟通的要点

要点一：确定你的危机传播目标。

要点二：危机发生前，与对组织重要的组织和团体建立真正平等的伙伴关系。

要点三：处理危机时，请与利益相关者（包括媒体）成为合作伙伴。

要点四：组织需要与主要和次要利益相关者建立牢固且积极的关系。

要点五：有效的危机传播需要倾听利益相关者的意见。

要点六：尽早就危机进行沟通，承认不确定性，并向公众保证你将与他们就现在和未来的风险保持联系。

要点七：在掌握充足的信息之前，避免向公众和媒体提供确定或绝对的回答。

要点八：不要过度消除利益相关者对于危机影响的疑虑。

要点九：在危机中，公众需要实用的、有操作性的自我效能信息。

要点十：有效的危机传播承认组织危机中蕴含着积极因素。

4

有效的危机传播的案例应用

❖　❖　❖

　　检视有效的危机传播的十大要点之后,你需要练习有效的危机传播的技能。接下　　*49*
来的案例可以帮助读者辨别每一个关键策略,并就上一章所描述和讨论的内容进行思
辨。在每一个案例中,读者都需要判断其中的危机传播是否有效。本章共有六个真实
案例,来检验有效的危机传播的不同策略。第一个案例提供了2010年英国石油公司墨
西哥湾原油泄漏事件发生后,英国石油公司与美国海岸警卫队沟通的细节;第二个案例
检视了1995年艾伦·佛尔斯坦位于马萨诸塞州梅休因市的纺织厂遭遇大火后的危机传
播;第三个案例讨论了以原汁原味著称的奥德瓦拉公司爆发的果汁污染事件;第四个案
例是关于把所谓的"瘦牛肉泥"称作"粉红肉渣"的事件;第五个案例评估了堪萨斯州
在格林斯堡镇毁于2007年的一场龙卷风后的回应;第六个案例是达美乐比萨的危机,
即两位员工将恶作剧视频上传至网络并在社交媒体引起了轩然大波。希望你在研究这
些案例时,可以提升危机传播能力,增长经验。

❖ 案例4.1　美国历史上最严重的环境危机：英国石油公司与美国海岸警卫队的响应

当地时间2010年4月20日晚10点左右，美国墨西哥湾"深水地平线"海上移动式钻井平台发生爆炸。这个半潜式钻井平台当时由英国石油公司租赁并负责勘探与开发。"深水地平线"位于海面下西北1500英尺处，这起爆炸引发了大火，导致11名工作人员死亡，另有115名工人成功获救。"深水地平线"在爆炸和大火中严重受损，并坍塌至墨西哥湾，石油开始不断涌入墨西哥湾。爆炸三周后，美国国家海洋和大气局（NOAA）检测发现，每天大概有21万至252万加仑的石油泄漏至墨西哥湾。爆炸发生几周后，美国有线电视新闻网（CNN）在海湾底部放置了一台摄影机来向公众展示石油泄漏的情况，并且24小时实时播放。最终，漏油的油井在87天后才被堵住。

这起环境危机的响应面临着十分复杂的局面，因为危机涉及范围广，利益相关者和管理机构间需要协调，要堵住油井极为困难和复杂，此外，该事件受到了全球瞩目。美国海岸警卫队、美国海洋能源管理局等管理机构与负责该危机的英国石油公司达成协议后，双方开始协调危机传播。有15个联邦政府机构作为美国海岸警卫队和英国石油公司开展危机传播的支持单位，包括美国国土安全部、美国内政部、美国鱼类及野生动物保护局、美国国立职业安全和健康研究所、美国农业部等。联合区域司令部负责统筹整体响应。联合区域司令部由四个部门组成，每一个部门都向司令部报告。这个联合指挥结构的核心部分是公共信息官（public information officers），他们负责在危机处置期间收集信息并向利益相关者发布信息。公共信息官回应媒体与利益相关者的关切，并与不同的机构进行沟通协调。这种复杂的传播在任何一种危机中都是一种有效的响应与恢复措施。有效的危机传播技能对每一位公共信息官来说是不可或缺的。

派尔（Pyle, 2011）采访了数位来自美国海岸警卫队和英国石油公司的公共信息官，他们在"深水地平线"危机中都参与了响应与恢复工作。这些公共信息官对危机中的传播问题有着敏锐的洞察力，他们希望在危机发生时，甚至是在危机发生之前制定好统一的传播方案。然而，这些公共信息官们的危机传播目标多种多样。有的人将目标定为尽快发布信息，有的人则试图修正错误信息，有的人认为目标是信息公开透明，还有人认为首要目标是置身危机之外。

　　尽管这些公共信息官来自全国乃至世界各地，但他们都认为与利益相关者建立联系是危机响应的重要前提。他们认为，有效的运转和协作对统一指挥至关重要（Pyle，2011）。公共信息官提道，媒体、当地社区、选任官员、海产品加工厂以及前线应急者等都是此次危机中至关重要的利益相关者。为了与利益相关者沟通，他们举办了开放日活动，借机邀请利益相关者参观指挥中心，并与相关专家探讨广泛的危机问题。

　　公共信息官的首要利益相关者是媒体。全球媒体对这场危机高度关注。公共信息官们认为媒体对危机传播起到关键作用，因为媒体是向其他利益相关者传递信息的主要途径。与此同时，他们也提出了需要应对的挑战，包括来自媒体的持续不断的强烈关注、尖锐提问与采访需求，以及需要回应的不同类型的信息需求。公共信息官们称，他们尽了自己最大的努力满足危机中媒体的需求。尽管不是很完美，但公共信息官们仍然为媒体提供了前所未有的机会进入危机现场，并与关键的决策者接触。他们竭尽所能使危机传播畅通透明，努力纠正在媒体中出现的错误信息。然而，面对蜂拥的媒体需求、不断变化的危机形势，他们的工作实在难以尽善尽美。 *51*

　　公共信息官们称，他们尽可能多地向媒体和利益相关者提供关于危机的信息。当他们不了解情况时，就会解释说还不清楚，随后就会有一部分人努力寻求答案。然而，众多的问题和要求以及不断变化的危机形势使得传播变得无比复杂。一些公共信息官认为应该反击媒体，因为媒体发布的内容是错误或耸人听闻的。有很大一部分公共信息官认为倾听的技能对危机传播至关重要，他们聆听利益相关者真实的信息需求然后向其反馈，而不是猜测人们需要哪些信息。公共信息官有时需要发布他们掌握的信息而不是推测式地回应，这一点在回应工人们对健康与安全的担忧时表现得尤为重要。这些公共信息官告诉派尔，他们之所以能够尽力满足利益相关者的要求，是因为有相关学者和健康专家能够简洁清晰地回答这些问题，并且大部分是通过面对面交流的方式，而其他危机相关的信息则大多通过媒体报道、采访、网站（http：//restorethegulf. *52* gov）发布。公共信息官们表示他们想在传播中表现得更主动一些，这样可以提供更多关于清理过程的信息，同时还可以更加深入地讨论最终覆盖油井的工程。

图 4-1　美国海岸警卫队消防艇在"深水地平线"油井灭火
来源：U.S. Coast Guard photo。

小　结

　　英国石油公司石油泄漏事件引发了美国历史上最大规模的环境危机，为此，英国石油公司和美国海岸警卫队共同协调开展了危机传播。这种不同寻常、前所未有的合作关系造就了一场独一无二的响应与重建工作，使得有效传播和协调在这场危机中成为必要。应对此次危机的公共信息官们面临着对信息的高要求、敌对苛刻的传播环境以及高度科学性与充满不确定性的答案，在这场危机中始终保持着高强度的工作，他们建议未来的公共信息官们应该在持续长时间的危机传播工作中合理安排休息时间和工作强度。

思考与判断

　　看过这个案例后，你是否可以评价一下在这起事故中，参与英国石油公司危机传播的公共信息官的表现？首先，请你花一点时间复习一下第3章中提到的有效的危机传播策略，请注意，我们认为这些策略是任何危机响应的关键试金石和讨论要点；其次，当你回答以下问题时，请思考这些公共信息官的危机传播是否有效。我们已经将这些策略以问题的形式重新表述，以便你能更好地处理案例中的关键问题。

关于有效的危机传播的要点

要点一：确定你的危机传播目标。

• 这些公共信息官们的危机传播首要目标都有哪些?

要点二：危机发生前,与对组织重要的组织和团体建立真正平等的伙伴关系。

• 危机发生前或危机传播的过程中,这些公共信息官有没有与利益相关者建立合作关系?

要点三：处理危机时,请与利益相关者(包括媒体)成为合作伙伴。

• 这些公共信息官在处理危机时有没有承认利益相关者为合作伙伴?

要点四：组织需要与主要和次要利益相关者建立牢固且积极的关系。

53

• 这些公共信息官在漏油事件的处理过程中是否同主要和次要的利益相关者建立了积极的合作关系?

要点五：有效的危机传播需要倾听利益相关者的意见。

• 这些公共信息官是否认真倾听或了解了利益相关者的需求?

要点六：尽早就危机进行沟通,承认不确定性,并向公众保证你将与他们就现在和未来的风险保持联系。

• 这些公共信息官是否就危机事件与利益相关者开展了定期的交流与沟通?

要点七：在掌握充足的信息之前,避免向公众和媒体提供确定或绝对的回答。

• 这些公共信息官是否就这场危机提供了确定或绝对的答复?

要点八：不要过度消除利益相关者对于危机影响的疑虑。

• 这些公共信息官是否使利益相关者过度安心,忽略了危机将对他们产生的影响?

要点九：在危机中,公众需要实用的、有操作性的自我效能信息。

• 这些公共信息官在危机中是否提供了实用的自我效能信息?

要点十：有效的危机传播承认组织危机中蕴含着积极因素。

• 这些公共信息官是否在危机中挖掘了积极因素?

❖ 案例4.2　莫尔登纺织厂大火事件

莫尔登纺织厂位于马萨诸塞州梅休因市,该工厂已经在梅里马克谷运营100多年,而且是仍然留在新英格兰地区的少数纺织厂之一。就在其余的纺织厂都已经因为更高的工资和更好的工会离开这个地方时，莫尔登纺织厂却继续坚守对社区的承诺，并向工人支付业界最高的薪酬。莫尔登纺织厂大约有3000名员工，俨然已经成为当地的经济支柱之一。大火发生的时候，艾伦·佛尔斯坦是这家纺织厂的老板，在他之前的两任老板分别是他的父亲和祖父。佛尔斯坦家族拥有这个工厂已近一个世纪之久。

危机准备和预案

54

佛尔斯坦家族一直以来都很重视同员工和顾客之间建立强有力的关系。佛尔斯坦将自己的领导价值观归结为"对人性因素的敏感"，即以人为本（Ulmer, 2001, p.599）。保罗·库里是当地的工会主席，他眼中的佛尔斯坦是"公平且有同情心的"，他认为佛尔斯坦相信"如果你付给人们相当数量的钱，并且提供很好的福利，照顾他们的家庭，他们将会更好地为你工作"（Ulmer, 2001, p.599）。

20世纪80年代纺织厂申请破产时，佛尔斯坦就曾表示，他会公平对待每一位员工。那时，莫尔登纺织厂主要经营毛皮与生产抓毛绒。佛尔斯坦还向工会请求暂时解雇一部分员工，直到纺织厂重新开始盈利，并且保证，等到纺织厂恢复盈利，他将会重新雇用那些被他解雇的人。很多员工都坚信他的话，甚至没有找其他工作。最后，佛尔斯坦坚守了他的承诺，重新雇用了纺织厂破产时解雇的所有员工。

除了对员工负责外，佛尔斯坦还为他所在的社区作出了贡献。他主办了职业培训计划、外语学习计划，并为当地企业提供慷慨的信贷额度。一位当地企业主在提到佛尔斯坦的性格时说道，"艾伦是一个很善良的人，如果他有半块面包，也会分享给周围的人"（Ulmer, 2001, p.598）。当地的一个犹太教堂起火后，佛尔斯坦和他的兄弟站出来，为教堂的重建捐助了200万美元。数年来，佛尔斯坦始终坚持同他的工人和社区建立强有力的关系。

灾祸后勇敢的危机传播

1995年12月11日佛尔斯坦70岁生日当晚，他的纺织厂突发大火，烧了整整7天。佛尔斯坦立即告知工人他将会在梅休因市重建工厂，并承诺在工厂重新建成之前，会全额支付工人的工资，并且给予每人30天的健康福利。直到工厂重建完成，他一共支付了工人60天的工资，并且给予了每人90天的健康福利。

同一天，《波士顿环球报》（*Boston Globe*）报道称，"这位69岁的莫尔登纺织厂老板，在他的一栋厂房的火还没有扑灭的时候，说出了梅里马克谷每一个人想听到的话"
（Milne & Aucoin, 1995, p.B1）。佛尔斯坦公开声明，"我们将会继续为劳伦斯作出贡
献……许多年前我们本来有机会南下，但我们没有离开，现在也不会离开"（Milne &
Aucoin, 1995, p.B1）。

火灾发生3天后，佛尔斯坦在当地的一所高中主持了一场会议。在这场会议中，他
宣布，"接下来至少30天内，也许会更久，所有的时薪员工将会得到全额工资"（Milne,
1995, p.B50）。危机发生一个月后，佛尔斯坦再次与工人们会面。这次他说，"我很高兴
地向大家宣布，我们将会再一次支付给我们的员工至少30天的工资。为什么我要这么
做呢？因为现在站在我面前的这群人是莫尔登纺织厂最宝贵的财富，是不可割舍掉的
一部分。我今天所做的，未来将会得到成倍的回报，而且莫尔登纺织厂也会成为业界最
棒的纺织厂"（Calo, 1996）。

在危机的余波中，佛尔斯坦始终坚持与工人们见面，并且给他们发放工资和福
利。危机发生两个月后，70%的工人回到工厂工作，同时，佛尔斯坦承诺给剩余的800
名工人再付30天的工资与福利。危机结束时，佛尔斯坦为那些还未返回工厂的工人额
外支付了90天的健康保险，并且承诺为失业者提供工作，他在20世纪80年代也是这样
做的。

小 结

艾伦·佛尔斯坦在1995年莫尔登纺织厂大火事件中富有同情心的表现受到了广泛
的赞誉。克林顿总统在他的国情咨文演说中称赞了佛尔斯坦先生的危机传播。莫尔登
纺织厂在大火发生后数年内还收到了来自世界各地的捐助。危机发生的时候，艾伦·佛
尔斯坦先生很少关心事故的原因与追究责任，更多的是关心那些被危机影响的人：他
的工人与社区居民。火灾发生后，佛尔斯坦及时开展危机传播，并且努力走出危机。他
给工人和社区居民以信息和希望，让他们相信这家公司终将度过危机。经过这次危机，
佛尔斯坦进一步建立并巩固了同利益相关者的关系，并且在火灾之前就一直在努力建
立这种关系。

思考与判断

了解这个案例后，你是否可以对艾伦·佛尔斯坦在工厂起火后进行的危机传播做

出评价? 首先, 请你花一点时间复习一下第3章中提到的有效的危机传播策略, 请注意, 我们认为这些策略是任何危机响应的关键试金石和讨论要点; 其次, 当你回答以下问题时, 请思考一下艾伦·佛尔斯坦的危机传播是否有效。我们已经将这些策略以问题的形式重新表述, 以便你能更好地处理案例中的关键问题。

关于有效的危机传播的要点

要点一: 确定你的危机传播目标。

• 艾伦·佛尔斯坦在危机传播中的首要目标有哪些?

要点二: 危机发生前, 与对组织重要的组织和团体建立真正平等的伙伴关系。

• 危机发生前, 艾伦·佛尔斯坦如何与利益相关者建立合作关系?

要点三: 处理危机时, 请与利益相关者 (包括媒体) 成为合作伙伴。

• 处理危机的过程中, 艾伦·佛尔斯坦通过哪些方式承认利益相关者是自己的合作伙伴?

要点四: 组织需要与主要和次要利益相关者建立牢固且积极的关系。

• 火灾发生后, 艾伦·佛尔斯坦通过哪些方式同主要和次要利益相关者建立积极的合作关系?

要点五: 有效的危机传播需要倾听利益相关者的意见。

• 有何证据可以表明艾伦·佛尔斯坦认真倾听或了解了利益相关者的需求?

要点六: 尽早就危机进行沟通, 承认不确定性, 并向公众保证你将与他们就现在和未来的风险保持联系。

• 艾伦·佛尔斯坦如何与利益相关者交流与沟通危机事件? 多久一次?

要点七: 在掌握充足的信息之前, 避免向公众和媒体提供确定或绝对的回答。

• 艾伦·佛尔斯坦是否就这场危机的起因提供了肯定或绝对的答复?

要点八: 不要过度消除利益相关者对于危机影响的疑虑。

• 是否有证据表明艾伦·佛尔斯坦使利益相关者过度安心, 忽略危机将对他们产生的影响?

要点九: 在危机中, 公众需要实用的、有操作性的自我效能信息。

• 艾伦·佛尔斯坦在危机中如何提供了自我效能信息?

要点十: 有效的危机传播承认组织危机中蕴含着积极因素。

◦ 哪些方面表示艾伦·佛尔斯坦认为工厂的火灾有一定的积极影响?

❖ 案例4.3　奥德瓦拉公司苹果汁污染危机

奥德瓦拉公司是一家果汁生产商,主要面向注重健康的消费者。1996年10月30日,
该公司被曝其未经高温消毒的苹果汁与一场大肠杆菌的暴发有关,此后便开始了漫长
而复杂的危机恢复过程。事件曝光后,奥德瓦拉公司立即自发召回问题果汁并查找原
因,并且扩大召回范围至其余12种果汁。遗憾的是,尽管做了如此多的努力,大肠杆菌
的暴发还是导致了一名16个月大的女婴死亡,另外60名儿童病重。为应对此次危机,奥
德瓦拉公司进行了实质性改革,承诺将消费者安全放至其生产过程的首位。许多观察
家纷纷对这次迅速的响应表示赞扬。事实上,这次危机后奥德瓦拉公司仍留下了80%
的客户("Odwalla, Inc.", 1997)。

57

多元利益相关者的挑战

接下来,我们将详细说明奥德瓦拉公司的危机响应对各方利益相关者的深远影响
(Reierson, Sellnow, & Ulmer, 2009)。危机发生之前,生产者认为果汁产品里的酸性
物质可以在不经过高温消毒的情况下,自发杀死大肠杆菌之类的细菌。而奥德瓦拉公司
此次大肠杆菌感染事件深刻扭转了这种想法,该公司从此开始应用需要辅助设备的高
温消毒技术,然而并不是所有的生产者都能够负担起这些设备的费用。在公司漫长且
耗资巨大的恢复过程中,股东们分担了巨大的损失。此外,大批量的召回与后续的调查
工作直接导致了裁员,使得众多员工经济困难。当你阅读下文关于大肠杆菌感染危机
的响应时,请别忘了这些利益相关者。

奥德瓦拉公司的危机响应

从一开始,奥德瓦拉公司就向消费者做出了清晰且令人印象深刻的承诺。除了主动
召回产品并停止运营外,奥德瓦拉公司还开辟了同消费者沟通的新渠道:公司创建了一
个网站,24小时不间断地向公众提供事件的最新进展;同时,公司还开通了两条1–800
电话热线,以便同消费者和供应商联系。奥德瓦拉公司回复给消费者的信息清晰、始终
如一且富有同情心。公司表达了对该起事故的遗憾,并为那些购买过商品的顾客进行

了退款。与此同时，奥德瓦拉公司还承担了那些因饮用问题果汁而生病的人的医疗费用（Martinelli & Briggs, 1998）。危机发生后，奥德瓦拉公司时任总裁格雷格·斯泰尔顿波尔（Greg Steltenpohl）看望了受害儿童的家人，并且公开承认了危机造成的痛苦与苦难（Thomsen & Rawson, 1998）。这起危机造成一名儿童死亡后，奥德瓦拉公司立即召开了新闻发布会，向小女孩的家庭表示哀悼。

危机发生后两个月内，奥德瓦拉公司宣布了生产新鲜果汁过程中的一项革命性改变：他们引进了快速巴氏灭菌技术，在消灭大肠杆菌的同时，能最大限度地保留果汁的味道与营养。在这之前，为保持果汁的原汁原味，奥德瓦拉公司坚持不用高温消毒（Martinelli & Briggs, 1998）。而在1996年引进巴氏灭菌法后，奥德瓦拉公司再也没有发生过果汁召回事件。

图 4-2　奥德瓦拉公司新的消毒方式
来源：Photo courtesy of The Creamery at Pineland Farms。

对利益相关者的影响

58　　如本节开头所述，奥德瓦拉公司在危机后成功挽留了大部分顾客。《华尔街日报》（*Wall Street Journal*）引用了一位公共关系与危机专家的话，"奥德瓦拉公司的核心原则使他们成为史上最快从危机中恢复的公司之一"（Moore, 1998, p.15）。对于奥德瓦拉公司的一些利益相关者而言，这种恢复还是付出了代价：在奥德瓦拉公司响应危机的过程中，一些经销商、投资者和奥德瓦拉公司的员工都受到了影响。

危机发生时，奥德瓦拉公司是新鲜果汁行业内的大公司，有足够的资金将设备更换为快速巴氏灭菌设备，然而并不是所有的生产商都可以负担得起设备更新的费用。奥德瓦拉公司宣布使用快速巴氏灭菌法后，西夫韦等食品杂货连锁店就不再接受未使用快速灭菌法的果汁（Martinelli & Briggs, 1998）。一些采用快速灭菌法的工厂主被迫提高价格，从而减弱了他们的竞争性（De Lisser, 1998）。

奥德瓦拉公司的投资者同样也受到了影响。奥德瓦拉公司在危机中不顾暴跌的利润，大把地花钱，并且因为此次危机被处以超过一百万美元的罚款（"Odwalla pleads", 1998）。正如赖森等人（Reierson et al., 2009）所说，"从长远看来，奥德瓦拉公司的行动可能是一种良好的商业实践，但是在危机发生后，投资者们的原始投资大受折损"（p.122）。

奥德瓦拉公司的员工在这次危机中也蒙受了损失。这次危机直接导致60名员工被辞退。尽管危机发生后消费者得到了赔偿，但是公司却几乎没怎么补偿员工。而数名公司董事会成员也被他人取代。

59

长远看来，奥德瓦拉公司的危机响应在帮助该公司恢复盈利方面是至关重要且有效的。但这样的响应方式却至少损害了三方利益相关者的利益：小型经营者、投资者与员工。

小　结

奥德瓦拉公司成功应对大肠杆菌感染危机，被誉为业界危机传播的优秀典范，它尽早并且保持与其顾客进行沟通，在表达自身歉意的同时，还给予了客户经济赔偿。然而，进一步观察发现，此次危机对业内的生产商造成了挥之不去的伤害，而那些无法长期留在奥德瓦拉公司的投资者也遭受了重大的财务损失。同时，一些员工丢掉了工作，至少短期内给他们造成了经济压力。这个案例很清晰地让组织者们明白了，在进行危机响应时，应该从长远发展的角度，充分全面地为利益相关者考虑。

思考与判断

检视这个案例后，你可以判断奥德瓦拉公司在危机中与利益相关者的沟通是否有效。首先，请你花一点时间复习一下第3章中提到的有效或无效的危机传播策略，这些策略可以引导你评估奥德瓦拉公司危机响应的优势与劣势；其次，当你思考下列问题时，请你判断在处理危机的长期复杂性时奥德瓦拉公司的响应方式是否有效。

关于有效的危机传播的要点

要点一：确定你的危机传播目标。

• 奥德瓦拉公司是否有明确的危机传播目标？

要点二：危机发生前，与对组织重要的组织和团体建立真正平等的伙伴关系。

• 奥德瓦拉公司通过哪些方式与利益相关者建立了合作关系？

要点三：处理危机时，请与利益相关者（包括媒体）成为合作伙伴。

• 处理危机的过程中，奥德瓦拉公司通过哪些方式承认利益相关者为自己的合作伙伴？

要点四：组织需要与主要和次要利益相关者建立牢固且积极的关系。

• 有何证据表明奥德瓦拉公司同利益相关者建立了合作关系？

要点五：有效的危机传播需要倾听利益相关者的意见。

• 有何证据表明奥德瓦拉公司认真倾听了利益相关者的需求？

要点六：尽早就危机进行沟通，承认不确定性，并向公众保证你将与他们就现在和未来的风险保持联系。

• 奥德瓦拉公司通过哪些方式与公众保持沟通？

要点七：在掌握充足的信息之前，避免向公众和媒体提供确定或绝对的回答。

• 奥德瓦拉公司是否就这场危机的起因提供了确定或绝对的答复？

要点八：不要过度消除利益相关者对危机影响的疑虑。

• 奥德瓦拉公司是否过度弱化了此次危机的影响？

要点九：在危机中，公众需要实用的、有操作性的自我效能信息。

• 危机处理过程中，奥德瓦拉公司通过哪些方式向公众提供了自我效能信息？

要点十：有效的危机传播承认组织危机中蕴含着积极因素。

• 是否有证据表明危机促进了积极因素的产生？

❖ 案例4.4　牛肉制品公司与"粉红肉渣"

美国的食品加工商和杂货店使用含有"瘦牛肉泥"的牛肉馅做汉堡长达20年之久，尽管未被证实其有健康风险，且食品生产者也不存在道德失范，但2012年，"瘦牛肉泥"还是迅速且严重地失信于消费者。这直接导致了牛肉制品公司的全面危机，而这些公司正是"瘦牛肉泥"的主要制造者。一家生产消费者普遍不了解的安全产品的公司是如何陷入危机的呢？美国广播公司（ABC）一则标题为"粉红肉渣"的晚间新闻告诉了我们答案，该新闻在质问"瘦牛肉泥"安全性的同时，讨论了使用"瘦牛肉泥"的道德伦理性。

美国广播公司的晚间新闻播报了"一项惊人的调查"。调查发现用来做汉堡肉馅的"瘦牛肉泥"是被氨污染后的产物。在报道中，使用这种产品被进一步描述为"经济欺诈"行为。最可怕的是，美国广播公司的记者用"粉红肉渣"指代"瘦牛肉泥"，这个名字一听就让人恶心，而且生动形象，令人记忆深刻。因此，美国广播公司通过在其新闻中使用"粉红肉渣"一词创建了一个反面范例——我们早在第2章中就讨论过范例的严重性。美国广播公司在随后的新闻报道中也一直使用"粉红肉渣"一词，同时这个词也被其他新闻机构所使用，甚至成为社交媒体的搜索热点。"粉红肉渣"意味着原本纯净的碎牛肉被稀释为一种怪异且不安全的产品，以提高餐厅和杂货店的利润。

61

第三方回应

"粉红肉渣"的影响十分严重。这一称谓引起了消费者对"瘦牛肉泥"的反感与愤怒，直接导致美国农业部规定参与国家校园午餐计划的机构不得购买含有"瘦牛肉泥"的牛肉制品；此外，西夫韦、超价商品、狮王食品、克罗格超市等零售商也承诺停止售卖含有"瘦牛肉泥"的牛绞肉。最终，逐渐减少的"瘦牛肉泥"需求使得牛肉制品公司暂停了其中三个工厂的生产，并解雇了650名工人（Green, 2012）。

为回应指控，牛肉制品公司召开了一场新闻发布会，并通过网站向公众说明"瘦牛肉泥"的本质与使用。然而，由于该公司说明的是一种原料，而不是消费者购买的最终产品，因此牛肉制品公司的公关努力效果有限。随着危机的持续发展，牛肉制品公司从牛肉行业其他利益相关者的行动中受益，益处之一就是获得了北美肉类协会（危机发生时为美国肉类协会）的支持。北美肉类协会的宗旨是"成为持续创新和改进的催化剂；在消费者、政策制定者和媒体面前大力提倡肉类和家禽；为所有大小成员提供一个发展积极、建设性和持久关系的平台"（NAMI, n.d., p.5）。对于牛肉制品公司而言，北美肉类协会起到了可靠的第三方作用，正面回应了美国广播公司的说法。北美肉类协会制作了一个类似于美国广播公司新闻报道格式的视频，展现了一系列同美国广播公司新闻报道相反的事实。北美肉类协会的视频里包括以下事实：

- "瘦牛肉泥"是100%的牛肉。之所以颜色为粉色并且出现黏稠的明胶物，是因为经过精心挑选的肉片是在接近骨头的地方被取出的，通过加热、旋转，以去除所有脂肪。

- 因为所有的脂肪都被去除了，所以加入"瘦牛肉泥"来降低牛绞肉的脂肪含量，并提高其蛋白质含量。

- "瘦牛肉泥"生产过程中使用的氨气的含量与其他日常食品的氨含量相同。

在"粉红肉渣"危机达到顶峰时，"瘦牛肉泥"的销量暴跌80%。然而，北美肉类协会等第三方利益相关者的回应以及汉堡日益上升的制作成本，使该产品得到了部分恢复。虽然销售仍未恢复到以前的水平，但罐装千层面和意粉酱等食品加工者仍定期使用"瘦牛肉泥"，这部分的销售量仍在上升。但那些停止售卖以"瘦牛肉泥"为肉馅的汉堡的超市仍没有恢复销售此产品（Russell, 2014）。

小　结

"瘦牛肉泥"的案例很深刻地解释了何为名称的范例效应。给"瘦牛肉泥"贴上"粉红肉渣"的标签，导致了一系列事件：员工失业、牛肉产品中的蛋白质含量大幅降低、人们对更大的食品安全风险的注意力被转移。同样，该案例也强调了组织与公众沟通较少时所面临的挑战。作为一种原料而不是最终成品的制造商，牛肉制品公司对消费者而言是隐藏起来不可见的组织。这个案例强调了那些很少甚至没有花费时间与公众沟通的类似的组织，需要考虑如何在危机期间与公众进行沟通。

思考与判断

检视这个案例后，你可以判断牛肉制品公司和北美肉类协会与危机牵涉的其他利益相关者是否进行了有效的传播吗？他们的传播是否提供了虚假的确定性？他们是否进行了清晰、诚实、公开的沟通？首先，请你花一点时间复习一下第3章中提到的危机传播策略，这些策略会引导你评估在"瘦牛肉泥"案例中危机传播的优点与缺点；其次，当你在思考下列问题的时候，请你考虑一下牛肉制品公司和北美肉类协会在危机应对期间处理他们面临的额外的约束是否有效。

关于有效的危机传播的要点

要点一：确定你的危机传播目标。

• 危机传播过程中牛肉制品公司和北美肉类协会追求的首要目标是什么？

要点二：危机发生前，与对组织重要的组织和团体建立真正平等的伙伴关系。

• 牛肉制品公司和北美肉类协会与媒体合作的机会是如何被美国广播公司制造的这起危机所限制的？

要点三：处理危机时，请与利益相关者（包括媒体）成为合作伙伴。

• 同上，牛肉制品公司和北美肉类协会与媒体合作的机会是如何被美国广播公司制造的这起危机所限制的？

要点四：组织需要与主要和次要利益相关者建立牢固且积极的关系。

• 牛肉制品公司和北美肉类协会需要解决与哪些首要以及次要利益相关者的关系？

要点五：有效的危机传播需要倾听利益相关者的意见。

• 牛肉制品公司和北美肉类协会是否有效倾听了利益相关者的需求？

要点六：尽早就危机进行沟通，承认不确定性，并向公众保证你将与他们就现在和未来的风险保持联系。

• 牛肉制品公司和北美肉类协会在危机期间是如何承认不确定性的？

要点七：在掌握充足的信息之前，避免向公众和媒体提供确定或绝对的回答。

• 北美肉类协会在代替牛肉制品公司进行危机响应时，是否提供了足够的信息？

要点八：不要过度消除利益相关者对于危机影响的疑虑。

• 牛肉制品公司和北美肉类协会是否过度弱化了"瘦牛肉泥"对消费者的影响？

要点九：在危机中，公众需要实用的、有操作性的自我效能信息。

• 危机处理过程中，牛肉制品公司和北美肉类协会给消费者提供了哪些建议？

要点十：有效的危机传播承认组织危机中蕴含着积极因素。

• "瘦牛肉泥"危机有哪些积极的影响，这些影响如何为未来的危机传播做准备？

图 4-3　视察工厂

来源: AP Photo / Nati Harnik。

❖ 案例4.5　堪萨斯州格林斯堡镇龙卷风过后的重建

64　　　2007年5月4日，一场5级龙卷风袭击了居住着1500位居民的堪萨斯州格林斯堡镇，造成11人死亡，城市95%的建筑被毁。格林斯堡镇位于堪萨斯州中南部城市威奇托南部100英里左右，此次遭遇的是有史以来最大也是最具破坏力的龙卷风。据估计，此次龙卷风有1.7英里宽，风速超过每小时200英里。灾难发生后，格林斯堡镇所有的房屋、学校和教堂都遭到了严重破坏，幸存者们没有住房、自来水和电。龙卷风来临前，格林斯堡镇以良好的社区氛围闻名，各地的游客也都慕名前来参观最大的手工挖掘井。然而，就像大多数乡镇一样，格林斯堡镇的人口在慢慢减少，因为当地人都离开家乡去了大城市，而孩子们读完大学后也没有回来。毁灭性的龙卷风过后，格林斯堡镇的居民开始考虑为他们的中西部小镇赋予一个新的、富有活力的身份。

危机的初始框架

毁灭性的龙卷风过后，给人们留下的是深深的绝望与失落。居民们纷纷对此次龙卷风的威力感到震惊，并无法确定接下来会发生什么。然而，小镇的主要领导几乎立即看到了引导民众积极看待此次灾害的潜力。比如，格林斯堡镇镇长史蒂夫·休伊特（Steve Hewitt）在这场龙风卷风中失去了所有东西，包括他的家。然而，他仍然认为"这场龙卷风带来了一线希望，因为它使得整个镇与1400名居民重组并且重塑自我"（Nguyen & Morris, 2009, p.2）。他进一步解释道，"这场龙卷风迫使人们做出改变，迫使人们告诉别人——你们知道吗? 我们得到了其他人得不到的机会"（Nguyen & Morris, 2009, p.3）。从此次危机中，史蒂夫·休伊特看到了重建和重塑格林斯堡镇的机会。

龙卷风过后不到两天，当地建筑内的残骸陆续被挖掘出来，当地学校校长达伦·赫德里克（Darren Hedrick）发表了同镇长类似的观点: 格林斯堡镇如何利用此次灾难的积极影响。他解释道，"城市与居民有关，与建筑无关。而且，这是一次重建的机会——不只是按原来的样子重建，也许会建得比原来更好"（Morris, 2007, p.4）。

这些领导最初的想法和表态促进了与公民之间的积极沟通，通过定期举行社区论坛讨论重建进程，包括人们正在经历的任何挫折和问题。由于大多数人都居住在联邦应急管理局的救援车内，且大家都希望可以搬进更永久的住所，因此制定一个前瞻性计划是非常重要的。然而，在社区论坛中，人们开始谈论这次龙卷风的出现是为了振兴这座城镇，解决人口下降的问题。他们希望可以"扭转局势"，不是失去孩子们，而是把孩子们都吸引回来。比如对社区进行投资，这样等年轻人毕业回来就会有新的工作和新的机会（Nguyen & Morris, 2009, p.4）。在这种情况下，"这场龙卷风像是把人们联系在一起，就像是共渡难关的自然因素，而且社区能够在很大程度上利用这一点"（Phelps, 2009, p.21）。

格林斯堡镇议会定期召开会议讨论镇内经营何种生意，以及何时可以重新开业。镇议会还举办了多次社区论坛，认真倾听当地居民对未来各种不确定性的担忧。随着这些会议和讨论的进行，一个将格林斯堡镇打造为全世界节能、绿色典范城市的思路浮出水面。丹尼·瓦拉赫（Danny Wallach）领导着格林斯堡镇一个推动环境可持续发展的非营利组织，号召居民们将格林斯堡镇打造成能源和环境友好型的社区典范。他解释道，"我的意思是，在那个时候它确实打动了我，绿色（英文与格林同音）——格林斯堡——我不知道当时全国范围内也在开展绿色运动"（Morris, 2007, p.14）。史蒂夫·休伊特说格林斯堡镇将会以强者姿态归来，"龙卷风发生前，格林斯堡镇平均每年减少2%的人口。那些离开家上大学的孩子们很少会回来，这对于格林斯堡镇而言简直是极刑"（Morris, 2007, p.22）。格林斯堡镇的领导团队开始看到这场危机带来的潜力与机遇。最终，这些早期的设想和讨论促使格林斯堡镇议会决定，所有新建的城市建筑都应符合最高的环境标准——绿色建筑铂金标准（Morris, 2007, p.23）。

龙卷风后宏伟愿景的结果

灾祸过后，史蒂夫·休伊特高瞻远瞩，致力于"为新企业创造符合绿色建筑铂金标准的新的办公空间，建立符合绿色建筑铂金标准的新学校与艺术中心"（Morris, 2007, p.23）。他说，打造一个绿色社区不是一件简单的事，"可能听起来会有一点儿疯狂，全国仅有14座符合铂金标准的绿色建筑，当一切都尘埃落定的时候，我希望格林斯堡镇会有4个或5个这样的建筑"（Morris, 2007, p.25）。有关格林斯堡镇重建愿景的消息传出后，出现了一些意想不到的结果。探索频道开始拍摄一部名为《格林斯堡：一个社区重建的故事》（*Greensburg:A Story of Community Rebuilding*）的电视系列片，记录了格林斯堡镇重建的全过程。

截至2009年，格林斯堡镇正朝着"未来绿色社区的方向前进，成为环保生活的全国典范"（Nguyen & Morris, 2009, p.5）。

• 格林斯堡镇建造了一系列环保住宅来让人们了解节能建筑。环保住宅的特色是地源采暖和制冷、太阳能热水，甚至屋顶上还有菜园。这些住宅相较于普通住宅而言，可以节能70%，并且通过了安全测试，以备将来发生龙卷风时使用（Nguyen & Morris, 2009）。

• 格林斯堡镇用坚固的混凝土建造房屋，使用更多的自然光、更好的隔热层和最先进的窗户。

• 格林斯堡镇开发了太阳能和风能技术，并利用电力和地热资源。

• 格林斯堡镇的迪尔公司创造了一个最先进的、能源高效的设施，通过使用油和热能来冷却地板以及为建筑提供动力的风力涡轮机。它的老板认为通过这些改进，每年将节省25,000美元（Nguyen & Morris, 2009）。

社会反响

很明显，格林斯堡镇把这场危机看作重振城市活力的一个机遇，而且他们的做法行之有效。当地校长赫德里克解释道，"许多城镇正在慢慢地消亡，而我们同样也面临着如此严峻的形势。我们必须想办法复苏，并且希望我们做出了正确的决定"（Morris, 2007）。在15岁的利瓦伊·施密特（Levi Schmidt）眼里，这场复苏是这样的，"龙卷风发生前，我从未想过回家。我想要出去上大学，不管在什么地方，因为这座城市正在消亡。而现在我必须要回来，我的很多朋友也会回来"（Morris, 2007, p.34）。当然，这并不意味着所有人都会在龙卷风后留下来，但事实表明，格林斯堡镇能够暂时遏制人口下降的趋势。有关此案例的更多信息，可登录堪萨斯州格林斯堡镇网站www.greensburgks.org进行查询。网站主页的新标语是"格林斯堡：更好、更强、更环保"（Nguyen & Morris, 2009）。

图 4-4　飓风肆虐过后的堪萨斯州格林斯堡镇一片狼藉
来源：Greg Henshall / FEMA / Wikimedia。

小　结

2007年堪萨斯州格林斯堡镇龙卷风袭击事件震惊世界。格林斯堡镇的领导团队很快考虑到这场灾难蕴藏的潜力与机遇，并带领民众迎难而上。这一全新的前瞻性愿景的焦点，是打造环境友好型的建筑和住房模式，并为此制定计划，以推动格林斯堡镇向前发展。格林斯堡镇汇聚了环保专家型的利益相关者,来帮助创建愿景、支援重建。通过有效的沟通,堪萨斯州格林斯堡镇有效地应对了这场悲剧性的危机。

思考与判断

考察这个案例后,你可以判断在此次危机中,堪萨斯州格林斯堡镇的领导是否对众多的利益相关者进行了有效的传播。首先,请你花一点时间复习一下第3章中提到的危机中有效的与无效的传播策略,这些策略会引导你评估格林斯堡市危机响应的优缺点;其次,当你在思考下列问题的时候,请考虑一下格林斯堡镇的领导团队在危机应对期间处理他们面临的额外的约束是否有效。

关于有效的危机传播的要点

要点一: 确定你的危机传播目标。

• 格林斯堡镇的领导们在危机传播中通过哪些方式阐明了目标?

要点二: 危机发生前,与对组织重要的组织和团体建立真正平等的伙伴关系。

• 格林斯堡镇龙卷风灾前建立的关系是否得到了回应?

要点三: 处理危机时,请与利益相关者(包括媒体)成为合作伙伴。

• 格林斯堡镇的领导们通过哪些方式让利益相关者参与了重建工作?

要点四: 组织需要与主要和次要利益相关者建立牢固且积极的关系。

• 格林斯堡镇的领导们通过哪些方式同那些帮助他们重建城镇的新的利益相关者建立联系?

要点五: 有效的危机传播需要倾听利益相关者的意见。

• 格林斯堡镇的领导是否让居民参与了重建城镇的新决策?

要点六: 尽早就危机进行沟通,承认不确定性,并向公众保证你将与他们就现在和未来的风险保持联系。

• 格林斯堡镇的领导如何与公众就危机进行沟通? 多久一次?

要点七: 在掌握充足的信息之前,避免向公众和媒体提供确定或绝对的回答。

• 格林斯堡镇的领导在进行危机传播时是否过于肯定?

要点八: 不要过度消除利益相关者对危机影响的疑虑。

• 格林斯堡镇的领导是否过度夸大了危机后重建的潜力?

要点九：在危机中，公众需要实用的、有操作性的自我效能信息。

• 危机发生后，格林斯堡镇的领导是否为公众提供了自我效能信息？

要点十：有效的危机传播承认组织危机中蕴含着积极因素。

• 格林斯堡镇的领导通过哪些方式告诉公众危机的发生会产生积极的因素？

❖ 案例4.6　达美乐比萨——昂贵的恶作剧

达美乐比萨的两名餐厅员工利用一台摄像机，在视频分享网站YouTube上展示自己粗俗的幽默感，给公司制造了一连串的问题。2009年4月，达美乐比萨店两名30多岁的员工克里斯蒂·哈蒙兹（Kristy Hammonds）与迈克尔·塞泽尔（Michael Setzer）在YouTube上传了一条荒谬的视频，这条视频是在北卡罗来纳州科诺弗一家达美乐比披萨门店的厨房中制作的。视频中，塞泽尔违反了标准的健康守则，疑似将食物与他的鼻孔等地方接触，负责录像的哈蒙兹在一边旁白。尽管这则视频很恶心也很幼稚，但是却引起了网民的兴趣。这条视频被撤下之前，有着近一百万的播放量，导致达美乐比萨出现了公关危机与金融危机（Clifford，2009）。

不寻常的挑战

达美乐比萨YouTube危机带来了两个不寻常的挑战。首先，这场危机是由一个恶作剧引起的；其次，始作俑者利用社交媒体来传播他们的恶作剧。接下来，我们将分别讨论这两个挑战。

就其本质而言，这起恶作剧对公司提出了苛刻的要求，并引发了公众的指责。恶作剧的两个始作俑者哈蒙兹与塞泽尔谎称他们向顾客提供了被塞泽尔"污染"的食物，尽管公司怀疑这是假的，但是必须对即将到来的危机采取一切预防措施，并且也要展现出处理类似威胁的能力。因此，组织必须同时做到以下两点：

• 表明他们有成熟的预案，无论是预先制定的还是自发产生的，可以缓解或管理从威胁中产生的任何危机；

• 仔细审查现有的证据，以便尽早识别和驳斥错误的主张（Sellnow, Littlefield, Vidoloff, & Webb, 2010, p.142）。

对达美乐比萨而言，首要的任务是强调他们对食品安全的承诺，表明雇用的是信

69

誉良好的工作人员，同时质疑YouTube视频中对该组织提出的指控。

图4-5　帕特里克·道尔
来源：ZUMA Press, Inc. / Alamy Stock Photo。

达美乐比萨所面临的第二个挑战是YouTube的点击率与广泛影响力。恶作剧视频的播放量呈指数级增长，几小时之内，数千人观看了这则视频；两天内，观看人数攀升至一百万。尽管事件发生后，YouTube同意从网站撤下该视频，但这段视频仍然在其他网站上大肆传播。对于达美乐比萨而言，挑战在于如何控制这个一夜"爆红"、完全独立于电视和报纸等传统媒体来源的故事。

达美乐比萨的危机响应

70　　　这个案例强调了组织需要监测社交媒体，以便发现潜在的危机，而达美乐在这方面的表现不尽如人意。事实上，达美乐公司并没有监测到这则恶作剧视频，相反，是一位博主提醒了他们。达美乐在一开始没能把握形势的紧迫性。该公司首先发布了新闻通稿，否认出售了受污染的食品。然而，这种例行回应并没能为发生在社交媒体上的危机做出解释。因此，很多看过这则恶作剧视频的人压根没关注达美乐公司最初的回应。直到48小时后，公司意识到这则视频在YouTube上的影响，才公开了达美乐公司总裁帕特里克·道尔（Patrick Doyle）的正式声明。随着时间的流逝，许多博主开始在网上公开质疑达美乐的信誉和管理危机能力（Levinsohn & Gibson, 2009）。

危机发生期间，达美乐公司的新闻发言人蒂姆·麦金太尔（Tim McIntyre）在《纽约时报》的一次采访中表达了自己的担忧："我们被两个带着摄像机的白痴和一个糟糕的主意搞得措手不及。"他遗憾地表示，"尽管那些已经是我们10年、15年甚至是20年的忠实客户，但还是会在事后猜测他们与达美乐公司的关系，这不公平"（Clifford, 2009, p.1B）。

就在他们名誉扫地的时候，达美乐公司做了一件前所未有的事——通过社交媒体网站发布危机声明。道尔穿着一件开领的衬衣，坐在一台摄像机前宣读了一份长达两分钟的声明。这则回应简单明了且饱含歉意。道尔在开始时表示："对于此次事件，我们深表歉意。我们很感谢网民的帮助，是他们提醒我们立即采取措施。尽管有人声称这是一场恶作剧，但我们还是非常认真地对待这起事件。"道尔还说，位于科诺弗的门店已经暂时关闭，并彻底消毒。在顾客对达美乐的信任岌岌可危的时候，道尔发誓要重新检查公司的招聘过程，"以确保像这样的人不会进入我们的门店"。在视频结尾，道尔说这起事件对达美乐品牌造成的损害以及对公司全球范围内12.5万名员工的名誉造成的损害令他感到十分难过（Domino's president, n.d.）。

关于道尔在YouTube上回应的新闻迅速传播开来。他的视频被广泛浏览，许多批评达美乐反应迟缓和例行公事的网站也对这段视频做出了评论——有支持的，也有反对的。不同于达美乐公司最初所作的回应，YouTube上的道歉视频成功地让达美乐公司获得了急需的关注。《商业周刊》（*Business Week*）公开表示达美乐公司的回应将成为所有大公司可借鉴的要点，"专家认为，那就是公司必须在网络上保持活跃，以持续监测自己的品牌美誉度"（Levinsohn & Gibson, 2009, p.15）。这起危机的另一个要点就是关于组织在危机传播中的传播方式。很明显，通过传统媒体渠道发布的标准新闻通稿无法真正抵达恶作剧视频的受众。直到道尔选择与始作俑者相同的媒介渠道进行传播，才真正使他接触到相关的受众。

小 结

达美乐公司的案例为恶作剧危机响应提供了宝贵的经验和要点。首先，恶作剧会对公司的财务状况造成极大的损害，YouTube上的恶作剧视频对达美乐公司的品牌和顾客的信任造成了严重伤害；其次，回应恶作剧事件很复杂，组织必须立即对这些恶作剧表示质疑，同时确保认真对待这些威胁，有时这种类型的危机会将组织置于看似矛盾的位置；最后，达美乐公司的案例也说明了YouTube等社交媒体在预防和处置危机的过程中越来越重要，组织应该学习达美乐公司的案例，并考虑自身应对这类危机的准备程度。

71

思考与判断

考察这个案例后，你可以判断在此次危机中，达美乐公司是否与危机中的利益相关者进行了有效的沟通。首先，请你花一点时间复习一下第3章中提到的危机中有效的与无效的传播策略，这些策略会引导你评估达美乐公司危机响应的优点与缺点；其次，当你在思考下列问题的时候，请考虑一下达美乐公司在危机响应期间对恶作剧的回应，以及使用社交媒体的方法是否有效。

关于有效的危机传播的要点

要点一：确定你的危机传播目标。

• 达美乐公司在危机传播中是否有明确的目标？

要点二：危机发生前，与对组织重要的组织和团体建立真正平等的伙伴关系。

• 达美乐公司通过哪些方式与利益相关者建立了合作关系？

要点三：处理危机时，请与利益相关者（包括媒体）成为合作伙伴。

• 达美乐公司在危机中如何承认其利益相关者？

要点四：组织需要与主要和次要利益相关者建立牢固且积极的关系。

• 是否有证据表明达美乐公司与利益相关者建立了合作关系？

要点五：有效的危机传播需要倾听利益相关者的意见。

• 是否有证据表明达美乐公司倾听了利益相关者的要求？

要点六：尽早就危机进行沟通，承认不确定性，并向公众保证你将与他们就现在和未来的风险保持联系。

• 达美乐公司通过哪些方式同公众保持联系？

要点七：在掌握充足的信息之前，避免向公众和媒体提供确定或绝对的回答。

• 达美乐公司是否就危机发生的原因提供了明确或肯定的答复？

要点八：不要过度消除利益相关者对危机影响的疑虑。

• 达美乐公司是否过度使利益相关者安心，忽略危机将对他们产生的影响？

要点九：在危机中，公众需要实用的、有操作性的自我效能信息。

• 危机发生后，达美乐公司通过哪些方式传递了自我效能信息？

要点十：有效的危机传播承认组织危机中蕴含着积极因素。

• 是否有证据表明危机会产生一定的积极影响？

5

在危机引发的不确定性中
开展有效的传播

❖ ❖ ❖

　　每次危机都伴随着一定程度的不确定性。危机发生后，随之而来的问题是如何在
危机的不确定性中进行传播。无论面临自然灾害、食源性疾病暴发还是工厂爆炸，危机
传播者都必须处理危机的不确定性。请特别注意上一章的这些案例：美国海岸警卫队
和英国石油公司原油泄漏案例、莫尔登纺织厂大火案例、奥德瓦拉公司食源性危机案
例、"瘦牛肉泥"案例、堪萨斯州格林斯堡镇遭遇龙卷风后重建发展的案例以及达美乐
比萨案例。在危机发生期间，这些案例中的危机传播者无一例外都经历了高度的不确
定性，而这样的不确定性又使传播变得复杂，因为危机传播者必须在没有清晰、准确信
息的情况下公开发声。本章将提供一些超越有效的危机传播范畴的高度专业化方法，
来应对具有高度不确定性的危机。本章的目标是为处在不确定性中的危机传播提供一
些建设性的建议。我们提出了有效管理危机不确定性的十大要点，为学生和危机传播
实践者提供指南。

　　为了快速概述本章内容，我们首先给出不确定性的定义，并讨论它和危机的定义

73

之间的联系。前四大要点将不确定性描述为危机传播者在危机早期所面临的预期挑战，而后面的六大要点则主要聚焦于将不确定性从挑战转变为机遇的有效的传播策略。最后，我们探讨了增强或减弱危机事件不确定性的传播策略。读完本章后，你可以更好地将不确定性的约束转化为机遇。

❖ 定义不确定性

不确定性（uncertainty）是指无法确定现在或预测未来。克莱默（Kramer, 2004）博士认为，"我们可能会因为信息的缺乏、复杂性或是信息的质量问题而经历不确定性"（pp.8–9）。

我们生活在一个充满不确定性的世界里。不确定性是一种常见的经历，与你在生活中的地位、工作或年龄无关。对学生来说，他们下学期的课程、成绩和未来都有不确定性。而组织同样也会经历不确定性。它们必须为市场的涨跌做好计划，并试图在变化无常的市场中预测客户将会购买什么样的产品或服务。

74

危机引发的不确定性与人们和组织每天所经历的不确定性大不相同。为了更好地理解危机不确定性的范围，我们将借用第1章中讨论过的危机定义来进行说明。我们将危机定义为威胁组织终极目标的意外事件、非常规事件。不确定性与危机定义的每一个要素都有联系，并反映出危机发生期间的沟通需求。塔勒布（Taleb, 2010）指出，危机通常会造成认识论和本体论上的不确定性。他把**认识论上的不确定性**定义为我们在危机后缺乏信息，因为危机事件是新发的、复杂的和易变的，所以关于如何管理危机的信息通常很匮乏。因此，危机往往会在很长的一段时间里造成信息鸿沟，限制人们对危机的理解和决策。**本体论上的不确定性**则是指未来与过去几乎没有关系。危机事件通常会为所有受影响的人创造出新常态，但由于危机发生后人们对世界运行的信念发生了巨大变化，这种新常态就具有了高度的不确定性。想想"9·11"事件后我们在航空安全方面经历的新常态。"9·11"事件发生后我们知道社会生活一定会有所改变，但这种新常态最终会是什么样子，始终存在许多争议、讨论和不确定性。

❖ 意外危机与不确定性

危机会发生在最令人意想不到的时刻，令人震惊之余还会给每个相关的人都带来极大的不确定性。为了更好地理解危机的意外性，请特别注意上一章提及的莫尔登纺织厂大火案例。工厂于午夜无缘无故地燃起了大火，爆炸和火灾震惊了社区的居民，许多人都在担心是否会因此失业。一些工厂高管是在机场航站楼的电视上看到了美国有线电视新闻网对这场大火的现场报道，才首次得知火情。而莫尔登纺织厂的首席执行官艾伦·佛尔斯坦则是在自己70岁的生日派对上接到了关于火灾的电话。显然，危机是意料之外

> 要点一：组织成员必须认识到危机可能会迅速且出乎意料地发生。

的，而且会带来许多不确定性。从电视报道中得知自己的房子着火显然是一种超现实的、意想不到的经历。对于莫尔登纺织厂的高管来说，火灾损害的程度、人员伤亡以及火灾成因等情况，都存在很大的不确定性。

❖ 非常规危机事件与不确定性

危机是极具戏剧性的混乱事件，危机发生后的一项重要工作就是让组织重新运转起来。组织领导人在危机响应时有几个选择：他们可以用常规措施来应对，例如解雇应该对危机负责的人、将危机影响范围最小化或转嫁责任；或者，他们还可以用独特的方法来直面危机。尽管常规措施可能有效，但它们很少能纠正组织中的系统性问题。在上一章中，我们检视了英国石油公司的漏油事件以及这次危机给公共信息官和公众带来的极大的不确定性。然而在此次漏油事件发生之前，美国历史上最大的漏油事件之一是由阿拉斯加的埃克森美孚公司（Exxon）造成的。该公司首席执行官劳伦斯·罗尔（Lawrence Rawl）在回应1987年威廉王子湾发生的瓦尔迪兹号（Valdez）漏油事件时称，仅有一艘船将石油喷入水中，石油泄漏并不严重，而且埃克森美孚公司此前在清理更严重的漏油事件方面还有良好的记录（Small, 1991）。然而，罗尔没有考虑到该海湾中的水流强度超过以往该公司处理过的任何一次事故，以至于公司在以往漏油事件中清理石油使用的分散剂在此次事故中并不那么有效。埃克森美孚公司失败的部分原因

是没有考虑到情况的不确定性和特殊性。与此同时，罗尔仍使用常规的解决方案——危机影响范围最小化和解雇喝醉的瓦尔迪兹号船长——来处理非常规的危机事件。结果埃克森美孚公司因未能有效处理漏油事件而受到了应有的惩罚。

埃克森美孚公司如果能够迅速应对此次漏油事件，并制定独特的解决方案以保护野生动物和环境，就能更好地作出危机响应。环保 **要点二：组织不应该用常规措施来应对危机。** 组织多年来一直敦促埃克森美孚公司调整其所采取的清理方法，以适应阿拉斯加和威廉王子湾的特殊环境，但该公司却决定继续采用他们在全公司范围内开发的常规解决措施。

❖ 威胁感知与不确定性

危机的一个关键特征就是对组织的终极目标具有威胁性。请记住我们在第1章中提出的：组织不应该只关注与危机相关的威胁，还应该考虑这些危机中蕴藏的机遇。威胁和不确定性通常紧密相连，因为人们会担心危机发生后组织的目标能否实现。此外，组织面临的威胁程度也存在不确定性。如果你记得第1章中关于危机的定义，你就能回想起我们讨论过的对威胁的感知。对威胁的感知会影响整个事件的不确定性：组织中的一些人可能会将某个情况视为潜在的危机，而其他人可能不会。在新千年（2000年）开始之前，有预测显示，计算机代码问题（即所谓的"千年虫"）会导致许多计算机瘫痪，但很多组织在第一次发现它时并不认为这是一个潜在的危机。在确定这一代码问题会对银行、组织记录保存甚至个人电脑产生影响之前，这一威胁都没有受到认真对待。

组织必须能够管理与危机威胁相关的不确定性。解决这种不确定性需要与利益相关者就潜在威胁达成共识。因此，关于潜在 **要点三：威胁是可以被感知的。** 威胁的沟通有助于减少组织中潜在风险的不确定性。

❖ 响应时间短与不确定性

一个组织一旦经历了危机，就必须与利益相关者沟通。这个过程本身就是不确定的，因为组织通常没有准确或现成的信息来提供给这些群体。此外，组织可能不知道如何开展危机传播。在某些情况下，这是因为组织缺乏基本的危机准备和预案，然而在另一些情况下，则是因为事件太过戏剧性，事态极其不明朗，以至于组织在遭受危机严重冲击的同时披露了很少的信息。这种信息的匮乏在危机发生初期尤为普遍。"9·11"恐怖袭击发生后，纽约前市长鲁迪·吉拉尼（Rudy Giuliani）在首次发表讲话时，只能承认且证实全世界都能在电视上看到的世贸大楼已经倒塌，而没有任何其他信息可以提供，他没有推断或预测接下来会发生什么，他所能做的只是讨论他所目睹的一切，并回答媒体的问题。

危机传播的一个关键原则是，在危机爆发后，组织应向利益相关者发布声明，以减少利益相关者的不确定性，要避免让别人感觉到组织不愿回应或故意拖延回应。危机之后有许多问题亟待回答，这也是媒体高度关注这些事件的原因之一。在危机造成巨大不确定性的情况下，受影响的组织通常需要回答以下问题：

- 发生了什么？
- 谁该负责？
- 为什么会发生？
- 谁受到了影响？
- 我们能做什么？
- 我们能信任谁？
- 我们该说什么？
- 我们应该怎么说？

尽管这份问题清单罗列得并不详尽，但这些问题是每个危机传播者都应该准备回答的。危机发生之后，在不确定性的背景下，重申许多问题无法立即作答是十分必要的。危机传播者必须能够在危机事件后快速、定期地传达清晰一致的信息。如果组织没准备好明确的相关答问口径，发言人必须能够提供一些基本信息，例如组织的最新安全记录、组织收集危机相关信息的措施以及处置危机的时间表等。我们建议危机传播者最好告诉人们你知道什么、不知道什么，以及你为解答那些尚未回应的问题将要做些什么。

综上所述，危机的意外性、非常规性和威胁性给危机传播者带来了巨大的不确定性。然

> **要点四：** 无论危机传播者是否掌握了危机的关键信息，都必须在危机发生后尽快开展危机传播，并实时跟踪最新动态。

而，危机响应时间短的特殊性则造成了更大的不确定性，因为危机传播者仅掌握少量或是矛盾的信息，甚至有时在根本无可用信息的情况下就必须开始进行危机传播，这些信息涉及危机是如何发生的、谁受到了影响以及事件是否得到了有效处置。

❖ 危机引发的不确定性对利益相关者的影响

接下来的六大要点主要探讨危机传播者如何能在与利益相关者沟通时，将不确定性从挑战转化为机遇。正如我们之前讨论过的，由于危机的突发性和不可预测性，关于发布信息和危机情况的不确定性是开展危机传播的关键挑战。此外，危机经常引发关于责任、成因和对利益相关者的影响的公共辩论。在以下六大要点中我们还将关注危机发生后的公共辩论，以及如何以道德和负责任的方式来解决这些辩论。在进一步讨论之前，我们首先对利益相关者进行如下定义：

> 利益相关者指组织内外与组织行为有利害关系的任何群体，如员工、客户、债权人、政府监管机构、媒体、竞争对手或社区成员。

危机发生后，利益相关者在寻求危机相关信息并就危机提问时，往往会直言不讳。他们想知道谁应该对此负责、为什么会发生危机、他们要如何保护自己，还有在本章前面提出的其他问题。利益相关者通常希望得到清晰、迅速的回应，以保护自己并了解危机。不过，这些要求或期望都难以得到满足，例如，关于谁应该对此负责的问题，可能需要数周甚至数年才能得到答案。通常来说，最大的不确定性关乎明确责任归属。组织和他们的律师经常争论不休，试图确定责任。

除了问责，危机中不确定性的例子还有很多。联想一下1986年4月26日发生在苏联切尔诺贝利核电站的熔毁事件。这场由数起破坏核反应堆的爆炸引发的核熔毁，被称为有史以来最严重的核事故。危机发生后，谁受到了影响以及影响的程度如何，存在很大的不确定性。例如，怀孕的母亲和她们未出生的孩子成了关键的利益相关者，因为在灾难发生后的几年里，出生缺陷的案例显著增加。此外，对于那些可能已受到辐射的人群的癌症发病率预估尚无定数。在这种情况下，危机对利益相关者的最终影响是不确定的、复杂的，并会引发公共辩论。

确定一场危机的损害程度可能很复杂，而且还需要公共辩论。研究人员直到现在仍在争论埃克森美孚公司是否彻底清理了1989年泄漏的石油，以及那些石油是否仍然对海湾的生态系统有负面影响。在漏油事件发生16年后，受美国政府和美孚公司委托对此进行研究的科学家们，仍在争论生态系统是否仍受到污染、食物供应是否已变得安全（Guterman, 2004）。1984年，联合碳化物公司（Union Carbide）位于印度博帕尔的农药厂发生有毒气体泄漏事件，20年之后，国际特赦组织（Amnesty International）在报道中称，印度居民持续遭受由该事件导致的健康问题。在危机后购买了该公司的陶氏化学公司（Dow Chemical）则声称，泄漏场地已被清理干净，不会产生持续的影响。这两个组织在天然气泄漏的原因、泄漏对印度居民造成的影响，以及补偿那些受危机影响的人的措施等方面，始终存在分歧（Sharma, 2005）。正如你所看到的那样，即使在危机发生几十年后，不确定性仍然是一个重要的变量（想了解博帕尔目前状况的有关信息，请参阅International Campaign等资料）。

如上述例子所示，利益相关者将公开辩论谁应对此负责、人们应该做什么、谁受到影响，以及应该如何赔偿受害者。当利益相关者对这些重要问题的答案不一致时，不确定性和困惑就会增加。

而在危机之后要做出与监管和安全相关的决策就变得更加复杂。例如，当化工厂爆炸时，对于空气安全、供水清洁度以及与每种潜在危险相关的相对危害程度会有许多相互矛盾的主张。当出现相互矛盾的说法时，组织、独立承包商和政府监管部门（如卫生部门）可能会进行自己的测试。各方得出不同答案的情况并不罕见，这反过来又会增加危机的不确定性。在危机事件中，关于重要问题的高度不确定性和分歧，产生了对同一事件的多种解释，即我们所说的**传播模糊性**（communication ambiguity）。

❖ 合乎道德地管理危机期间的传播模糊性

在调查完成之前，组织和利益相关者对于危机的关键问题可能无法得出完全确定的答案。正如我们刚才讨论的，有关危机的调查和分歧可能会持续数十年。与此同时，危机的不确定性很可能使得关于成因和责任的传播变得模棱两可。维克（Weick, 1995）将模糊性定义为"一种不断发展的、同时支持多种不同解释的信息流"（pp.91–92）。

79　　　与维克（1995）相似，我们将**传播模糊性**定义为对某一危机事件的多种解释。简而言之，由于危机的不确定性，危机之后的每个重要问题都没有一个清晰、准确的答案。因此，每个利益相关者群体，包括客户、雇员和受影响的公众，都可能持有并且表达出对事件的不同观点。

　　因此，所有危机本身固有的不确定性决定了多重解释的存在，而组织可以选择一种对其行动有利的解释。此外，组织还可以策略性地增加危机的模糊程度，以增加针对事件的对抗性观点。我们认为，对任何危机传播者而言，故意提高危机的模糊度是不道德和不负责任的，然而我们必须承认任何危机局势本身就具有模糊性。为了评估危机情况下的模糊性是否合乎道德，我们认为：

　　• 以告知公众、帮助全面理解问题为目的，在数据完整、公正的基础上提出了其他解释，此时的模糊性是合乎道德的；

　　• 以欺骗为目的，在有偏见的或不完整的信息基础上提出其他解释，此时的模糊性则是不道德的。

　　在这种情况下，一个人解释和传播危机关键信息的方式可以减少、维持或增加情况的模糊性。1994年，大卫·凯斯勒（David Kessler）博士公开声称，尼古丁是一种成瘾药物，这是一个利用了危机本身固有的不确定性并故意增加其模糊性的经典案例。这一声明给烟草行业带来了危机。七家最大的烟草公司的总裁或董事长（都是男性）对烟草行业的回应策略是尽可能地含糊其词。他们将凯斯勒描绘为一个极端分子，对已知的尼古丁的成瘾性轻描淡写地带过甚至隐瞒，并利用偏颇的研究来支持他们的论点（Ulmer & Sellnow, 1997）。烟草业的目标是从战略上为辩论增加尽可能多的不确定性。他们希望通过增加尼古丁成瘾性的不确定性，将问题复杂化以逃避指责。

> 要点五：组织不应该故意加重危机的模糊性来欺骗公众或分散公众的注意力。

❖ 关于模糊性的系列问题

　　在检视和研究了危机中的传播模糊性之后，我们认为，组织可以从模糊性的三个方面做好准备，即证据、意图和责任。这些领域在危机发生后经常出现多重解释（Ulmer & Sellnow, 2000）（见表5.1）。

证据的模糊性是由关乎危机证据的复杂法律诉讼或科学辩论导致的。例如，当妇 *80*
女开始对道康宁（Dow Corning）的硅胶隆胸提出投诉时，该公司用自己的证据压制了这
些投诉。其证据表明即使是穿孔的假体也不会给女性身体带来明显的痛苦。在这种情
况下，公众就面临着要相信谁的问题。

证据的模糊性主要探讨复杂性如何滋生不确定性和模糊性，因为在危机发生之
后的数据收集过程中会出现多种解释。由于科学研究在数据收集和解释方面具有主
观性，所以得出的结果往往是有争议的。我们认为，这些辩论会给试图理解危机的公
众带来不确定性和模糊性。因此，在危机情况下，持不同观点的利益相关者之间会进
行辩论。

意图的模糊性旨在区分危机的发生实属偶然，还是组织故意将员工或公众置于
危机当中。一个组织故意将自己置于危机之中，似乎很荒谬，然而，历史表明现实与
之大相径庭。例如，福特汽车公司把他们知道有危及生命缺陷的平托（Pinto，1971—
1980）汽车卖给了毫无戒心的公众。他们做出这一决定的理由是，赔偿车内发生伤亡
事故的个人或家庭的金额少于召回或重新设计的成本（Larsen，1998）。意图的模糊
性问题是指，组织明知潜在的问题却未给予纠正，或者这场意外在社会责任系统中纯
属事故。

一个组织是否有意引发危机是超越危机本身的一个关键点。发生了意外事故
的组织与有意导致或允许危机发生的组织之间存在明显的不同。如果危机是一场
意外，公众和利益相关者更有可能原谅组织，甚至有可能帮助它重建。然而，当一
个组织在其商业行为中故意不遵守道德或不负责任时，公众就不太可能忘却和原谅
其过失。直到目前，许多人仍拒绝购买埃克森美孚公司的汽油，或者抵制一个故意破
坏、亵渎其商业职责的公司。

责任的模糊性是指问责的对象和程度不明确。责任应该归咎于组织内部还是外
部？1993年，知名快餐连锁店玩偶匣（Jack in the Box）发生了一场大肠杆菌引起的食
物中毒事件。在这场危机中，3名儿童死亡，数百名顾客受到感染（Ulmer & Sellnow，
2000）。当被问及这场危机时，玩偶匣公司发言人坚持认为，与餐厅相比，美国农业部
的肉类检测程序要对此次危机负更大的责任。在这种情况下，组织将危机归咎于政府

部门。然而，经过内部沟通审计后，公司发现自己并未执行美国卫生部相应的餐厅指导标准，即提高烧烤温度以杀死汉堡中的大肠杆菌等。

81   是组织本身还是外部机构应该对危机负责，是一种持续的、重复出现的模糊性，这种模糊性加剧了危机的不确定性。危机发生后，组织经常采用的一个关键传播策略就是"否认"对该事件负责，将责任"甩锅"给另一个组织。显然，说"我们无须对此负责，但我们知道谁应对此负责"比说"我们没有做"更有效。在这种情况下，一场辩论经常导致组织之间相互指责，试图将危机归咎于另一方。这些相互的指控增加了责任主体的不确定性。

传播模糊性是理解危机事件不确定性的一个关键因素。由于危机的复杂性和对事件的理解方式的多样性，我们将重点放在了危机之后产生的三个模糊性领域，即证据、意图和责任上，它们往往会造成更多的不确定性。尽管危机本质上是复杂的，但有些时候，传播仍可以是公开坦诚的，虽然难免有些模棱两可。我们将在下一章深入讨论这一突出的矛盾。

概括地说，传播模糊性是处置各种危机的核心因素。由于危机固有的不确定性，涌现出的多种解释和争论往往聚焦于危机的严重性、危机的起因、谁受到影响以及组织是否应对事件负责（见表5.2）。本节要点建议，危机传播者应做好准备，积极为自己对危机的解释作辩护；在危机发生前后，组织行为要良好、诚实、合乎道德；若危机责任确实不在组织本身，组织要提供合理的解释。

> 要点六：准备好为危机证据解释辩护。
>
> 要点七：组织一旦被发现故意引发危机损害公众利益，就难以东山再起。
>
> 要点八：如果你认为你不应该对危机负责，则需要阐释谁应该负责以及为什么。

表5.1   组织危机中关于模糊性的系列问题

模糊性示例	常见公共问题
证据	公众应该相信谁的科学依据？
意图	组织是否有意纵容危机发生？
责任	危机源于组织本身还是外部机构？

表5.2 危机与不确定性

不确定性中的关键问题	组织	利益相关者
未解答的问题	什么人/什么事/为什么/怎么办	什么人/什么事/为什么/怎么办
对信息的需求度	高	高
模糊度	高	关于证据、意图、起因等方面的困惑
个人信念	崩塌	崩塌

❖ 训练、模拟与不确定性

　　危机发生后的情况之一就是既定的组织结构在事件发生后崩塌。当一个组织结构 *82* 崩塌时，人们由于缺乏信息来了解情况，会进一步受到打击。例如，在一次飞机失事后，航空模式被（暂时）打乱，从而难以预测航班的起降。同样，一旦空气或水体被有毒物质污染，疏散往往会惊扰家家户户的日常生活。显然，像"9·11"事件这样的大规模危机造成了沟通和其他既定结构的进一步崩塌，增加了收集有用信息的难度。

　　维克（1993）认为，既定组织结构的崩塌是未能妥善应对危机的一个关键点。他认为危机"将人们推入不熟悉的角色，一些关键角色空缺，使得任务更加模糊，败坏角色体系的名声，一件小事可能演变出可怕的后果，所有这些变化都混杂于这个复杂的环境中"（p.638）。在这种情况下，结构并不像许多组织想的那样坚硬或无懈可击。危机对一个组织及其利益相关者的要求会使已建立的结构屈服（再次参见表5.2）。在危机发生之前，组织需要对不确定性、威胁和沟通需求进行培训和准备。组织要经常做桌面推演和模拟演练，为危机的不确定性和破坏做准备。许多人在电视上看到过有关纽约和其他大都市为防范恐怖袭击等危机进行演练和准备的报道，模拟场景可能包括在体育场放置炸弹，或者在地铁上释放化学武器。这些模拟能够帮助联邦机构了解他们在危机中协调和沟通的能力。正如我们将在下一章中进一步讨论的那样，建立利益相关者之间强有力的关系有助于防止现有结构的崩塌。

> 要点九：组织需要通过模拟和培训为不确定性做好准备。

❖ 信念结构与不确定性

83　　在危机期间，公众和组织都会经历高度不确定性。由于危机发生时和发生后都具有不确定性，利益相关者经常会经历维克（1993）所说的**结构崩塌**（cosmology episodes）情节。他指出，不确定性会造成一种迷失方向的感觉，在这种感觉中信仰和感官的结构都会受到严重束缚，会受到我们在本章开始讨论过的认知不确定性的严重影响。例如，1997年北达科他州洪水之后，水位高涨的红河冲走了许多人的家园，让他们陷入了震惊和恐慌。他们描述自己受到了危机的打击（Sellnow, Seeger, & Ulmer, 2002）。其他人还提到他们唯一经历过的如此令人不安的事情还是在越南。当人们的信仰结构崩塌或遭受极度的痛苦时，有效的传播会变得愈加复杂。

　　随着危机带来的高度不确定性和威胁，组织的信仰结构也会崩塌。危机也常令人不安，甚至能改变我们的世界观。这种类型的不确定性与我们在本章开始讨论的本体论不确定性有关。想想"9·11"事件以来情况发生了何种变化：航空公司对驾驶舱、乘客和行李安全的信念永远改变了。在"9·11"事件和炭疽信件危机期间，美国疾病控制和预防中心主任维姬·弗雷穆思（Vicki Freimuth）发言称，美国疾病控制和预防中心对世界的看法不得不改变两次，一次是在"9·11"事件之后，另一次是未就2001年炭疽污染问题进行有效的传播之后。她认为，这两个事件迫使疾病控制和预防中心在危机期间永久性地改变了其公共传播策略（Sellnow, Seeger, & Ulmer, 2005, p.178）。这些案例说明了组织在处置危机时必须对应信念所做的巨大转变。

　　危机局势创造了新奇的、非常规的环境，在这种环境中，组织和利益相关者都需要关键信息来减少其不确定性。因此，组织和利益相关者都在搜索信息，但他们彼此却很少沟通。一方面，处于危机中的组织往往闪烁其词并解释说一旦有任何信息，将会立即公布；而另一方面，利益相关者并不清楚他们

> **要点十：危机会挑战组织思考和开展业务的方式。**

是否能真正获取必要信息以保护自己并了解真相。与这种传播真空直接相关的是媒体，因为信息不容易获得，媒体常对有关危机的问题进行猜测，而公司发言人又不常发表评论。

❖ 小　结

　　危机中或危机后的传播不同于其他任何时候，此时进行有效的传播的难度很大。在危机情况下，组织要进行有效的传播会面临巨大限制，但利益相关者需要关键信息才能做出明智的决策。这些限制因素可能包括对问题严重性缺乏了解、难以确定受危机影响的人数，以及无法获得准确的信息。此外，决策必须在高压情况下进行——组织的形象和信誉处于危险之中。我们将在下一章探讨组织如何克服这些困难，并在危机情况下进行有效和适当的传播。 *84*

　　要点一：组织成员必须认识到危机可能会迅速且出乎意料地发生。

　　要点二：组织不应该用常规措施来应对危机。

　　要点三：威胁是可以被感知的。

　　要点四：无论危机传播者是否掌握了危机的关键信息，都必须在危机发生后尽快开展危机传播，并实时跟踪最新动态。

　　要点五：组织不应该故意加重危机的模糊性来欺骗公众或分散公众的注意力。

　　要点六：准备好为危机证据解释辩护。

　　要点七：组织一旦被发现故意引发危机损害公众利益，就难以东山再起。

　　要点八：如果你认为你不应该对危机负责，则需要阐释谁应该负责以及为什么。

　　要点九：组织需要通过模拟和培训为不确定性做好准备。

　　要点十：危机会挑战组织思考和开展业务的方式。

6

管理危机不确定性的案例应用

❖ ━━━━━━━━ ❖ ━━━━━━━━ ❖

85　　　管理危机的不确定性，是有效的危机传播者最重要的技能之一。这是一种高度专业化的技能，危机传播者在传播实践中应具有道德感和责任感，同时向利益相关者提供准确的信息。每一次危机都有着不同程度的不确定性，因此，危机传播者必须有效回应关切。阅读上一章的内容后，你应该能够理解在有效的危机传播中管理不确定性的关键因素。然而，正如你将在下面的案例中看到的，管理危机不确定性需要大量的实践和经验。以下六个案例分别研究了环境灾难、延迟产品召回、社区陷入危机、国际食源性疾病危机与企业破产危机管理中的不确定性。每一个案例都提供了影响危机不确定性的关键因素。思考如何解决这些案例，不仅可以提升危机传播的能力，还可以身临其境地获得最真实的感受。

❖ 案例6.1　田纳西河谷管理局与金斯顿火电厂煤灰泄漏

　　2008年12月22日清晨，泄漏事故发生后，埃默里河再也不会沿着这条平静的道路蜿蜒流淌了。埃默里河流经位于田纳西州诺克斯维尔市的金斯顿火电厂（Kingston

Fossil Plant）。火电厂由田纳西河谷管理局（TVA）运营，每年燃煤发电100亿千瓦时，为67万户家庭提供电力（Temmessee Valley Authority, n.d., p.2），与此同时还产生了成吨的粉煤灰（一种煤炭燃烧废料）。粉煤灰与水结合形成污泥，被储存在巨大的密封池中。这些密封池被田纳西河谷管理局建造的泥土墙所围绕，它们将粉煤灰保存起来直到其中的一部分可以被烘干并再循环成为建筑产品。在一个多雨的12月清晨，粉煤灰开始从一个密封池的墙面上渗透出来。少许的泄漏使墙壁变得脆弱，最后不堪重负而坍塌，"540万立方的煤灰涌入了河流和周边地区，毁坏了多栋房屋，迫使许多家庭离开该地区"（"Welcome to a New Year", 2010, p.6）。

危机准备与计划中错失机会

简言之，田纳西河谷管理局没能承认金斯顿火电厂储存粉煤灰数量的不确定性。在国会作证之前，田纳西河谷管理局首席执行官汤姆·基尔戈（Tom Kilgore, 2009）承认这起危机是长期积累的结果，当局没有认识到或考虑到在这个脆弱的密封池中堆积了过多的粉煤灰（p.12）。基尔戈承认当局忽视了密封池底层存在不同寻常的灰和淤泥，以及湿灰泥含水量增多、高度增加等问题（p.12）。或许最令人费解的失误是，泄漏事件发生前两个月的一份初步报告中提到一堵墙上的湿点可能会导致泄漏，而田纳西河谷管理局没能对此作出响应（National Aeronautics and Space Administration, n.d., p.5）。就其性质而言，土制容器系统中的泄漏表明水分正在侵蚀结构的完整性。然而，田纳西河谷管理局还是毫无顾忌地将粉煤灰堆放到金斯顿密封池中。

86

图 6-1　田纳西河谷管理局金斯顿火电厂正在清除埃默里河中的煤灰
来源：AP Photo / Wade Payne。

田纳西河谷管理局的危机响应

值得赞扬的是，田纳西河谷管理局承担了此次泄漏事故的责任，不仅获得了疏浚埃默里河的紧急许可，而且对当局的失误开展了广泛的内部调查。

一些人对田纳西河谷管理局开展疏浚工作的时间安排提出了批评。例如，田纳西大学的人类学家格雷戈里·巴顿（Gregory Button）在接受当地一家主流报刊《诺克斯维尔前卫报》（*Knoxville News Sentinel*）的采访时表示，虽然清理工作在漏油事故发生后不久就开始了，但他"对清理垃圾的匆忙感到担忧"（"Vines"，2009，p.9）。巴顿和其他学者认为，在疏浚计划实施之前没有一家独立机构对该计划进行过评估。巴顿表示，对田纳西河谷管理局而言，应邀请第三方就清理工作召开听证会，因为如果工作没有达到预期的效果，将会使当局陷入困境（p.10）。

尽管受到了批评，但是疏浚工作仍贯穿整个2009年，并持续到了2010年。埃默里河里的灰泥被清除后，受到泄漏影响的土地的清理工作也开始了。《诺克斯维尔前卫报》称此次泄漏事件臭名昭著，"被美国联邦环境保护局称为美国历史上最严重的环境灾难之一"，而且"不包括对田纳西河谷管理局提起诉讼的费用，仅仅清理费用预计就达1.2亿美元"（"Welcome to a New Year"，2010，p.7）。

田纳西河谷管理局对导致危机发生的失误开展了广泛的调查。除了开展自我审查外，田纳西河谷管理局还委托MLA律师事务所调查任何可能引发此次事故的管理、控制与标准等问题，并就文化和组织效率提出了建议（Kilgore，2009，p.10）。MLA律师事务所在金斯顿火电厂指出了田纳西河谷管理局在"系统、管控、标准与文化"方面的六个主要缺陷（Ide & Blanco，2009，p.2）。

* **缺乏对终极责任的明确与问责**。多个团队参与决策和频繁的重组造成了"问责制"的缺失（p.3）。

* **缺乏标准化、培训和度量指标**。田纳西河谷管理局没有管理煤灰池的"标准程序"（p.4）。每个设备都有单独的使用手册，但多数情况下，这些手册并没有更新。

* **责任分散，沟通不畅**。田纳西河谷管理局有4个部门共同负责维护煤灰储存设备。这些部门之间的沟通是"很少的，在有些情况下甚至不存在"（p.4）。报告中举了这样一个例子：在水分过多的情况下，工程师并没有指导工人暂停工作。而当问起这些工程师为什么没有提供相关指示时，他们回答："没有人问我们"（p.4）。

- **缺乏检查与制衡**。田纳西河谷管理局并没有制定质量保证或质量控制计划。因此，员工未能进行例行检查，从而未能"确保密封池是按照工程规范建造的"(p.4)。报告发现，"缺乏质量保证/质量控制（计划）"让员工有了一种可以忽视工程师的错觉，让他们认为可以比图纸"建得更好"(p.4)。

- **缺乏预防优先和资源**。田纳西河谷管理局未能对密封池的墙壁进行必要的维修与保养。报告指出，这一失败是由于缺乏对预防性活动的优先考虑，例如修剪土墙和移走树木等都会削弱墙壁的承重能力。总的来说，田纳西河谷管理局的资金不足以进行日常维护，造成不能进行充分检查的情况，而且由于堤坝两侧杂草丛生，维护需求随着时间的推移变得日益复杂(p.4)。

- **被动而非主动**。当在堤坝的墙壁上发现渗水和渗漏时，他们没有调查除了具体的物理现象之外的事故原因，就对这些渗水和渗漏进行了修补(p.5)。而当同样的警告信号出现时，当局并没有采取措施，并从其管理的类似密封池中吸取要点(p.5)。

大量的故障清单清楚地概述了田纳西河谷管理局是如何对警示信号做出反应的，*88*
并且内部沟通问题或缺乏沟通增加了现实中的不确定性。

在国会作证时，汤姆·基尔戈对报告指出的问题没有异议，他承诺创造一种更加注重安全意识的文化，并改善内部沟通。为了更好地改善组织文化，基尔戈发誓"要从我们当前所面临的挑战中吸取要点"并采取行动。他总结了如下这些经验：

- 储存设施和建筑不应建在不能确保和检查其稳定性的区域。

- 已经开始对所有燃煤产品的储存进行积极和严格的检查与结构分析，并将始终保持最新水平。

- 管理层将明确提出并强调自我评估的必要性，以促进客观和基于事实的报告、检查和审计。

- 必须将与安全相关的风险放在最高优先级，以识别、最小化并消除风险。

- 煤灰管理设施的工程设计理念、设计和建造必须标准化。

- 燃煤产品的处理、储存和处置操作必须标准化。

每一种策略的设计都是为了克服组织未能主动、准确地响应公司没有注意到的预警信息。基尔戈（2009）也承认，内部沟通不畅、责任不明确和缺乏后续行动都是造成危机的主要原因。针对这一点，基尔戈承诺在田纳西河谷管理局做出以下改变：

- 明确责任

- 强有力的管理

- 强效的自我评估

- 质量与合规性的独立审查

- 个人责任和解决问题的文化

通过这些实质性的改变，基尔戈（2009）希望可以通过金斯顿火电厂危机"为田纳西河谷管理局敲响一记警钟"，并可以"借此重塑公众的信任"（p.5）。

就在清理工作和组织变革有条不紊地进行时，一些居民开始担心泄漏事件的长期影响。例如，地下水供应可能遭受污染的不确定性依然存在，整个地区财产价值的损失，以及随着泄漏的煤灰泥逐渐变干，空气中的污染物会将居民置于危险之中，而目前田纳西河谷管理局的危机响应计划并没有解决这些问题。因此，这一地区的居民自发组织起来对田纳西河谷管理局提起了诉讼。橡树岭（Oak Ridge）的律师迈克尔·里特（Michael Ritter）表示，"1.65亿美元的数字只是冰山一角"（Huotari, 2009, p.2）。诉讼声称"此次泄漏事故给周边居民的家庭收入造成了损失，损失了财产或降低了财产价值，造成了未来潜在的医疗费用，可能就未来数年内的房地产销售造成损失，并造成了严重的精神痛苦与'享受生活权利'的丧失"（p.13）。田纳西河谷管理局没有直接解决这些问题，并在其回应计划中很大程度上忽视了这些问题。尽管在金斯顿火电厂煤灰泄漏等危机中诉讼很常见，但至少有一位原告坚称如果田纳西河谷管理局解决了他的担忧，他就不会提起诉讼。在一场宣布诉讼的新闻发布会上，原告们坦率地表示，"如果田纳西河谷管理局已经做了他们应该做的事，我们就不会在这里了"（p.23）。

小　结

金斯顿火电厂煤灰泄漏事故是一个典型案例，如果一个组织未能接受危机计划和响应中的不确定性，就可能造成危险。田纳西河谷管理局没有建立起对预警信息作出响应的组织结构和文化。因为田纳西河谷管理局需要在其组织沟通模式和组织文化方面进行广泛的创新，所以恢复进程的效率受到了阻碍。在这个案例中，预警信息要么完全被忽略，要么是被观察到了但没有在组织内的有关各方之间共享。尽管田纳西河谷管理局对这些缺陷进行了认真的回应，但它的清理计划未能解决粉煤灰中有毒物质对居民的长期危害以及不断缩水的财产价值的不确定性。直到2017年，公众和环保人士仍未忘记此次危机。

思考与判断

在考察这个案例后,请思考田纳西河谷管理局是如何处理不确定性的。首先,请你花点时间在脑海中重温关于管理不确定性的策略,请注意,这些策略可以作为任何危机应对的关键方面的试金石和讨论点。其次,当你回答下列问题时,请考虑一下田纳西河谷管理局是否有效地处理了围绕危机的不确定性。我们已经在问题中重新表述了这些策略,以便你能够更好地处理案例中的关键问题。

处理危机不确定性的要点

要点一:组织成员必须认识到危机可能会突如其来且出乎意料地发生。

• 金斯顿火电厂煤灰泄漏事故的发生是否突如其来? 是否意外?

要点二:组织不应该用常规措施来应对危机。

• 田纳西河谷管理局是否采用了常规方法来应对危机? 他们是否利用组织文化成功地解决了问题?

要点三:威胁是可以被感知的。

90

• 与这场危机相关的威胁是通过哪些方式被感知到的? 利益相关者之间的看法有何不同?

要点四:无论危机传播者是否掌握了危机的关键信息,都必须在危机发生后尽快开展危机传播,并实时跟踪最新动态。

• 危机发生后,汤姆·基尔戈是否尽早并多次进行了危机传播? 他的传播是否有效?

要点五:组织不应该故意加重危机的模糊性来欺骗公众或分散公众的注意力。

• 危机发生后,对利益相关者而言,是否存在不确定或模糊的问题?

• 田纳西河谷管理局是否加剧了围绕危机的不确定性?

要点六:准备好为危机证据解释辩护。

• 田纳西河谷管理局是否为其对危机相关证据的解释进行了辩护? 其辩护是否有效?

要点七:组织一旦被发现故意引发危机损害公众利益,就难以东山再起。

- 田纳西河谷管理局在金斯顿火电厂煤灰泄漏事故解决前是否对其利益相关者持有良好的愿景？

要点八：如果你认为你不应该对危机负责，则需要阐释谁应该负责以及为什么。

- 田纳西河谷管理局是否就其对这场危机担负的责任进行了回应？是否有效？

要点九：组织需要通过模拟和培训为不确定性做好准备。

- 田纳西河谷管理局是否为应对重大煤灰泄漏事故的风险做了充足的准备？

要点十：危机会挑战组织思考和开展业务的方式。

- 这场危机是否改变了田纳西河谷管理局的管理方式？如果改变了，是如何改变的？

❖ 案例6.2 拉奎拉：误传的典型

2009年4月6日，意大利拉奎拉地区发生了一场地震灾害，造成309人死亡，1500人受伤，并使得65,000名居民流离失所，引发强烈抗议。6名意大利科学家与1名官员因未能成功预测这次强震而被判过失杀人罪，处以六年刑期，意大利环境部长把这一判决和伽利略400多年前面临的所谓异端邪说的指控相比较（Sturloni, 2012）。《时代》周刊（*Time*）更是将这项判决喻为"有女巫要被烧死，有恶魔要被驱逐"的黑暗时代（Kluger, 2012）。这些科学家为什么会被指控过失杀人呢？答案就在于他们是如何解释与说明这一信息的。

此次地震发生的几天前，意大利政府召开了一次会议，召集6名科学家与公职人员博纳尔多（Bernardo）讨论意大利发生地震的风险性，而召开这次会议是为了回应忧心忡忡的居民的恳求。几个月以来，这个位于断层线上的村庄已感受过数次震动，居民们担心这预示着一场即将到来的强地震。与此同时，当地一家物理实验室的技术员（非地质学家）焦阿基诺·吉拉尼（Gioacchino Giuliani）的观点更是加剧了居民的担忧，他声称观察到了一种放射性元素——氡的水平较高，而这表明一场大地震即将来临。

关于拉奎拉地震的风险沟通

科学家小组收集并查阅了拉奎拉现有的所有数据，对数据进行精确地观察后发现，那名技术员分享的关于氡的数据没有任何科学依据。科学家们认为他的研究方法无丝毫可取之处，并忽略了他的观点。最终，他们得出结论，认为"没有理由认为频繁的小型地震是一场强地震的前兆"（Jordan, 2013, p.5）。然而，接下来发生的事拉开了拉奎拉危机的序幕。拉奎拉民防局的一名高级官员召开了一场新闻发布会，告诉当地居民"科学家们告诉我们没有危险，因为能量在不断地释放。目前的形势看起来一切良好"（Nosengo, 2010, p.4）。而这位官员在告知民众这些事情时，没有一位科学家出席这场发布会。根据发布会记录，他甚至证实了一名记者的说法："鉴于风险较小，担惊受怕的居民们应该回家喝杯酒放松一下。"然而6天后，这场致命的地震袭击了拉奎拉。

调 查

6名科学家和1名官员迟钝的感知能力和预警的缺失激怒了拉奎拉当地的居民。因此，他们都因过失杀人罪被起诉。对科学家们的控诉，似乎是他们本应该能够预测到拉奎拉发生的地震，然而基于地震专家掌握的科学知识，这类预测是不可能的。为此，全球的科学家给意大利总统写信表示对此次控诉的抗议。仔细考虑过这些指控后，南加利福尼亚大学一名世界闻名的地震学家托马斯·乔丹（Thomas Jordan）解释说，这6名科学家提供的内容"从科学的角度而言是合理的，尽管很少有科学家认为是完整的"（Jordan, 2013, p.5）。相反，他认为那位官员在发布会上所说的话"从科学的角度而言是不准确的"（Jordan, 2013, p.5）。

在危机过后的调查中，形势发生了扭转。有证据表明，那位官员召开新闻发布会的目的之一是解释并制止吉拉尼的言论引起的恐慌。吉拉尼基于氡的推测，虽然在科学上经不起推敲，但已经加剧了当地居民的恐惧。一些人认为这位官员在某种程度上是为了对抗吉拉尼的观点对居民的影响，故意简化了科学家们的观点。独立科学家在拉奎拉地震后得出结论，吉拉尼的预测是不正确的，他关于拉奎拉地震的"预测"纯属偶然。然而，这一事实的披露进一步对那位官员的可信度造成了困扰。与此同时，这7位当事者被判过失杀人罪。

92

图 6-2　工人正在检查地震后的废墟

来源：MARKA / Alamy Stock Photo。

结　果

　　这场法律纠纷持续长达七年之久，而这7位罪犯也曾对他们的判决提出上诉。2014年，6名科学家无罪释放，两年后，那位官员也因过失杀人罪不成立被判无罪释放（Cartligde, 2016）。尽管如此，拉奎拉危机还是显著地影响了地震科学界。关键的策略包括化解公众对地震可预测性的误解，以及在与地震频发地区的居民沟通时，需要在深思熟虑后再向其传达科学信息。拉奎拉地震揭示了人们对于预测地震方面的认知差距。简而言之，地震风险的增加是可能被预测的，但是从长远的角度来看，准确地预测地震的发生是不可能的。进一步说，向受众传达超出他们理解范围的科学细节是没有任何帮助的，反而会像那位官员一样过度简单化、绝对化，那样是不负责任的。深思熟虑后对公众进行准确的传达是至关重要的。

小　结

　　拉奎拉地区发生的地震是不可避免的，像那位官员一样有争议的人物也是如此，
93他们声称自己的洞察力超出了科学和逻辑的范畴。然而，关于科学家们说了什么、没说

什么，以及引发公众对地震预测能力的困惑，本来是可以避免的。拉奎拉的案例就是一个生动的例子，说明了沟通的失败可能会给人们带来心理上的创伤。同时，该案例也促使地震科学界齐心协力，共同努力考虑如何与公众沟通关于地震可预测性与发生可能性的问题。

思考与判断

考察过这个案例后，请思考科学家们、吉拉尼与那位官员是否进行了有效的危机传播。他们与公众的沟通是否帮助公众消除了不确定性？他们是否进行了诚实且理性的传播？首先，请你花费一点时间在脑海中重温第5章中关于管理不确定性的策略。这些策略可以在你评估拉奎拉地震中危机传播的优点与缺点时为你提供引导。

处理危机不确定性的要点

要点一：组织成员必须认识到危机可能会迅速且出乎意料地发生。

• 拉奎拉危机是否出乎意料？

• 拉奎拉危机发生得是否迅速？

要点二：组织不应该用常规措施来应对危机。

• 你认为拉奎拉案例中的哪些回应是非常规的？

要点三：威胁是可以被感知的。

• 围绕危机的威胁是否存在不同的看法？

要点四：无论危机传播者是否掌握了危机的关键信息，都必须在危机发生后尽快开展危机传播，并实时跟踪最新动态。

• 那些对拉奎拉地震做出回应的人是否做到了尽早开展危机传播？

要点五：组织不应该故意加重危机的模糊性来欺骗公众或分散公众的注意力。

• 在危机期间，公众是否存在不确定或模棱两可的问题？

• 危机发生之前，有哪些问题被诚实地传递给了公众？

要点六：准备好为危机证据解释辩护。

• 科学家们、吉拉尼与那位官员对危机的证据有何解读？这在他们与公众的沟通中是如何表现的？

要点七：组织一旦被发现故意引发危机损害公众利益，就难以东山再起。

94

- 危机爆发前的事件是否影响了危机传播的展开？

- 危机发生前，公众是否对地震科学家和吉拉尼有着积极的看法？

要点八：如果你认为你不应该对危机负责，则需要阐释谁应该负责以及为什么。

- 是否有必要在危机期间就责任归属立案？在这一过程中，全球地震科学界发挥了什么作用？

要点九：组织需要通过模拟和培训为不确定性做好准备。

- 拉奎拉在危机发生前是否已经做好了准备？

要点十：危机会挑战组织思考和开展业务的方式。

- 拉奎拉危机是如何挑战地震科学的常规训练的？

- 地震科学家是如何将此次危机作为机会进行组织学习与成长的？

❖ 案例6.3　通用汽车公司与玛丽·巴拉

2014年年初，因点火开关的安全问题，通用汽车公司在全球范围内召回近3000万辆汽车。点火开关故障已造成124人死亡，通用公司也面临着众多诉讼、国会的调查以及消费者信任的流失。早在2004年通用公司推出Cobalt车型代替Chevrolet Cavalier型号时就已经发现点火开关故障，但由于成本与时间的原因，通用公司并未能正确处理该问题。甚至当一位16岁的驾驶者因点火开关故障丧生后，通用公司也没有发起召回，仅仅是发布了一份技术服务通报。尽管有许多其他关于点火开关故障的投诉、现场调查与死亡事件，但美国国家公路交通安全管理局（NHTSA）与其他安全监管机构也没有就此展开调查。

2009年6月，通用公司根据美国破产法第11章递交了破产保护申请，2009年7月，美国政府收购了该公司。2013年7月，一位曾经参与设计Chevrolet Cobalt的工程师曝光了通用公司不打算处理点火故障的决定。2013年12月，美国政府抛售所持有的通用公司股份。随后该公司才承认其点火开关故障已造成31起交通事故，并有13人因此丧生。就在几周后的2014年1月14日，玛丽·巴拉（Mary Barra）成为通用汽车公司的新一任总裁。

玛丽·巴拉是知名汽车制造商的第一位女性总裁，同时也肩负着帮助公司财务状况复苏和处理重大产品危机的艰巨任务。2014年2月初，在巴拉了解了点火开关故障的细节后，通用汽车公司正式联系了美国国家公路交通安全管理局，并正式宣布有超过60万辆车存在该故障（Basu, 2014）。在随后的一周内，通用公司召回了2005—2007年生产的所有Chevrolet Cobalt以及2007年生产的Pontiac G5s型汽车。而在接下来的一个月内，通用公司聘请了两家公司来调查召回事件，并追加了召回车辆。凯尼斯·费因伯格（Kenneth Feinberg）是一位专门负责公司赔偿事宜的律师，通用公司聘请他来指导对受召回事件影响的受害者及其家人的回应工作。众议院能源与商务委员会为此安排了一场听证会，并要求巴拉出席作证。在回应中，巴拉始终保持坦率、诚实与善解人意。或许更重要的是，巴拉将这场危机当作一个评估公司策略的机会，从错误中总结要点并借此来彰显通用汽车公司对安全和顾客的承诺。

诚实、坦率与透明

巴拉在危机爆发后不久与员工交谈时表示，"在这次危机中，我们的工作流程出现了某些问题，可怕的事情便发生了。如果我们能够抓住这次机会的话，我们将会更好地扭转劣势"（Vlasic & Jensen, 2014）。在美国众议院小组委员会作证时，巴拉也说了同样的话。巴拉公开表示，"今天坐在这里，我无法告诉你们，为什么要花费数年的时间才能在汽车中发现安全缺陷，但我能告诉你们的是，我们会把问题找出来并解决的"（McEachern, 2014）。对于通用汽车公司犯的错误，巴拉并没有推卸或否认责任，而是大方承认并承诺努力改正错误。通过这种方式，巴拉承诺找出错误并从中吸取教训，推动公司走向了重建。

用同情心、关心与同理心来沟通

在巴拉传递的信息中，很重要的一点是对那些因缺陷和召回事件受到伤害的人们表达了关心、同情心与同理心。巴拉的国会证词中提道，"我真诚地向那些因为召回事件受到影响，尤其是那些因安全故障受伤或失去生命的人们的家人与朋友道歉。我真的为此感到遗憾"（McEachern, 2014）。一般情况下，公司领导是不会像这样直接道歉的，因为他们害怕承担更多的法律责任。但是巴拉选择对有关公司客户的安全故障问题持坦诚的态度。她甚至在通用汽车公司的YouTube首页发布了一则道歉视频，并更新了许多视频（General Motors, 2014）。

图 6-3　玛丽·巴拉

来源：Bill Pugliano / Getty Images。

玛丽·巴拉在与公众沟通的过程中，充分展示了其解决问题的执着与信心。她大方承认公司所犯的错误，并反复为故障造成的伤害道歉。例如，在2014年6月的一场市政厅会议上，巴拉说道：

我知道不论我说什么，都没办法减轻他们的悲伤和痛苦。但是当我带领通用挺过这次危机时，我希望所有人都知道，我将遵循两条明确的原则：第一，我们为那些受到伤害的人做了正确的事；第二，我们为自己的错误承担责任，并承诺尽我们所能防止此类问题再次发生。（"Text, video of GM"，2014）

这些反复的声明减少了关于指责、纠正问题的计划以及通用公司承诺的不确定性。

过程方法与策略制定

96　　　巴拉还详细描述了通用汽车公司提升安全性与改进产品的计划。在一场员工大会上，巴拉阐述了她的计划，"我从未想过把这件事抛诸脑后，我希望将这一痛苦的经历永远留在我们共同的记忆当中。我并不想忘记发生了什么，因为我知道，你们不想再看到类似悲剧的重演"（"Text, video of GM"，2014）。为了确保识别缺陷产品的能力，2014年4月通用公司发起了"为安全呐喊"的运动。这场运动的目的在于鼓励员工在发现公司产品存在质量隐患或威胁客户安全时可以毫无顾虑地说出来。这体现了巴拉所承诺的从危机中吸取要点，创建一家更好、更有责任感的公司。这些行动减轻了关于通用公司未来的不确定性，并让公众看到了公司为兑现承诺付诸的行动。

小　结

巴拉上任伊始就接手了一场严重的危机，需要采取令人瞩目的行动。她坚定地采取措施，更正之前犯下的错误。然而，她的最终目标远远不止解决眼前的危机。

她接受了一个更大的挑战，即改变通用公司过去的企业文化，而这样做就需要她同时关注到过去与现在。理想情况下，过去的错误可以提醒人们，看到安全隐患就要大声说出来。

思考与判断

考察过这个案例后，是时候确定通用公司总裁玛丽·巴拉是否有效处理了通用汽车公司点火开关故障的危机。她开展的危机传播是否有效降低了不确定性？首先，请你花点时间在脑海中重温第5章关于管理不确定性的策略，这些策略可以在你评估巴拉危机传播的优点与缺点时为你提供引导。

97

处理危机不确定性的要点

要点一：组织成员必须认识到危机可能会迅速且出乎意料地发生。

• 通用汽车公司危机的发生是否出乎意料？

• 通用汽车公司危机发生得是否迅速？

要点二：组织不应该用常规措施来应对危机。

• 你认为巴拉的哪些回应是非常规的？

要点三：威胁是可以被感知的。

• 通用汽车公司内部是否感知到了不同的危机？

要点四：无论危机传播者是否掌握了危机的关键信息，都必须在危机发生后尽快开展危机传播，并实时跟踪最新动态。

• 巴拉频繁的危机传播是如何塑造公司危机走向的？

要点五：组织不应该故意加重危机的模糊性来欺骗公众或分散公众的注意力。

• 在通用汽车公司危机期间，公众是否存在不确定或模棱两可的状况？

• 巴拉以诚实的方式就通用汽车公司危机的哪些方面进行了沟通？

要点六：准备好为危机证据解释辩护。

• 巴拉对围绕通用汽车公司危机的证据有何解读？这在她的危机传播中是如何表现的？

要点七：组织一旦被发现故意引发危机损害公众利益，就难以东山再起。

• 通用汽车公司危机爆发前的事件是否影响了危机的后续发展？

- 危机发生前，公众是否对通用汽车公司有着积极的看法？

要点八：如果你认为你不应该对危机负责，则需要阐释谁应该负责以及为什么。

- 是否有必要在危机期间就责任归属立案？

要点九：组织需要通过模拟和培训为不确定性做好准备。

- 巴拉是否已经做好准备？

要点十：危机会挑战组织思考和开展业务的方式。

- 通用汽车公司危机如何挑战了公司的商业行为？

- 巴拉如何将此次危机作为机会进行组织学习与成长？

❖ 案例6.4　金车公司对三聚氰胺危机事件的回应

98

2008年8月，亚洲食品行业遭遇了一场影响广泛的危机。中国的一家食品公司涉嫌通过添加三聚氰胺来增加其乳制品中的蛋白质含量。这场危机最早开始于2007年，当时一些小猫和小狗在食用含有大量三聚氰胺的宠物食品后开始出现肾衰竭的症状。而当30万名婴儿因食用三鹿公司生产的含有三聚氰胺的婴幼儿配方奶粉而患病，甚至有6名婴儿被怀疑因此而死亡时，危机形势进一步扩大，世界各地的公司极度质疑中国食品配料的安全性。起初，中国方面反应迟缓，并否认他们的食品有任何问题，加剧了人们对中国产品安全性的疑虑。例如，美国农业部和食品药品监督管理局在进口食品流入美国市场时，会对从中国进口的食品进行更严苛的检查。

减少危机不确定性

金车公司（King Car）是一家中国台湾的食品公司，三聚氰胺危机爆发后他们第一时间进行了回应，因为该公司的奶制品中含有大量来自中国大陆的食品原料。在这场危机中，中国台湾地区的卫生署在最初的危机传播中一直强调其强有力的食品检测系统，尽力使公众的忧虑降到最低，并反复向公众保证其严格的食品安全法规。然而，公众对于中国台湾的食品是否安全，仍持怀疑态度。2008年9月13日，金车公司召开紧急会议，决定召开一场新闻发布会来讨论食品安全问题（Ku, 2009）。在会议上，金车公司总裁李先生表示，确保公众信任的唯一方法，便是除政府检测其食品安全性外，金车公司自行测试其产品中的三聚氰胺水平是否过高（Chen, 2008; Ku, 2009）。对其产品的检测都结束后，金车公司认为，尽管政府部门对这些产品都进行了检测，但事实上其牛奶制品中三聚氰胺的含量却高得令人无法接受。

金车公司危机传播的战略

危机爆发时，总裁李先生为金车公司的危机回应进行了战略指导。他告诉管理层，解决危机的预算没有限制（Wu, Hsien, & Peng, 2008）。李先生解释道："客户的信任对金车公司而言是至关重要的。"他还指出，金车公司为了赢得客户的信任，已经兢兢业业工作了50年。而在这次危机中，公司会尽其所能保持这一信任。

在通过自己的调查得知其产品已被污染后，金车公司立即将这些结果发送给另外一个实验室，以便再次对这些结果进行快速检测。事实上，金车公司本可以接受政府的检测结果，但它决定将事情掌握在自己手里，并独立测试其产品以确保消费者的安全。 *99*

最初的危机传播

当金车公司自行检测出其产品中三聚氰胺含量偏高时，便立即向公众告知了检测结果。首先，该公司向政府部门上报了其自行检测结果；其次，金车公司的管理层主动召集媒体记者，公布他们关于三聚氰胺的调查结果，并请媒体告知公众。在这个案例中，公众的最初印象是政府的检测是充分的，而且中国台湾的产品是安全的。然而金车公司希望为不安全的产品道歉，并确保公众掌握关于如何保护自己的信息。李先生（2018）解释说，金车公司选择在政府检测发现三聚氰胺含量高于标准前，便主动公开自行检测结果。如果金车公司没有如此迅速地回应并自行检测产品的话，这场危机的后果肯定会更糟。此外，在这场危机中，金车公司还通知其所有的零售商召回全部乳制品。

图6-4　台湾消费者确认金车公司的新安全商标
来源：AP Photo / Chen qianjun。

产品召回

金车公司确认其产品不安全后，便立即和零售商进行沟通发起召回。长期以来，金 *100*

车公司和这些零售商建立了强有力的积极关系，这就使得同零售商之间的沟通变得更为简单、高效。由此，金车公司得以在三天内召回了近95%的产品。为了使召回更加顺利，金车公司向所有的消费者发起了无条件退款，即使没有收据也可以。最后，金车公司在一周内召回了几乎100%的产品。与此同时，金车公司还宣布将会尽快生产可以安全食用的产品，更换新的包装，并且加盖安全证明印章。新包装与安全证明使得金车公司可以将其新产品与那些未经检测的产品区分开。此外，金车公司还设立了免费电话服务专线，来解答消费者所有关于召回与产品安全的问题。并且，金车公司还通过其网站公开产品检测结果，以便消费者可以检查他们购买的产品是否安全（Young, Lo, Lee, & Chu, 2008）。最后，金车公司还邀请记者到其工厂去观看被召回产品的销毁过程。召回的成本预计超过300万美元。这一系列措施赢得了来自中国台湾政界、媒体与专家学者们的一致好评。

好评如潮

金车公司对三聚氰胺危机事件的响应赢得了各界的一致好评。事实上，金车公司的响应使其可以尽快修复与公众和利益相关者的信任关系，而直到事发一个月后才承认使用了受污染的食品原料的公司，还在旷日持久地试图寻求公众的谅解。中国台湾的一家商业杂志《今日商业》（*Business Today*）称，"三聚氰胺危机事件给了所有人沉重的一击，但是金车公司是唯一一家愿意道歉并解决问题的公司，他们的态度使得他们成为其他公司的榜样"（Ku, 2009）。中国台湾当地一家报纸《苹果日报》（Apple Daily）也表示，"金车公司可能是'毒奶粉'危机中唯一一个被公众原谅的公司"（Ku, 2009）。

小 结

金车公司三聚氰胺危机事件是一个典型的案例，体现了威胁、意外、响应时间短与不确定性是如何影响危机发生后的决策与危机响应的。迫于压力与不确定性，金车公司起初犯了一个致命错误：当公司没有经过检查以确保其不承担责任时，将危机的责任转移到了组织之外。金车公司利用了短期内形势的不确定性，但发现问题后，它便迅速采取行动，主动承担责任，并从危机中吸取教训。

思考与判断

考察过这个案例后，是时候确定金车公司是否有效地处理了第5章中提到的不确定性。首先，请你花点时间在脑海中重温第5章中关于管理不确定性的策略，这些策略可以在评估金车公司危机响应的优缺点时为你提供引导。其次，当你回答下列问题时，*101* 请考虑一下在危机始末，金车公司是否有效地处理了危机。我们已经在问题中重新表述了这些策略，以便你能够更好地处理案例中的关键问题。

处理危机不确定性的要点

要点一：组织成员必须认识到危机可能会迅速且出乎意料地发生。

• 金车公司的危机是通过哪些方式快速发生并伴有不确定性的？

要点二：组织不应该用常规措施来应对危机。

• 金车公司是否通过常规的方式进行了危机回应？他们的回应是否有效？

要点三：威胁是可以被感知的。

• 与危机相关的威胁是通过哪些方式被感知的？利益相关者的看法有何不同？

要点四：无论危机传播者是否掌握了危机的关键信息，都必须在危机发生后尽快开展危机传播，并实时跟踪最新动态。

• 金车公司在危机中是否尽早且多次与公众进行了沟通？是否有效？

要点五：组织不应该故意加重危机的模糊性来欺骗公众或分散公众的注意力。

• 危机发生后，公众是否存在不确定或模棱两可的问题？金车公司是增加还是减少了危机的不确定性？

要点六：准备好为危机证据解释辩护。

金车公司是否对危机证据的解释进行了辩护？是否有效？

要点七：组织一旦被发现故意引发危机损害公众利益，就难以东山再起。

• 危机发生前，金车公司是否同利益相关者建立了良好的关系？

要点八：如果你认为你不应该对危机负责，则需要阐释谁应该负责以及为什么。

• 在金车公司对三聚氰胺危机的响应中，责任是否成了一个关键因素？金车公司的危机响应是否有效？

要点九：组织需要通过模拟和培训为不确定性做好准备。

- 是否有证据表明金车公司做好了准备回应此次危机？

要点十：危机会挑战组织思考和开展业务的方式。

- 三聚氰胺危机后，金车公司与食品行业通过哪些方式改变了经营方式？

❖ 案例6.5 密歇根州弗林特市水污染事件

102   2014年，密歇根州弗林特市的城市供水遭遇了严重的铅污染。当地有6000—12,000名儿童饮用了含铅量高的水。高含铅量会导致严重的健康问题，包括引起儿童智力发育迟缓等问题。这起水污染事件还造成了军团菌病①的暴发，有77人感染，10人死亡。这场危机的爆发有多个原因，包括领导的失误、技术的失误，尤其是沟通的失误。这场危机的起因是弗林特市水务局为了节约经费，由从底特律给排水部门供水改为从弗林特河引水，这是在通往休伦湖的新管道建成之前所采用的短期解决方案。几乎是同时，居民们开始抱怨饮用水的味道、气味与颜色异常。2014年8月，弗林特市的自来水中被检测出大肠杆菌，而且部分社区的居民被告知要烧开水饮用。

    密歇根州环境质量部（MDEQ）表示，氯气与抽水系统的使用将会减少未来的污染。不幸的是，不久之后州政府发现，自来水里的消毒剂含量超标，违反了安全饮用水法。2015年，市政府对居民发出警告，自来水中的消毒剂含量超标可能会导致健康问题。同时，居民们仍继续抱怨水质问题，尤其是自来水的颜色以及饮用后所导致的儿童健康问题。尽管如此，密歇根州环境质量部仍坚称水质问题并非健康紧急情况。

    2015年2月，美国环境保护署通告密歇根州环境质量部，弗林特市自来水铅含量严重超标。美国环境保护署检测到当地自来水中铅的含量高达104ppb，而饮用水中铅含量的标准为不超过15ppb。2015年6月，美国环境保护署向弗林特市政府发布了一条备忘录，警告他们没有使用有助于控制铅含量的防腐蚀化学物质处理自来水。而当密歇根市的美国公民自由联盟组织（ACLU）公布这一备忘录后，市政府和密歇根州环境质量

---

① 军团菌病是由军团菌属细菌引起的临床综合征。因1976年美国费城召开退伍军人大会时暴发流行而得名。病原菌主要来自土壤和污水，由空气传播，自呼吸道侵入。

部仍为了使民众安心，坚称问题并没有扩大。两个月后，在检测显示自来水中铅含量高于平均水平后，密歇根州环境质量部下令对弗林特市的自来水做防腐处理。与此同时，弗吉尼亚科技大学的研究员称："弗林特市大约40%的家庭饮用水中铅含量已经升高了，因为弗林特河中的水正在腐蚀着城市的供水管道，导致铅渗入了自来水中。"而由弗林特市一位儿科医生莫纳·汉娜-阿提沙（Mona Hanna-Attisha）带领的另一个研究小组，揭露了自从弗林特市调换供水来源为弗林特河后，血液中铅含量升高的儿童数量增加了一倍——而在污染更严重的地方甚至增加了两倍。2015年10月16日，弗林特市终于重新恢复使用底特律给排水部门的供水。2015年12月14日，弗林特市宣布进入紧急状态。美国环境保护署弗林特市安全饮用水工作组指出这场危机是由于州政府监管部门的失误造成的（Ganim& Tran, 2016; CNN, 2017）。

图 6-5　弗林特市水污染危机的抗议者
来源：Photo by Erik McGregor / Pacific Press / LightRocket via Getty Images。

在这之后，州长宣布进入紧急状态，并组织密歇根州国民警卫队分发瓶装水。宣布进入紧急状态是考虑到让联邦应急管理局提供帮助。

未能倾听公众的关切

在弗林特市水污染事件中，政府机构在倾听和解决公众关切的问题上有几项失 *103*

误。例如，弗林特市的居民通过不同渠道表达了对水质的担忧，以期引起关注，甚至还有一些居民直接联系了政府机构。安妮·李·沃尔特（Lee Anne Walters）是4个孩子的母亲，很关心水质问题，她联系了市政府和密歇根州环境质量部。她认为这些机构并没有充分处理她的关切，因此开始着手联系美国环境保护署。

沃尔特认为，尽管环境保护署的官员已经知晓她的担忧，但却并没有告知她真正的风险。最后，环境保护署的一位员工私下给了沃尔特一份关于弗林特河水中高含铅量详细事宜的备忘录草稿。随后，沃尔特联系了一位调查记者，该记者立即将备忘录公之于众。这份备忘录被曝光后，密歇根州环境质量部的发言人表示，"担心饮用水中铅含量的人们可以放心，目前我们在饮用水中检测出的铅含量并没有太大的问题"（Smith，2015b）。此外，市政府与州政府的官员们将这份被泄漏的环境保护署报告归咎于一位"居心不良的员工"。得到这些草率的回应后，沃尔特联系了弗吉尼亚科技大学的研究人员，请求他们帮助调查供水问题。

许多牵扯进水污染危机的官员们都在极力淡化、否认、转移话题，试图推卸责任，甚至忽视重要的信息与公众的担忧。政府组织反复告知公众，市政自来水可以安心饮用。然而，即便已经被告知这些信息，但居民们仍对自来水颜色与气味的变化感到担忧。此外，多个政府机构也参与其中，在部门间的矛盾以及公共传播中苦苦挣扎。

多政府机构参与

与弗林特市水污染危机相关的机构内部、所有机构与机构之间的沟通暴露出了许多问题。有许多政府机构参与了市政供水决策、调查供水问题、与公众沟通以及内部沟通，包括弗林特市政府、底特律给排水部门、密歇根州环境质量部、州长办公室、美国环境保护署与多个独立调查小组。这些机构各自独立工作，并没有相互协作或进行有效的沟通，在没有与其他机构协商的情况下做出决定，而且公众的关切经常被忽视。例如，2015年3月23日弗林特市议会投票表决恢复由底特律给排水部门供水，停止使用弗林特河水。然而，州政府否定了这一决议，弗林特市政府也坚持继续使用受腐蚀的弗林特河水。并且，联邦政府和州政府也曾传递了过于肯定的安抚性信息。

2015年2月，美国环境保护署通报密歇根州环境质量部市政供水含铅量过高，并指定在沃尔特的家中进行检测。而密歇根州环境质量部回复电子邮件称，该城市的自来水处理厂正在实施优化的腐蚀控制计划。但随后，密歇根州环境质量部撤销了其之前的表态，并通知美国环境保护署，弗林特市没有任何腐蚀控制方法。弗林特市的决策系统在多个层面上证明了其有效沟通的失败，居民们开始变得不信任这些机构。信任的缺失使事态进一步复杂化，并且加剧了危机。

未能接受不确定性和模糊性

危机发生期间，州政府和当地政府忽视了问题的严重性，并在许多方面对弗林特市居民的担忧轻描淡写。尽管消息并不确定，而且很多居民不停抱怨自来水的颜色与气味，但政府仍告诉居民自来水可以安全饮用。为了证明自来水的安全性，包括州长在内的众多领导人曾公开承诺，自己也在饮用市政自来水。由于整个城市还没有进行全面的测试与评估，所以自来水的质量尚无法确定。此外，饮用受污染的自来水所产生的影响尚且不清楚，尤其是对于儿童和那些有潜在健康问题的人。总而言之，各种机构的危机传播都没能为公众提供重要的信息。直到数月后，居民们的饮用水被严重污染，相关机构才承认存在公共健康风险的可能性。

小 结

在危机中做出缺乏远见的决定，加上不愿意承认与直面问题，使得危机形势变得更加复杂。这种危机响应的延迟是令人悲哀的。孩子们被迫饮用受污染的水，用污水洗澡，导致他们面临着终生的健康问题。危机每持续一天，这些后果就会越来越严重。简而言之，由于不愿立即采取纠正措施，危机从一开始便走向了恶化。

105

思考与判断

考察过这个案例后，请思考与弗林特市水污染危机有关的机构是否进行了有效的危机传播。他们的传播是否提供了虚假的确定性？他们是否进行了清晰、诚实与坦率的传播？首先，请你花点时间在脑海中重温第5章中关于管理不确定性的策略，这些策略可以在你评估弗林特市水污染危机响应的优缺点时为你提供引导。

处理危机不确定性的要点

要点一：组织成员必须认识到危机可能会迅速且出乎意料地发生。

• 与弗林特市水污染危机有关的机构是否应将最初的问题视为潜在的威胁？

- 危机是何时被确认的？

要点二：组织不应该用常规措施来应对危机。

- 与弗林特市水污染危机有关的机构的危机响应是否常规？

要点三：威胁是可以被感知的。

- 公众是如何感知到水污染的威胁的？

要点四：无论危机传播者是否掌握了危机的关键信息，都必须在危机发生后尽快开展危机传播，并实时跟踪最新动态。

- 政府机构是否尽早且多次就自来水问题与公众进行了危机传播？

要点五：组织不应该故意加重危机的模糊性来欺骗公众或分散公众的注意力。

- 公众是否存在不确定或模棱两可的问题？这些问题是否随着时间的推移而发生了变化？

- 政府机构就自来水问题的响应是否影响了危机的发展？

要点六：准备好为危机证据解释辩护。

- 政府机构是否通过道德的方式为他们对供水危机的解释进行了辩护？

106

要点七：组织一旦被发现故意引发危机损害公众利益，就难以东山再起。

- 政府机构在供水危机发生前是否与当地居民有着牢固的关系？

- 在沟通的基础上，你认为弗林特市的居民是否认为有关的机构有着良好的意愿？

要点八：如果你认为你不应该对危机负责，则需要阐释谁应该负责以及为什么。

- 谁应该对弗林特市水污染事件负责？

要点九：组织需要通过模拟和培训为不确定性做好准备。

- 政府机构是否做好了准备回应此次危机？

- 是否有证据表明应对此类危机的培训可以预防此类事件的发生？

要点十：危机会挑战组织思考和开展业务的方式。

- 你认为弗林特市供水危机是否会改变未来处理此类危机的方式？如果是的话，是如何改变的？

❖ 案例6.6 福岛第一核电站危机事件

2011年3月11日福岛第一核电站核泄漏事故是近代史上最严重的核事故之一。

这起灾难实际上源自三个相互影响的关联事件。首先是日本东北部地区发生的九级地震引发了海啸，而海啸导致东京电力公司（TEPCO）福岛第一核电站内发生了工业事故。

根据国际核事故分级标准，这次事故为7级，是最严重的一级。核电站设备故障是由于位于地下室的发电机被水淹没。电力中断后，冷却反应堆的循环水泵无法正常运行。这就导致了反应堆核心熔毁，最终导致放射性物质外泄至空气和水中。这场灾难持续了一段时间，直到12月16日工厂才宣布稳定。数名工人受重伤，还有许多人直接暴露在过高的核辐射之下。日本大地震与海啸的破坏造成了将近18,500人死亡。部分人受到了福岛第一核电站核泄漏事故的直接伤害，但更广泛和长期的核辐射影响尚未可知。

这起危机事件最令人担忧的是核辐射对公众健康的影响，而疏散群众并在合适的地方建立避难所是限制接触辐射的最典型的方法。日本政府实施了四级疏散程序，但随着危机的发展，政府改变了疏散计划。

第一天，134,000名群众得到疏散，四天后，又疏散了另外的354,000名群众。日本政府发布的信息出现了延迟，而且在某些情况下是不准确的。有人建议政府和经营这家核电站的东京电力公司试着淡化风险。从政府关于事故的一次报告中可以看到，向公众提供信息的方式存在许多问题——政府试图对这场灾难轻描淡写，以免造成恐慌，甚至对媒体使用"反应堆熔毁"一词提出异议。

107

众多观察家认为东京电力公司没有做好准备，并且危机响应速度太过迟缓。政府与东京电力公司没有进行协调沟通，而且他们的危机传播计划也存在缺陷。例如，关于如何与公众就放射性事件进行沟通，几乎没有适当的指导方针。日本的防灾意识向来很强，因为这个国家很容易发生地震。日本政府将每年的9月1日定为"防灾日"，专门为各组织与政府机构进行防灾演习与演练。但是，在福岛第一核电站核泄漏事故发生后的10天内，几乎没有可用的信息，可以提供辐射量水平的信息时，由于信息的技术性太高，导致公众理解有困难。日本的科学家们也不愿意讨论这起事故，因为他们担心这会造成更多的混乱与不确定。

图 6-6　福岛第一核电站事故

来源：REUTERS / Mainichi Shimbun。

此外，辐射暴露对人们来说是非常可怕的，因为它既看不见又很不同寻常。它可以存在很长时间，并且渗入空气、水源与食物当中。暴露在低水平辐射下的风险通常是有限的，但长时间暴露在高水平的辐射下会造成许多严重的健康问题，包括先天畸形与癌症。我们每天都暴露在辐射之下：手机、安全扫描仪、烟雾检测器、微波与输电线等都会释放辐射，我们大多数人还出于医疗目的拍X光片。尽管我们所有人都暴露在辐射之下，但大多数人还是对此感到担忧，虽然有些人会说这种担忧太过度。

108　　　　对辐射的恐惧，关于核泄漏水平的不确定性、放射物、创伤以及地震和海啸造成的破坏等因素，为危机传播创造了一个非常有挑战性的环境。谁应该提供信息？无人知晓。这最终导致公众无法获取关键信息。

小　结

福岛第一核电站泄漏危机的复杂性、特殊性与突发性，引发了极大的不确定性。核电站的准备不足，再加上危机的高度不确定性，导致经营福岛第一核电站的东京电力公司出现了多次失误。公司与政府机构缺乏应对危机不确定性的准备，加上无效的危机传播，激怒了日本与全球公众。此次危机响应还引发了全行业对核能和日常辐射水平的一系列质疑。

思考与判断

　　福岛第一核电站核泄漏事故是极为复杂的事件，因为它包括了自然灾害与工业生产事故。这场灾难同时也产生了极大的不确定性。都有哪些因素引发了这起事故的不确定性？你是否能想到危机可能涉及的风险的相互作用而产生高度不确定性的其他情况？首先，请花点时间在脑海中重温第5章中关于管理不确定性的策略，这些策略可以在你评估福岛第一核电站危机响应的优缺点时为你提供引导。

处理危机不确定性的要点

　　要点一：组织成员必须认识到危机可能会迅速且出乎意料地发生。

• 福岛第一核电站危机的突发性开端是如何引发不确定性的？

　　要点二：组织不应该用常规措施来应对危机。

• 福岛第一核电站危机是否能用常规的响应方式？

　　要点三：威胁是可以被感知的。

• 人们对放射污染危险性的认识是如何影响这起事件的？

　　要点四：无论危机传播者是否掌握了危机的关键信息，都必须在危机发生后尽快开展危机传播，并实时跟踪最新动态。

• 东京电力公司是否尽早开展了危机传播？有哪些其他因素影响了他们传播的速度与频率？

　　要点五：组织不应该故意加重危机的模糊性来欺骗公众或分散公众的注意力。

• 这起事故的复杂形势是如何影响其模糊性的？福岛第一核电站危机有着高度的不确定性，而且形势随时间的发展不断变化，在这种危机中采取哪些沟通方法是最有帮助的？

　　要点六：准备好为危机证据解释辩护。

• 东京电力公司与日本政府官员应该如何就辐射暴露的安全级别对他们的解释进行辩护？

　　要点七：组织一旦被发现故意引发危机损害公众利益，就难以东山再起。

• 你对核电行业的看法是什么？是否还有其他事件令该行业受到质疑？

109

要点八：如果你认为你不应该对危机负责，则需要阐释谁应该负责以及为什么。

• 是否有必要在危机期间就责任归属立案？

要点九：组织需要通过模拟和培训为不确定性做好准备。

• 你如何评价日本对这场灾难的准备程度？

要点十：危机会挑战组织思考和开展业务的方式。

• 你认为福岛第一核电站危机是否改变了人们对核能的看法？如果是，它是怎么改变的？

7

有效的危机管理领导力

❖　❖　❖

本章将阐释何为有效的危机管理领导力，以及领导者在危机期间应如何进行传播。之前我们讨论了如何在有效管理不确定性的同时进行有效的危机传播。我们相信管理危机的能力是一项关键的领导技能，并且，将来对领导人应对危机所带来的挑战与机遇的要求会越来越高。所以，危机领导力是一项至关重要的管理技能。本章将首先对领导力和危机管理领导力进行定义和描述，然后重点介绍危机管理领导力的10种策略。第一组要点重点介绍领导力在危机期间的一些功能。例如，在危机期间和危机之后，领导者不能缺席，需要参与其中；他们需要与利益相关者建立强有力的、积极的关系；他们需要给出具有同理心的回应，为变革和重建创造机会；他们还应该在危机后建立合作关系。这一章的要点为危机管理提供了一些建议和指导。例如，这一部分将探讨糟糕的领导会如何让危机雪上加霜，危机期间的领导风格有何差异，以及领导者在应对、管理、解决危机和从危机中学习等方面有何特定的沟通义务。

111

❖ 有效的领导力的重要性

我们大多数人都非常信任领导者。无论是商业领袖、政治领袖，还是宗教或社会团体的领袖，领导者都是团体、组织和社区的重要代表。我们期待领导者为我们提供方向、灵感、动力、资源、支持和安慰。领导者建立一个清晰的愿景，就此愿景与他人进行沟通，收集、传播信息和知识，并协调各方的努力。领导者充当"啦啦队长"和激励者，他们代表组织，他们挑选、培训和指导员工。领导者作为榜样体现且巩固组织文化，并让我们了解该如何行事、什么是正确的，以及诸多事物的含义。他们作为道德楷模，倡导道德行为。有时，我们甚至期望领导者在解决问题和创造积极成果方面拥有近乎超人的能力。

关于领导力的定义有很多，它们随着社会的变化而变化。传播学家彼得·诺斯豪斯（Peter Northouse, 2012）总结了领导力定义的四个特征。首先，领导力关乎一个过程，

112 一个进行式的、充满变化的过程。我们大多数人认为，领导者是指人，领导力是指一系列行为，而这些行为往往与特定的人有关。领导力需要根据情况进行改变，危机则是一种需要特定领导力的情况。其次，领导力包括对追随者行为和感知的影响。激励和指导是领导力包含的两个最重要的活动。再次，团队、组织或社区等环境也都需要领导力，这些不同层次的领导力对完成任务非常重要。最后，领导力是以目标为指向的，以达成特定的重要结果为目的。我们将**领导力**定义为一种沟通和影响过程，它旨在帮助团队、组织或社区中的追随者实现某些目标或结果。

领导者对于组织的成功来说往往至关重要。在危机中，他们的作用尤为关键。我们认为领导力就像一个"吸引子"（Attractor），有助于减少危机引起的混乱，重建秩序和稳定。在一定程度上，这是通过让员工、社区成员以及媒体感受到领导力的存在而实现的。领导者可以监督各方的响应措施，帮助大家应对突发情况。在危机期间，领导者的一个关键职能是解释当下的状况，创造共识，让他人明白应该如何应对并继续前行。同时，领导者也可以成为协调危机响应工作的应急主管，提供安慰、稳定人心、传播信息、接受媒体采访，并提出危机响应、恢复常态、向前发展的愿景。在发生危机的情况下，领导力的目标是减少和限制伤害，帮助受到伤害

> 要点一：有效的领导力对危机响应至关重要。

的人走出危机，并从危机中发现机遇，这对组织的成长尤为重要。下面，我们提供了与

有效的危机领导力有关的十大要点。

❖ 危机发生后，领导者曝光度的重要性

2012年康涅狄格州纽敦市桑迪胡克小学发生枪击惨案后，时任美国总统奥巴马频繁出现在人们的视野中。在这个悲痛的时期，美国人民需要听到总统的声音。在这种情况下，总统有时就像是一个"首席抚慰官"，因为他能代表人民表示悲痛，并为国家提供支持。在扮演这个角色时，奥巴马通过引用《圣经》中的话语来抚慰人民。

> "谢谢所有的家庭、一线救援人员、纽敦社区、牧师、宾客们，《圣经》告诉我们：我们不丧胆，外体虽然毁坏，内心却一天新似一天。……带着全国人民的爱和祈祷，我来到纽敦。我深知言语是无法与你们的悲伤相提并论的，也无法治愈你们受伤的心灵。我希望能让你们知道，你们并非独自在痛苦，我们的世界也被撕裂，整个大地都在流泪，我们也紧紧拥抱着自己的孩子。"(Obama, 2012)

通过他的领导力，奥巴马总统表达了这场可怕的悲剧给整个国家带来的悲痛，让人民知道，每个人都陷入了深深的悲伤，从而让国家更加紧密团结。

成功的危机领导者的例子还有很多。强生公司的首席执行官詹姆斯·伯克（James Burke）在危机发生后采取的果断行动成为公共关系和危机管理领域一个被广泛研究的经典案例。1982年，13人因服用掺有氰化物的泰诺胶囊而中毒死亡。该公司这一最畅销、最赚钱的产品，因一场投毒危机险些毁于一旦。公司迅速采取行动，从商店下架所有的泰诺产品。首席执行官伯克随后出现在当时最受欢迎的电视脱口秀《唐纳休访谈》（*The Phil Donahue Show*）中，解释公司与中毒事件无关。他还公开详细介绍了防范计划，确保此类投毒事件不会再次发生。同时，公司很快推出了重新设计的防篡改三重密封包装（Benson, 1988; Snyder & Foster, 1983），确保了他人不会再对泰诺产品动手脚。

于是，泰诺的销售额反弹上升了，这主要是因为伯克作出了令人信服的声明，提供了个人保证。他向公众传达了直接而诚实的信息，这被广泛认为是有效的危机公关和领导力的典范。伯克通过在《唐纳休访谈》接受采访等媒体曝光中建立了信誉，帮助公

113

司生存了下来。

这一案例说明，在危机中，领导者必须积极参与。他们应该让媒体看到并接触到他们，并且对受害者的需求作出反应，积极参与危机响应。他们需要对公众发表讲话。这种传播能让公众了解他们正在积极处理危机，避免使公众认为该公司有所隐瞒。实际上，领导者往往最适合担任危机期间的新闻发言人。他们应该和危机管理团队一起合作，接受危机传播方面的培训。

领导者在危机中必须面对的一个问题是他们自身曝光度的拿捏。面对危机，领导者有时会产生退缩的冲动，尤其是在他们认为自己可能成为众矢之的时。这种自我保护的倾向是可以理解的，但这会让危机变得更加严重。有时他们或许只是不知道该说什么，或者对现状没有足够的了解。领导者一旦退缩，便切断了自己与重要信息的关联，增加了危机的不确定性，公众便可能认为他们在隐瞒些什么。有的领导者也可能会犹豫，不敢坦诚、公开地讨论危机的情况，担心使事态恶化。然而，奥巴马总统和詹姆斯·伯克等领导者的行为表明，在危机中，公开和坦诚是重要的领导行为，还能建立信任、信誉，赢得支持。

对于一个没有准备或缺乏经验的领导者来说，危机期间媒体的关注可能会给他带来很大的压力，社交媒体更是会使其压力倍增。组织之所以有时会选择自我封闭，是因为它们害怕面对媒体。事实上，有一些策略可以提高与媒体成功沟通的可能性。首先，你需要认识到你别无选择，只能面对媒体。危机往往具有新闻价值，不管你是否露面，媒体都会对它进行报道。其次，如果你对记者开诚布公、彬彬有礼，他们往往也会以*114*同样的方式做出回应。再次，与媒体的沟通对于其他重要的受众来说是必要的，比如客户、社区和公众。还可以通过社交媒体直接与公众沟通。最后，一定要对受害人表示关切和同情。这并不意味着你要承担责任或接受指责，而仅仅意味着你的组织有人情味、同情心，充满关怀。

> **要点二：危机期间，领导者必须直面公众。**

❖ 发展支持网络

在另一个重要案例中，通用汽车公司首席执行官玛丽·巴拉帮助该公司度过了一次召回危机，最终在全球范围内召回汽车近3000万辆。点火开关故障导致124人死亡，该公司正面临重大诉讼和国会调查，消费者对其信心大跌。巴拉是这家大型汽车公司的第一位女性首席执行官，在危机爆发前几个月才刚刚上任。面对危机，她的反应是坦率而诚实的。消息传出后不久，她告知员工，"我们的流程出了问题，导致发生了可怕的事情……但如果我们能抓住这个机会，就会因为这个悲惨的局面而变得更好。我相信我们可以做到"（Vlasic & Jensen, 2014）。

于是，她抱着这样的心态，期待着危机能够带来成长与重建。后来，她在国会作证时表示，"今天的通用汽车将做出正确的选择。首先，我向所有受这次召回影响的人，特别是那些因此失去生命或受伤的人的家人和朋友表示诚挚的歉意，我感到万分抱歉"（GM Corporate Newsroom, 2014）。

领导者通常避免像这样直接道歉，因为他们担心这会带来更多的法律责任。但巴拉选择了坦诚和直接。

就像强生公司的詹姆斯·伯克一样，玛丽·巴拉在为公司赢得支持方面所做出的努力有目共睹。她诚实而直接地承认公司犯的错误，为发生的事情公开道歉，并且详细介绍了为确保公司不再犯这种错误而制定的计划，包括建立新的程序和保障措施，以识别不合格产品。虽然通用汽车公司陷入了困境，但它与客户、社区、供应商、工会、银行甚至竞争对手建立了长期的关系。这些关系以及该公司悠久的成功历史代表了它所积累的信誉与信任，并依靠这些信誉与信任度过了危机。这些信誉、信任以及良好的声誉往往是在危机中生存的必要条件。玛丽·巴拉敢于承认错误，并让公众看到公司将会解决问题，从而重建了信誉。她是位高效的优秀传播者，她在危机传播中表现出的诚实和坦率拯救了公司。

在另一个例子中，加拿大枫叶食品公司（Maple Leaf Foods）首席执行官迈克尔·麦凯恩（Michael McCain）在2008年处置了一次与严重食源性疾病暴发有关的产品召回危机。此次事件中，有9人确认死亡，11人疑似死亡。麦凯恩并没有试图推卸责任或限制召回，而是主动将召回范围从23种产品扩大到工厂生产的全部220种包装肉制品，因为工厂是污染产生的源头。麦凯恩非常积极，多次召开新闻发布会。公司发言人接受了采访，麦凯恩也在官网和YouTube上公开道歉。他表示，"我要向各位病人和失去亲人的家属表达我最深切和最真诚的同情。言语无法表达我们的悲痛

> 要点三：领导者应该努力在平时为公司建立良好的声誉，以积累商誉。

115

之情"（McCain，2008）。在这场危机中，麦凯恩利用社交媒体出现在公众视野中，表达其真诚的态度。

❖ 不回避、开诚布公

这些案例研究表明，对于许多管理者来说，危机管理领导力是一项关键技能。领导力对于危机管理和危机后的恢复都很重要，这些危机包括产品篡改、濒临破产，甚至恐怖袭击。在任何情况下，在任何组织环境中，积极、开诚布公的领导对于成功的危机管理都至关重要。

联邦应急管理局前局长詹姆斯·李·威特解释说，"危机传播不仅仅是说话，还要开诚布公地交换个人观点"（Witt & Morgan，2002，p.49）。在危机期间，如果组织做了错事，或许会难以做到保持坦诚和公开。如前所述，在危机中，组织往往会有自我封闭、寻求自保的倾向。如果组织确实犯了错误，就像通用汽车公司的点火开关故障事件一样，其第一个自然冲动可能是去掩盖错误行为。公司律师经常建议领导者在危机发生后尽量少说话。他们通常认为，任何有关危机的声明都可能对组织不利，并可能增加组织的责任。但玛丽·巴拉选择了开诚布公。在枫叶食品公司的案例中，首席执行官迈克尔·麦凯恩特别指出，他选择了忽视律师和会计师在危机应对方面的建议。不坦诚通常会加剧危机，使媒体更加咄咄逼人、公众更加怀疑。如果利益相关者认为一个组织试图推卸责任、逃避责任，那么他们也可能会感到不满。从长远来看，不坦诚、不诚实、保持缄默，往往会使公司的情况变得更糟。

> 要点四：危机发生后，领导者应该开诚布公。

❖ 领导力对危机重建的影响

通用汽车公司、强生公司和枫叶食品公司都是危机后重建的典范，它们不仅能够在危机中生存下来，而且还能在危机过后蓬勃发展，取得更大的成功。通用汽车公司很快恢复盈利；强生公司在中毒事件后市场份额仍然在增长；迈克尔·麦凯恩被评为年度CEO，公司市场份额上涨。这些案例说明，如果领导者们能够坦诚以待，通过一套强大的核心价值观引起公众共鸣，危机实际上可以成为组织重建的驱动力。

　　面临危机的公司被迫重新审视其基本目标和价值观。如果组织能够成功地处置危机，那么危机之后其信誉会有所提升，并获得资金和资源方面的支持。危机能创造机遇以改变组织的基本运作方式。例如，火灾或爆炸能让工厂得以重建和更新现代化设施。危机还可能提升一家公司的曝光度。在某些情况下，客户会选择购买一家面临危机的公司的产品来帮助其渡过难关。2009年，通用汽车公司陷入了严重的经济衰退，遭

> 要点五：成功处置危机的领导者，最有可能创造出重建的机会。

遇了一场毁灭性的破产。但该公司最终得以从破产中脱身，并变得更加精简、强大，盈利更多。危机创造了一个重建的机会。

❖ 危机中无效的领导力

　　迈克尔·麦凯恩、詹姆斯·伯克和玛丽·巴拉的例子都是成功案例，但在更多案例中，领导者未能进行成功的危机传播和管理。事实上，领导者往往是危机的一部分，在这种情况下，他们的努力实际上可能适得其反，使事情变得更糟。

　　正如我们在第5章中所讨论的那样，1989年埃克森美孚公司的油轮瓦尔迪兹号撞上阿拉斯加的一个礁石，泄漏了150万加仑原油，埃克森美孚公司首席执行官劳伦斯·罗尔的回应使危机破坏更为严重。他很早就决定不去探访漏油现场，这就让人感觉他并不重视这个问题。然后，他试图把漏油的责任推给瓦尔迪兹号的船长，把清理工作失败的责任推给阿拉斯加州所作的决定。在需要合作的时候，罗尔却开始与阿拉斯加州州长考珀（Cowper）发生公开纠纷，瓦尔迪兹号漏油事件被普遍认为是一场公关灾难，罗尔的行为更是让危机雪上加霜。

　　2010年，英国石油公司首席执行官托尼·海沃德在墨西哥湾漏油危机期间的危机传播受到了很多批评。海沃德的沟通效率十分低下，首先，他迟迟不对危机作出回应，等到终于回应时，却试图淡化泄漏事故的严重性。他还在一次公开采访中说"想回归正常生活"（Chen, 2010, p.5）。海沃德的回应从内容到形式都很失败。在墨西哥湾沿岸的渔民和居民深受漏油事件之害时，海沃德却被拍到出现在一场华丽的英国游艇比赛现场。最终，人们批评海沃德隐瞒事实，缺乏危机计划，未能及时对危机作出回应，试图淡化危机的严重性，且对危机中的受害者缺乏同情心。

　　在另一个典型的无效的领导力的危机案例中，凡士通公司（Firestone）首席执行

官约翰·兰普（John Lamp）和福特汽车公司首席执行官杰克·纳萨尔（Jack Nassar）因
一系列涉及福特"探险者"汽车的事故卷入了一场公开争吵，这些"探险者"汽车都装
了凡士通轮胎。兰普说翻车事故是福特公司的责任，纳萨尔则说是凡士通轮胎的责任
（Venette, Sellnow & Lang, 2003）。这场公开的纠纷不仅结束了两家公司长达95年的
合作关系，而且严重损害了两家公司的声誉。当福特和凡士通互相指控和反诉时，公众
形成了这样的印象：两家公司都更愿意逃避责任，而不是解决问题或保护消费者。这样
的负面宣传持续了好几个月，这场公开争吵阻碍了人们发现事情的真相。

在2008年经济危机中，许多华尔街高管没能及时正视危机的来临，直到为时已晚，
他们也未能履行自己的职责，没有积极参与危机响应，许多高管未能改变他们一直以来
的经营方式，结果面临破产，进一步损害了华尔街本已非常糟糕的声誉。

2001—2002年，天主教会面临一系列指控牧师性虐待的丑闻，这成为一场广为人
知的危机。尽管有人向教会领袖举报，尽管指控涉及儿童，但许多领袖还是选择掩盖性
丑闻。根据BostonGlobe.com网站的报道，"提出性虐待指控的受害者要么被忽视，要么
被收买，受指控的牧师则只是被悄悄地从一个教区调到另一个教区，或者被派去接受
短期的心理咨询（"SpotlightInvestigation", n.d., p.2）。2002年，美国天主教主教会议
（the United State Conference of Catholic Bishops）通过了处理性虐待指控的新规则和指
导方针。然而，批评者指出，其中许多主教掩盖过性虐待指控。天主教会未能保护儿童
和青少年免受虐待，甚至长期掩盖性虐待指控，这严重损害了教会的声誉。许多受害者
提起诉讼，许多天主教徒也拒绝再向教会捐款。

2015年秋天，大众汽车的排放检测丑闻爆
发。大众汽车承认在美国50多万辆柴油车上安
装了软件，以干扰美国政府的污染排放测试，
全球范围内还有约1050万辆柴油车装有此软
件。虽然大众汽车承认有不当行为，但它却试
图将责任推给一些流氓工程师，并停职了4名员
工。后来，该公司被迫承认丑闻涉及更大范围，其中包括几名高管。这一丑闻使该公司
损失超过200亿美元。

> 要点六：领导者应在危机期间与利
> 益相关者合作，努力建立共识。
> 要点七：否认、掩盖或不回应等糟
> 糕的领导行为，都会导致危机雪上
> 加霜。

总有一些领导者试图否认或掩盖问题，或试图隐瞒危机范围，或试图推卸责任，
这样可能会造成更大的损失。如果问题得不到解决，情况可能会变得更糟；如果领导者

不采取行动，不承担责任，不积极处理危机，就会给人留下这样的印象：他们不关心受害者，只关心利润，只想逃避责任。

❖ 如何成为一个高效的危机领导者？

几千年来，领导力一直是人们研究的对象。甚至连古埃及人也对领导力深深着迷。　*118*
中国古代军事领袖孙子，以及欧洲中世纪作家马基亚维利（Machiavelli），都在著作中论述过成功领导者的品质。在现代，管理学、政治学、社会学、心理学和传播学研究者继续使用各种方法和理论来研究领导力。随着社会的变化，这项研究也在不断发展。一些领导力理论已经可以用来帮助分析领导力。下面将讨论四种研究危机领导力的常用方法。

领导风格

研究人员对领导者的行为方式和沟通方式进行了研究（Northouse, 2012）。他们发现，所有领导者的行为方式都不一样，而且不同的领导者之间存在很大的差异。他们将领导者的各种行为和沟通方式归类为特定的领导风格。

例如，一些领导者在下达命令和指示时具有很强的指令性。他们通常不需要下属提供多少信息，很大程度上是根据个人的观点、价值观和信息来做出决定。这通常被描述为**威权式领导**（anthoritarian leadership style）。威权式的领导者更有指令性，会更具体地告诉追随者该做什么、以怎样的方式完成任务。

还有一种领导者更愿意接受他人的意见和建议。他们很少在不征求意见和建议的情况下做出决定，总是努力建立共识。这些领导者不太可能是指令性的，他们更可能向追随者提供建议，或提出一些一般性的目标。这就是所谓的**民主式领导**（democratic leadership style）。

第三种领导方式被称为**放任式**（laissez faire）或**非领导式**（non-leadership style）。这种风格的领导者很少表现出与领导相关的特征，可能只是名义上的领导者。他们往往不给出任何方向，在很多情况下甚至不加以监督，任凭下属自由发挥。追随者有更多的自由和自主权，领导者也期望他们能进行自我管理。

有证据表明，在危机期间，威权式领导风格可能比其他风格更有效。人们可能希望更具指令性的领导，以应对危机局势带来的不确定性和混乱。威权式领导者能营造出一切都在掌控之中的氛围，但他们也可能会使下属和其他利益相关者感到疏远。虽然领导风格有助于解释领导者的实际行为，但许多特别高效的领导者在不同情况下的行为模式并不相同，这就引出了分析领导力的方法：权变理论。

领导权变理论

领导权变（contingency leadership）意味着面临不同的情况需要不同的领导方式。例如，领导者与下属关系良好时和与下属关系紧张时所需的领导方式是不同的。在某些情况下，一项任务的结构可能很清晰，可以通过设定清晰的步骤来实现预期目标，而在另一些任务中，情况则充满了不确定性。这两种情况所需的领导风格可能也不同。领导权变模型中的第三个因素是领导权力的大小，通常在危机期间，领导者会获得额外的权力，他们可以据此迅速控制局面和减少伤害。

危机是特殊情况，需要不同的领导方法。如前所述，在危机期间，情况通常是不确定的、混乱的。在某些情况下，尤其是需要采取的措施（如疏散）十分明确的情况下，威权式领导可能是合适的领导风格。领导者在紧急情况下往往有更大的权力，以便迅速采取行动。然而在其他情况下，领导者可能正在与新的团体沟通交流，有时这些团体还很愤怒，甚至有敌意，这时领导者可能需要通过更民主的方式建立合作，赢得支持。获得资源和建立共识需要时间，因此在危机结束后，民主的方式更为普遍。如前所述，在危机局势中，声誉良好、信誉较高的领导人通常会得到追随者更多的支持。

> 要点八：危机发生期间，领导者必须随机应变，调整领导风格。

变革型领导

理解危机领导力的第三种方法叫作**变革型领导**（transformational leadership）。这种领导方法是由研究政治领导者的研究人员发展出来的，适用于多种组织环境。詹姆斯·麦克格雷戈·伯恩斯（James MacGregor Burns, 1978）这样描述变革型领导：领导者和追随者拥有共同的愿景和共同的目标，在核心价值观、首要任务和应做之事上达成一致，领导者借此激励追随者，最终取得非凡的成果。变革型领导能否成功、能获得多大的成功，与领导者的沟通技巧有关，与共同目标和价值观的重要性有关。

前面我们探讨了危机后的重建，并强调在这种情况下，领导力可以带来变革。危机可以带来巨大的变化，大多数人认为这种变化是消极的，但其实也可以创造非常积极的变革。在前文提到的通用汽车公司的案例中，危机为改变公司文化提供了契机。巴拉没有试图掩盖这场危机，而是选择开诚布公。在一次员工市政厅会议上，她表示，"我从不想把这件事抛在脑后，我想把这段痛苦的经历永久地留在我们的集体记忆中"（Colvin, 2014）。她为新产品制定了更安全的审查程序，包括成立全球汽车安全小组（Global Vehicle Safety Group）和开展"为安全，大声说"（Speak up for Safety）活动，鼓励员工表达他们的担忧。这些措施都是对点火开关故障危机的响应，有助于让公司文化从原来的官僚主义变得更加灵活，更重视车辆安全。

我们认为，大多数危机都为变革型领导创造了机会。危机常常会带来一线曙光，并创造机会让组织去学习，或改善流程和重塑企业文化。有时，危机甚至能让整个组织重建和复兴。当领导者能够站出来传达一套明确的价值观，营造出共同的目标感，并指明前进的方向时，组织才能得以重建。

120

领导美德

理解领导力的另一个常用方法衍生于美德的概念。**美德**（Virtues）是指以积极或道德的方式行事的倾向。例如，一个人如果拥有诚实和负责任的美德，那他就倾向于以诚实和负责任的方式行事。这种美德伦理方法从亚里士多德时代就被用来研究和培育人的伦理道德行为。

这个方法也适用于研究领导力和危机领导力（Seeger & Ulmer, 2001）。在前面的一个例子中，莫尔登纺织厂经历了一场毁灭性的火灾，该公司时任首席执行官亚伦·佛尔斯坦在大火仍熊熊燃烧时便公开承诺，将继续向工人支付工资并重建工厂。这个承诺与佛尔斯坦早先的各种决策是非常一致的，这帮助他获得了重建公司所需的支持。当被问及为何决定重建时，佛尔斯坦说因为这是正确的选择（参见Ulmer, 2001）。玛丽·巴拉和迈克尔·麦凯恩的例子也是公司领导者在危机爆发后以德行事的典范。

许多响应危机的有效措施都建立在个人价值观和价值判断的基础上。危机充满了不确定性与压力，在这种情况下，领导者可以依靠价值观、道德观和个人美德来决定如何响应。合乎道德的响应很可能会得到利益相关者的支持，而且相对于为了避免诉讼或减少损失所采取的措施来说，这样的响应更正当有力，更能提高组织的声誉，帮助公司走向重建。

❖ 管理不确定性、响应危机、解决危机并吸取教训

在第1章中，我们介绍了危机传播的四个要求：管理不确定性、响应危机、解决危机并吸取教训。每一个要求都需要领导者采取有效的行动，进行有效的沟通。例如，在管理不确定性时，需要统一口径，通常是由新闻发言人对外发声，同时还需要确保信息发布与传播渠道的畅通。前面说过，我们期望领导者能够积极应对危机，而追随者则希望能在危机期间感受到领导者的存在。危机领导者的重要行为之一就是担任新闻发言人。

121 作为组织代表，在危机充满不确定性的情况下，向咄咄逼人、要求苛刻的媒体发表讲话并非易事。许多领导者并没有做好当发言人的准备。他们不是天生的传播者，可能会给人留下冷漠无情的印象。许多首席执行官都会事先接受媒介素养培训，这种培训通常侧重于如何回应媒体的强烈质疑，如何了解危机期间媒体的需求，以及在尚未了解全部事实、可能会面临新的责任的情况下如何有效地回答问题。在培训中，领导者通常需要参加模拟新闻发布会或模拟接受采访，回答各种尖锐的问题。

美国疾病控制和预防中心对多位处置过危机的社区领导进行了采访，并从中总结出危机沟通的"STARCC"六项原则，即简洁性（Simple）、及时性（Timely）、准确性（Accuracy）、相关性（Relevant）、可信性（Credibility）和一致性（Consistency）。下面是针对危机发言人的附加指南。

给领导者担任发言人的建议

- 不要在媒体的逼迫下说自己不想说的话，也不要对媒体发火。
- 要对在危机中受到伤害的所有人表达关切。
- 避免使用"无可奉告"。
- 如果你不知道问题的答案，那就坦白地说出来，但要表露出你正在努力寻找答案。
- 话语不要太过肯定，除非你对全部事实都有绝对的把握。
- 一定要用"形势瞬息万变"或"我们还未掌握全部信息"等语句来表明局面的不确定性。
- 在你不知道问题的答案时，要及时把问题抛给危机处理团队中的其他成员。

如前所述,许多领导者在面临危机局面时会减少与外界的接触。管理者有时可能会认为,在危机期间他们应集中解决内部问题,避免与外界(包括媒体)互动。但管理不确定性的主要特征就是要促进信息的流动。这时,危机领导者应与各种团体和机构接触,通常要打电话、寻求帮助、更新信息或进行协调。有时需要确定联络人或建立协调小组,以便每个人都能获取信息。在这个过程中最重要的是,领导者要确保信息公开,愿意去分享信息。

除了管理不确定性外,保持信息公开有助于确保第二个危机传播诉求,即危机响应。领导者在信息公开透明的基础上建立支持联盟是危机响应的一部分。此外,领导者在讨论危机时必须要诚实坦率。艾克森石油公司首席执行官劳伦斯·罗尔曾试图否认瓦尔迪兹号漏油事件所造成的危害,同时推卸责任。这只会降低公司的信誉,增加损失。推卸责任反而导致了额外损失,招致了更多怨恨。

122

如前所述,在危机中获得支持的方法之一是做出符合大多数利益相关者价值观且合乎道德的响应。比如,侧重于救助危机受害者的响应,可能比"甩锅"或规避责任得到的支持更多。在2005年卡特里娜飓风事件中,政府官员的大部分危机传播都是为了将责任推卸给联邦应急管理局、路易斯安那州和新奥尔良市,而没有将受害者的需求放在首位。有的领导者则做出合乎道德的响应,他们致力于帮助痛失家园和生计的受害者,这样的响应也的确更有效。此外,合乎道德的响应可能会使灾后重建获得更多的支持与合作。

解决危机是危机传播的第三个要求。这通常需要具体行动来化解危险,需要采取措施来减少对消费者、员工或社区成员造成的伤害。领导者可能需要进行公开道歉。在危机中和危机后,领导者都对他人负有特定的义务和责任,这些人可能包括受害者、雇员、股东、监管机构、社区成员和其他危机中的利益相关者。一般来说,解决危机可能还需要就造成危机的原因达成一致的解释。过错和责任的确定,通常会影响保险理赔和法律判决。有时,在责任问题得到解决之后,组织才能进行重建,走向复兴。如果领导者与危机发生的原因有关,他也可能需要承担责任,领导者在危机发生后下台的事例并不罕见。

> **要点九:**领导者对危机做出合乎道德的响应,或许是赢得支持、走向重建最有效的办法。
>
> **要点十:**在管理危机和吸取教训方面,领导者需要承担具体的沟通义务。

危机传播的最后一个要求是要从危机中吸取教训。不幸的是，许多组织都没能做到这一点，反而不断重蹈覆辙。危机解决后，领导者有责任去总结从危机中得到的经验教训，并将其与组织全体成员分享。对于李·艾科卡（Lee Iacocca）、鲁道夫·吉拉尼（Rudolph Giuliani）和艾伦·佛尔斯坦等领导者来说，危机颠覆了他们的人生，让他们学会了如何管理和领导、如何规避风险、如何应对危机，明白了什么是最重要的。通过分享经验教训，领导者可以加强安全管理，完善预防机制，提高警惕，并展示这些经验的价值。

培养有效的危机领导力

123　要点一：有效的领导力对危机响应至关重要。

要点二：危机期间，领导者必须直面公众。

要点三：领导者应该努力在平时为公司建立良好的声誉，以积累商誉。

要点四：危机发生后，领导者应该开诚布公。

要点五：成功处置危机的领导者，最有可能创造出重建的机会。

要点六：领导者应在危机期间与利益相关者合作，努力建立共识。

要点七：否认、掩盖或不回应等糟糕的领导行为，都会导致危机雪上加霜。

要点八：危机发生期间，领导者必须随机应变，调整领导风格。

要点九：领导者对危机做出合乎道德的响应，或许是赢得支持、走向重建最有效的办法。

要点十：在管理危机和吸取教训方面，领导者需要承担具体的沟通义务。

❖ 小　结

即使在正常和乐观情况下，领导力也是一个极具挑战的复杂过程。在危机中，不确定性、危害性，以及对领导人的要求、义务和职责等都会变得更加复杂。本章阐述了有效的危机领导力能为重建创造机会；相反，无效的领导力则会引发危机或加剧危机。我们可以从领导风格、领导权变理论、变革型领导和领导美德四个角度来理解危机领导力。此外，危机领导力还可以被理解为一系列具体的活动。无论是何种危机领导力，领导者都应该直面公众、开诚布公。他们应该与其他人合作，努力累积信誉，并寻求重建的机遇。

8

危机领导力的经典案例应用

◆ ◆ ◆

有效的危机领导力对于进行有效的危机传播至关重要。前一章概述了一位高效的 *125* 领导者必须具备的危机传播技能,本章将通过六个案例深入探索领导者在危机传播中的作用。第一个案例展示了美国花生公司(Peanut Corporation)对其2008—2009年暴发灾难性沙门氏菌感染危机的响应;第二个案例研究了一个木材场在大火后进行的危机响应是如何展现其有效的领导力的;第三个案例描述了一家冷冻食品公司暴发食源性疾病后,领导者如何进行有效的危机传播;第四个案例展现了自由工业公司(Freedom Industries)与西弗吉尼亚州美国水务公司(West Virginia American Water)如何通过他们的努力解决了一个大型社区饮用水污染的危机;第五个案例分析了美国联合航空公司(United Airlines)暴力驱逐乘客事件中出现的领导力失误问题;最后一个案例研究了海洋世界娱乐公司(Sea World Parks and Entertainment)对驯养员惨死引发的危机进行的响应。研究解决这些案例,不仅可以帮助你提升危机传播能力,还可以让你获得身临其境的感受。

❖ 案例8.1 食品原料污染的深刻影响：美国花生公司

美国花生公司工厂经理收到的第一组检测报告显示，他们的花生产品感染了沙门氏菌，然而，他们没有丢弃已污染的产品，而是向另一个检测机构送交了其他样本。第二组样本中并未检测出沙门氏菌后，美国花生公司的管理层决定将受污染的产品运送给不同的食品生产商，这些产品在2008年被用作其他产品的添加剂。美国疾病控制和预防中心解释说，沙门氏菌是一种肠道致病菌，人食用被动物排泄物污染的食物后便可能感染这种病菌。感染沙门氏菌的人会得沙门氏菌病，出现"腹泻、发热与腹部绞痛"等症状（CDC, 2009, p.1）。忍受4—7天的极度不适后，大部分沙门氏菌病患会完全康复。然而，对于儿童与老人而言，沙门氏菌是致命的。此外，对于有健康问题的人来说，沙门氏菌病也会威胁到他们的生命。后续的调查显示，受污染产品的复检以及最终的装运工作都是在美国花生公司工厂内进行的（Millner, 2011）。

126　　美国花生公司主要生产花生粉、花生酱和花生糊等原料性产品。受污染的产品离开公司加工厂时，管理者就应当知道这些产品将会被用作下列食品的原料：布朗尼、蛋糕、派、各种糖果、谷类食品、各类饼干、甜甜圈、调味料、配制水果与预切蔬菜、冰激凌、花生酱制品、宠物食品、包装食品、小吃、零食混合物和配料（Witterberger & Dohlman, 2010）。随着大量的公司接收了受污染的产品，一场重大危机的爆发只是时间问题。

2008年9月，美国疾病控制和预防中心在十余个州确诊了同一类沙门氏菌病。接下来的调查表明，早先由美国花生公司装运的花生原料正是疾病暴发的源头。2008年12月，沙门氏菌的暴发出现首个死亡病例。美国食品药品监督管理局（FDA）开始着手对美国花生公司开展广泛调查，试图控制受污染原料的扩散范围。2009年1月，美国花生公司召回了自2008年夏季起从其工厂中装运出去的所有产品。

涉事产品市场渗透率高

与其他众多召回事件不同的是，美国花生公司的沙门氏菌危机并不仅仅局限于单一产品。如果这个公司只有一家固定的客户，如顾客直接购买花生酱，那么召回便可集中于那一种产品。但是有大量的公司购买美国花生公司的产品作为原料，并且包含在消费者购买的数百种商品中。2009年2月末，超过1550件混杂的花生制品"被下架"，同时美国疾病控制和预防中心报告称,在43个州有超过500人感染沙门氏菌,其中有8人死亡(Hartman & Barrett, 2009)。每发现一种新的受污染产品,危机传播面临的挑战就加剧一次(Millner & Sellnow, 2013, p.264)。

美国花生公司的危机响应

除了发起召回外,美国花生公司在危机中三缄其口、保持沉默,"没有提供任何指导,没有道歉、懊悔,甚至没有一句解释"(Millner, Veil, & Sellnow, 2011)。在此类食源性公共卫生危机中,指导性信息的作用很大,如果不详细地解释哪些产品是安全的,消费者就会缺乏必要的信息来保护自己(Sellnow, Sellnow, Lane, & Littlefield, 2012)。霍尔曼和奎提(Hallman and Cuite, 2009)解释称,当消费者"无法正确区分受影响与未受影响的产品时,他们可能会认为自己没有购买受影响的产品从而导致反应不足,也可能丢弃或避免购买类似产品从而导致反应过度"(p.4)。随着召回的数量逐渐增多,美国花生公司的沉默导致了两个问题:第一,该公司的原料被用在许多产品中,以至于消费者很难全面了解召回的范围;第二,许多消费者误以为一些未采用美国花生公司产品作原料的花生酱品牌也受到了沙门氏菌污染。为此,美国食品药品监督管理局创建了一个网站,并列举了所有受污染的产品。为了提高效率,消费者可直接在网站搜索栏内输入产品名称,来确认该产品是否在列。美国食品药品监督管理局会定期更新网站,同时美国疾病控制和预防中心也定期出具关于此次疫情的相关报告,指导公众辨别沙门氏菌病并正确进行治疗。直到2010年5月美国疾病控制和预防中心发布了关于此次疫情的最终报告,美国食品药品监督管理局和疾病控制和预防中心才结束这些工作。而其他品牌的花生酱产品负责人"开始了耗资巨大的广告宣传来安抚民众"(Phillips, 2009),强调他们的产品与美国花生公司无关,而且他们的产品也不在被召回产品之列。

随着对感染事件调查的深入,美国花生公司仍选择保持沉默。甚至,在2009年2月的一场国会听证会上,美国花生公司总裁和加工厂经理以第五修正案为借口拒绝作证(CNN, 2009)。在美国花生公司没有给出有效信息的情况下,美国食品药品监督管理局、疾病控制和预防中心与一些行业领导者进行的危机传播令人钦佩。米尔纳、韦尔、塞尔诺等人(Millner, Veil & Sellnow, 2011)把这些重要信息的第三方信源称为**危机传播代理人**(proxy communicators)。尽管代理人可以在一家公司选择保持沉默的时候有

图 8-1　议会代表格雷格·沃尔登（图右）举起了一个被美国花生公司生产的花生产品污染而召回的食物容器
来源：AP Photo / J.Scott Applewhite。

效地填补空缺，但这种替代并非万能的。例如，由于美国疾病控制和预防中心和食品药品监督管理局这样的代理人无法立即获得有关产品运往何处等重要信息，就会导致内部沟通的延误，加剧危机的发展（Millner, Veil & Sellnow, 2011）。至于涉嫌装运细菌污染产品的公司总裁与加工厂经理，在这本书出版的时候仍拒不认罪，对他们的审判也还在进行当中。当你思考接下来的问题时，请你思考一下在危机期间代理人能够在多大程度上满足消费者的信息需求。

小　结

128　　美国花生公司的案例为食源性传染病危机响应提供了珍贵的经验教训。首先，没能及时进行危机传播，会对消费者的身体健康造成严重的影响，也会对所在行业的声誉造成严重的伤害；其次，一家公司没有及时进行危机传播，会给填补空缺的危机传播代理人施加很大的压力。这些代理人在回应危机时会处在十分不利的地位，因为他们无法直接获取关于危机的事实或信息。组织者们最好研究一下美国花生公司的案例，并认真考虑将沉默作为危机传播策略的影响。

思考与判断

　　研究过这个案例后，请思考美国花生公司或者其他传播代理者是否进行了有效的危机传播。请你花点时间在脑海里复习一下第7章中提到过的关于危机中有效的领导力的策略，这些策略能帮助你评估美国花生公司和其他传播代理者进行危机响应的优点、缺点与挑战。

培养有效的领导力的要点

要点一：有效的领导力对危机响应至关重要。

• 美国花生公司或其他传播代理者的领导力在危机中是否有用？

要点二：危机期间，领导者必须直面公众。

• 美国花生公司或其他传播代理者是否勇敢地出面应对？

要点三：领导者应该努力在平时为公司建立良好的声誉，以积累商誉。

• 美国花生公司在危机前是否努力与利益相关者建立了良好的关系？

要点四：危机发生后，领导者应该开诚布公。

• 美国花生公司在危机响应中是否坦率与真诚？

要点五：成功处置危机的领导者，最有可能创造出重建的机会。

• 危机发生后，美国花生公司是否创造了从危机中恢复的机会？

要点六：领导者应在危机期间与利益相关者合作，努力建立共识。

• 危机发生后，美国花生公司有没有与利益相关者合作？

要点七：否认、掩盖或不回应等糟糕的领导行为，都会导致危机雪上加霜。

• 美国花生公司的领导力使这场危机变得缓和还是更糟糕？

要点八：危机发生期间，领导者必须随机应变，调整领导风格。

129

• 危机期间美国花生公司是否调整了他们的领导风格？

要点九：领导者对危机作出合乎道德的响应，或许是赢得支持、走向重建最有效的办法。

• 你认为美国花生公司的领导力是否有效？

要点十：在管理危机和吸取教训方面，领导者需要承担具体的沟通义务。

• 危机发生后，美国花生公司是如何履行沟通义务的？你认为他们有从中学习吗？

❖ 案例8.2　木材场火灾事件

1998年7月13日，星期六，印第安纳州洛根斯波特市负责加工多个地区木材的科尔硬木木材场发生火灾。这是印第安纳州有史以来最为严重的一场火灾，大火烧了整整6天，导致110名员工失业，烧毁了大约14万平方英尺（1平方英尺≈0.092903平方米）的库存、设备和仓储。米尔特·科尔是这家木材场的总裁兼场主,他在社区内以乐于助人而闻名。下文是关于米尔特的领导风格和性格的一些关键特点。

危机准备

米尔特认为自己是一个简单的人,很幸运地获得了成功和友谊。他一直认为员工对他的企业很关键,"我对我的员工们很有信心,是他们成就了这家企业。我们成功的关键是让大家随时了解情况并保持良好的沟通"(Seeger & Ulmer, 2002)。米尔特先生非常重视自己长期以来同工人和社区建立的关系。

米尔特解释说,木材场很大程度上建立在个人信任与信誉上,而不是建立在契约义务上。个人的忠诚与承诺、人际信任与信誉代表了米尔特的核心商业价值观。他说:"我主张关爱他人。我有一个利润分享计划,员工们从未缺席,是他们成就了这家企业,这是我独自一人无法完成的。"除了对员工的尊重与责任外,他对社区也是一样。

米尔特是一位活跃的社区领袖与慈善家,他向当地几所大学捐赠了奖学金并主持了当地的联合募捐活动。

在危机发生前,米尔特的领导特点已十分鲜明。接下来我们将说明,在他的企业遭遇最具毁灭性的打击后,米尔特所进行的领导力沟通。

灾难过后本能的领导

130

火灾过后,公司所有的原木和加工木材全部被毁。好消息是没有人员伤亡,但是办公楼和一个小的零售商店被烧毁。建筑物、设备和库存被烧毁后,许多工人担心自己会失业。危机发生后,米尔特采取了诸多沟通措施。

图8-2　米尔特在其位于印第安纳州洛根斯波特的木材场
来源: Photo Courtesy of Cole Hardwood。

看着大火,他说道,"我很沮丧,那天晚上我睡得正香,但是第二天我们就开始计划重建,甚至在大火熄灭前就开始了"(Seeger & Ulmer, 2002)。他似乎立刻就知道自己要如何面对这场危机。周一早上8点左右,来自31个县的消防员扑灭大火后,米尔特在自己的员工面前宣布,在他们失业与木材场重建期间会照发工资与福利,

"我知道这样做是对的"（Seeger & Ulmer, 2002, p.132）。

重建工作很快就开始了，工人们被分成两班以适应设备不足的情况。火灾发生一年后，木材场的营收再创新高，并持续增长（Seeger & Ulmer, 2002）。危机发生后，米尔特能够迅速有效地调动劳动力，在一次召集员工时，他向工人们解释将如何继续，"我们从不回头，我从来没有想过放弃"（Seeger & Ulmer, 2001, p.373）。

接下来的一年，米尔特成功重建了木材场。以前的工厂因缺乏仓储空间和设备而受限。而此次的危机响应结果之一，就是让企业有机会以更高效的方式重组业务，以更少的产量获得更高的利润。米尔特利用他在老工厂积累的经验，做出相应的调整。这场大火也促使新工厂采用了最先进的设备。

131

木材场重建后，当被问及这场火灾时，米尔特说他经历了"人生的巅峰与低谷，但这也是我一生中最引以为傲的事"（Seeger & Ulmer, 2001, p.373）。

小　结

1998年木材场大火过后，米尔特展现了卓越的领导才能，表现出利益相关者早已熟悉的品格与正直，这不足为奇。火灾发生后，米尔特及时并随时与利益相关者保持沟通，这些品质与行动为危机后的木材场重建赢得了良好的声誉和支持。此外，米尔特的领导力也使得这家公司成功摆脱了工厂起火的阴影，获得新生。危机过后，人们关注的焦点不应该是指责与问责，而是公司的重建、繁荣和成长的机遇。

思考与判断

研究过这个案例后，请思考米尔特是否展现了第7章中所提到的领导力素质。首先，请你花点时间在脑海中复习一下领导力策略；其次，请注意这些策略可以作为试金石和讨论点，因为我们认为这些是领导力的关键点。当你回答下列问题时，请思考米尔特的危机领导力是否有效。我们将策略重新编排成问题的形式，以便你能更好地解决案例中的问题。

培养有效的领导力的要点

要点一：有效的领导力对危机响应至关重要。

• 哪些方面能体现出米尔特的领导力对克服危机至关重要？

要点二：危机期间，领导者必须直面公众。

• 火灾发生后，米尔特通过哪些方式出面进行了回应？

要点三：领导者应该努力在平时为公司建立良好的声誉，以积累商誉。

• 火灾发生前，米尔特如何为他的公司赢得了良好的声誉？

要点四：危机发生后，领导者应该开诚布公。

• 危机发生后，米尔特通过哪些方式展现了他的坦率与真诚？

132
要点五：成功处置危机的领导者，最有可能创造出重建的机会。

• 火灾发生后，米尔特如何创造从危机中恢复的机会？

要点六：领导者应在危机期间与利益相关者合作，努力建立共识。

• 危机发生后，米尔特有没有与利益相关者合作？

要点七：否认、掩盖或不回应等糟糕的领导行为，都会导致危机雪上加霜。

• 米尔特的领导力使这场危机变得缓和还是更糟糕了？

要点八：危机发生期间，领导者必须随机应变，调整领导风格。

• 米尔特是否调整了他的领导风格以响应这种类型的危机？

要点九：领导者对危机做出合乎道德的响应，或许是赢得支持、走向重建最有效的办法。

• 米尔特进行危机响应的道德性体现在哪些方面？

要点十：在管理危机和吸取教训方面，领导者需要承担具体的沟通义务。

• 火灾发生后，米尔特是如何履行沟通义务的？该案例是否体现了组织学习？

❖ 案例8.3　史上最大规模的食源性疾病暴发：施万公司

1994年9月，由威斯曼公司（Viessman）所有并经营的一辆油罐卡车在运送完一车生鸡蛋后，返回了该公司位于明尼苏达州的基地，威斯曼的员工不知道这些鸡蛋感染了沙门氏菌。卡车停好后，他们用高压喷枪对卡车内部进行了清洗。然而清洗并没有完全消除细菌，在这辆卡车等待下次装运期间，细菌扩散了。这对施万公司来说很不幸，因为这辆被细菌污染的卡车的下一个任务，是将冰激凌配料运送至施万公司位于明尼苏达州马歇尔市的工厂。这批冰激凌配料被送到施万公司的工厂时已经被严重污染，更糟糕的是，被污染的冰激凌配料使该公司冰激凌加工系统的每一部分都受到了污染。

生鸡蛋所携带的沙门氏菌感染是一个严重的健康问题。美国疾病控制和预防中心解释说感染沙门氏菌的人"在食用受污染的食物或饮料后12—72小时内，会出现发热、腹部绞痛与腹泻的症状"（CDC，2010）。这种病通常会持续4—7天，一般会使用抗生素治疗，但在某些情况下，"腹泻可能很严重，人们可能会因病重而需要住院治疗"（CDC，2010）。像其他的食源性疾病一样，沙门氏菌对于幼儿和老人而言是最危险的。将鸡蛋彻底煮熟或者对受污染的鸡蛋进行消毒可以杀死这种细菌。但是威斯曼卡车内的鸡蛋是生的，并且没有经过消毒。

133

1994年，施万公司是一家年收入在12亿美元至15亿美元之间的私营公司，该公司的产品在全美各地销售。自1952年公司成立以来，施万公司的冰激凌和其他冷冻食品都是由开着黄色冷藏卡车的司机挨家挨户进行销售的，其中一些产品也会被分发至全国各地的零售店销售，久而久之，司机就同他们的顾客建立了友好的关系。

施万公司的产品广受欢迎且分布广泛，这就意味着在很短的时间内有大量的顾客购买了受污染的冰激凌。因此，接下来疫情的暴发极其严重。美国35个州至少有22.4万人患病，而施万公司的这场危机也成为美国有史以来最严重的一场食源性疾病暴发事件（"Ice Cream Poisoning"，1996）。

图8-3 在中间的车道上，施万公司的卡车正向全国各地运送冷冻食品

来源：Photo Courtesy of the Schwan Food Company.

指导思想

从施万公司的角度而言，这场危机开始于1994年10月7日。明尼苏达州卫生署的一位流行病学家在与施万公司取得联系后，告诉他们施万公司的冰激凌与一场沙门氏菌大范围暴发事件"有着非常高的统计相关性"（Sievers & Yost，1994，p.1）。一收到这个消息，施万公司的领导们立即开会讨论响应策略。该公司已经制定危机管理计划，但指导思想来自公司总裁阿尔弗莱德·施万（Alfred Schwan）的一份声明。

施万公司的公关经理回忆说，阿尔弗莱德只是问了一个问题："如果你是施万公司的顾客，你希望这家公司做什么？"（D. Jennings, personal communication, January 29, 1996）简宁（Jennings）说："施万公司的领导在危机期间的声明，为这家公司做出了正确的选择。"

施万公司的危机响应

134   面对越来越多的证据，施万公司毫不犹豫地开展危机响应，甚至在最终的检测进行之前，就已经开始召回疑似受污染的冰激凌。施万公司在声明中表示，"保护顾客的健康，永远是施万公司的第一要务，所以我们自发召回了已经售卖出去的冰激凌，并将全力配合政府部门的调查"（Sievers & Yost, 1994, p.1）。施万公司的危机响应包括道歉、司机们挨家挨户退款、设立消费者热线并赔偿医药费。

与大多数其他公司相比，施万公司具备一个很大的优势，那就是他们的司机可以与顾客进行面对面的交流。司机们当面向顾客道歉，收集被召回的冰激凌并给他们退款。因为司机们负责售卖冰激凌，他们可以分辨并且联系到大部分购买受污染冰激凌的顾客。而大多数食品加工公司只是将产品运送至杂货店或餐厅，根本不知道是谁购买了他们的产品。

施万公司开通了一条客户热线，成功控制了此次疫情扩散的态势。施万公司不惜斥巨资开通热线电话，且没有采用预先录制好的信息，而是由员工亲自接听电话。简宁回忆说，高峰时期一天最多能接到15,000个热线电话（D. Jennings, personal communication, November 19, 1996）。开通客户热线为顾客提供了另一种与公司直接对话的渠道，来回应他们的问题。

施万公司危机响应的第三个策略是赔偿顾客因食用受污染的冰激凌而产生的所有医疗费用。公司给客户寄了一封信，信中有一段话非常关键：

> 如果您认为自己可能出现了沙门氏菌感染的症状，并且可能食用了上述冰激凌产品中的任何一种，我公司希望您尽快就医，做必要的检查以确诊病症，并获得相应的治疗。这封信的背面将会为您解释可能出现哪些症状，并如何进行检查。我们将承担检查所需的费用。（D. Jennings, personal communication, October 14, 1996）

这封信清楚地表明，施万公司将客户的福祉视为第一要务。如同施万公司与客户一贯的沟通风格，这封信也强调了阿尔弗莱德在危机之初确立的指导思想。

从危机中吸取教训

施万公司对危机迅速而全面的响应，使该公司在没有失去客户的前提下迅速从危机中恢复过来。施万公司也从这次危机中吸取了教训，学习如何生产更为安全的产品。为应对此次沙门氏菌暴发危机，施万公司做了以下改变：

- 施万公司投建了一个新设施，使得公司在最后包装之前对所有产品进行二次消毒。
- 施万公司签约了一支专用的密封油罐车队运送其产品。

135

尽管这些改变耗资巨大，但施万公司毫无怨言。这些改变也为食品加工业确立了一种新的安全标准。

小　结

施万公司沙门氏菌危机是有效的危机传播的经典案例。有趣的是，该公司的危机响应并非基于冗长而详细的危机陈词，而是基于其指导思想。从指导思想出发，施万公司立即对危机负责，并努力修复同顾客的关系。即使许多顾客因为感染沙门氏菌而生病，但得益于危机后的积极响应，施万公司还是赢得了顾客的大力支持。施万公司本来有好几个机会将责任转移到公司外部，然而却坚持顾客至上，并主动承担责任、处置危机。

思考与判断

研究过这个案例后，请思考阿尔弗莱德和他的公司在处理沙门氏菌暴发危机中是否展现了有效的领导力。首先，请你花时间在脑海中复习一下第7章所述危机情境中的领导力策略，这些策略会帮助你评估施万公司危机响应的优点与缺点。当你考虑下列问题时，请思考施万公司是否有效回应了顾客关切。

培养有效的领导力的要点

要点一：有效的领导力对危机响应至关重要。

- 哪些方面能体现出施万公司的领导力对克服危机至关重要？

要点二：危机期间，领导者必须直面公众。

• 危机发生后，施万公司通过哪些方式出面进行了回应？

要点三：领导者应该努力在平时为公司建立良好的声誉，以积累商誉。

• 危机发生前，施万公司如何创建了良好的声誉？

要点四：危机发生后，领导者应该开诚布公。

• 危机发生后，施万公司通过哪些方式展现了坦率与真诚？

136

要点五：成功处置危机的领导者，最有可能创造出重建的机会。

• 危机发生后，施万公司如何创造了从危机中恢复的机会？

要点六：领导者应在危机期间与利益相关者合作，努力建立共识。

• 危机发生后，施万公司是否与利益相关者进行了合作？

要点七：否认、掩盖或不回应等糟糕的领导行为，都会导致危机雪上加霜。

• 施万公司的领导力使这场危机变得缓和还是更糟糕了？

要点八：危机发生期间，领导者必须随机应变，调整领导风格。

• 施万公司的领导是否调整了其领导风格以响应这种类型的危机？

要点九：领导者对危机做出合乎道德的响应，或许是赢得支持、走向重建最有效的办法。

• 施万公司危机响应的道德性体现在哪些方面？

要点十：在管理危机和吸取教训方面，领导者需要承担具体的沟通义务。

• 危机发生后，施万公司是如何履行沟通义务的？该案例是否体现了组织学习？

❖ 案例8.4　自由工业公司与西弗吉尼亚州水污染事件

自由工业公司位于西弗吉尼亚州首府查尔斯顿（Charleston）的埃尔克河旁。一天，公司内装有洗煤溶剂的老化的储藏罐出现了直径约1英寸的小洞，接着，7500加仑纯甲基环己烷-甲醇（MCHM）流入附近的埃尔克河，威胁到查尔斯顿市300万居民的饮用水安全，这也成为美国历史上最严重的水污染事件之一。该公司最终发现了泄漏并进行了危机响应，但为时已晚。负责该地区供水的西弗吉尼亚州美国水务公司收到了大量居民投诉称自来水有恶臭，供水公司尝试过滤水中的化学物质，却以失败告终。2014年1月9日，被处理过的水被评定为不安全级别，整个地区宣布禁止饮用自来水或沐浴。

响应迟缓

　　尽管发现了储藏罐的缺口，但自由工业公司并未立即告知西弗吉尼亚州美国水务公司或其他任何当地政府机构，而是拖延了数小时。自由工业公司通知的延误，导致供水公司被迫延后颁布用水禁令。自由工业公司没有试图掩盖或否认发生了泄漏，他们对公众保持沉默。在公众得知泄露危机后一天多的时间里，自由工业公司领导拒绝回应媒体关切。直到泄漏事件被曝光的第二天，自由工业公司总裁盖瑞·萨瑟恩（Gary Southern）才在接受媒体采访时解释说，发生泄漏的储罐已经排空了，储罐周围浸满化学物质的土壤也被清理干净了，没有进一步的危险。但他既没有向居民们正式道歉，也没有提出进一步的纠正举措。

　　据报道，当时有数百起关于皮疹和其他疾病的投诉，同时有很多居民由于饮用或接触了受污染的水而住院。西弗吉尼亚州州长和时任美国总统奥巴马相继宣布西弗吉尼亚州进入紧急状态，居民们只能饮用瓶装水，用瓶装水洗澡、做饭，随后学校也暂时关闭了。四天后，居民饮用水禁令被解除，但对孕妇除外，而且官方要求居民在恢复正常用水前先冲洗家中的水管，以清除污染的残留物。出于多种原因，许多居民对这一声明表示担忧。首先，如果这水对孕妇是不安全的，那么对其他人怎么能安全呢？其次，许多居民并不能确定如何有效地冲洗水管，也不知道怎么判断是否彻底冲洗干净了。最后，通知的延误使部分居民失去了对供水公司和其他相关监管机构的信任。美国疾病控制和预防中心、环境保护局、联邦应急管理局与西弗吉尼亚州美国水务公司等政府组织都参与了危机恢复过程，使沟通方面的挑战更为复杂。尽管他们的出面是有帮助的，但这些机构没能协调

图 8-4　国民警卫队正在采集水样
来源：Cotton Puryear。

沟通，传递一致的信息（Getchell & Sellnow, 2016）。

志愿者的声音

138　　居民们认为他们应该知道的信息和他们实际被告知的信息之间的空白，很大程度上是由志愿者的声音填充的。格彻尔（Getchell, 2016）对西弗吉尼亚州水污染事件的深入研究发现，此次事件中至少成立了5个义工团体，定期展开联络，确保居民的安全，并帮助他们从危机中恢复过来。这些新兴组织都充分利用社交媒体与居民保持联系。以下是格彻尔研究发现的每个组织及其功能的摘要：

• 西弗吉尼亚州清洁用水中心——这一新兴组织是危机发生后第二天以一个Facebook网页的形式出现的。该网站的创建者表示，他们将帮助协调向家庭供水，并持续协调危机恢复活动，他们怀疑这将是一个漫长的过程。该网站还募集了物资和资金，以帮助受污染地区的居民。

• 沃尔顿（Walton）博士和工程系的研究生们——危机发生时，沃尔顿博士是南阿拉巴马大学工程系的一名教授，他组织了一个由土木工程专业学生组成的团队，在泄漏事件发生一周后赶赴西弗吉尼亚州。该团队收集居民家中的水样进行检测，并与政府官员和居民分享他们的结果。同时他们还给居民们提供建议，告诉他们如何能够彻底地清洗水管。在危机恢复期间，沃尔顿教授始终活跃在这一地区。

• 西弗吉尼亚州水污染危机博客——俄亥俄州大学的一名博士生克里斯特尔·拜伦（Kristal Dyron）创建的博客，邀请当地居民分享他们在危机中的经历与情绪反应。作为一名曾经居住在西弗吉尼亚州的居民，拜伦意识到了危机对居民造成的情感伤害，以及在恢复过程中表达这些情感的重要性。随后她前往受污染的地区，用影像记录居民们讲述的故事。在危机的恢复阶段，拜伦还发布重要活动和居民们可获得的机会的通知。

• 西弗吉尼亚州妈妈安全用水——该组织通过Facebook运营，旨在联系那些寻求保护孩子免受水污染侵害的母亲。该网站为家庭提供了发声的机会，要求所有参与为西弗吉尼亚州儿童提供安全饮水的机构保证透明、负责并采取纠正措施。

• 西弗吉尼亚州每日轻松行——该组织在Facebook上每天发布一项居民们可以做的事情（不超过5分钟），以防止此类危机再次发生。建议的行动包括与他人分享帖子、签署请愿书、联系国会代表等。

• 倡导安全用水——该组织与西弗吉尼亚州每日轻松行密切相关，然而它的关注点转

139　移到了强调通过将目前运营水处理设施的外州机构替换为当地所有的水务局这一做法，赋

予公民控制公共用水的权利。西弗吉尼亚州美国水务公司是美国供水公司的子公司，其总部设在新泽西州。

西弗吉尼亚州案例明确地强调了社交媒体在增强社区应对危机和从危机中恢复方面日益增长的潜力。因当地政府和自来水公司提供的信息十分匮乏而感到沮丧的居民，可以通过上述志愿者的声音来填补信息空白。新兴媒体也为受污染地区外的民众提供了一个机会。格彻尔（2016）在研究中指出，通过上述网络组织，远在受污染区域之外的个人可以通过捐款和提供专业知识来参与危机恢复工作。她解释说，社交媒体为危机响应创造了机会。

小　结

自由工业公司对西弗吉尼亚州水污染事件响应迟缓，加剧了危机的不确定性和危险。西弗吉尼亚州美国水务公司则根据他们所掌握的信息，及时做出了响应。要彻底清除都市整体饮用水网中的大范围污染物是件极为复杂的工作，其间存在大量的信息传播需求，令人遗憾的是，很多居民认为西弗吉尼亚州美国水务公司并没有满足这些需求，反倒是这两家公司之外的志愿者给社区提供了信息援助。此外，这个案例生动地强调了新兴媒体在帮助社区从危机中恢复的潜在作用。

思考与判断

研究过这个案例后，请思考自由工业公司和西弗吉尼亚州美国水务公司在处理水污染危机时是否展现了有效的领导力素质。首先，请你花时间在脑海中复习一下第7章中提到的有效的危机传播领导力策略，这些策略会帮助你评估自由工业公司和西弗吉尼亚州美国水务公司在危机传播中的优点与缺点。当你考虑下列问题时，请同时思考危机期间由志愿者发起的新兴组织是否有效地帮助西弗吉尼亚州居民克服了危机。

培养有效的领导力的要点

要点一：有效的领导力对危机响应至关重要。
• 哪些方面能表现出自由工业公司和西弗吉尼亚州美国水务公司的领导力对克服危机至关重要？

• 哪些方面能表现出新兴组织的领导力对克服危机至关重要？

140　要点二：危机期间，领导者必须直面公众。

• 危机期间，自由工业公司和西弗吉尼亚州美国水务公司有没有出面进行应对？

• 危机期间，新兴组织有没有出面进行应对？

要点三：领导者应该努力在平时为公司建立良好的声誉，以积累商誉。

• 是否有证据表明自由工业公司和西弗吉尼亚州美国水务公司与社区建立了良好的联系？

• 这些新兴组织能在多大程度上与社区建立良好的关系？

要点四：危机发生后，领导者应该开诚布公。

• 你认为自由工业公司和西弗吉尼亚州美国水务公司是否坦率与真诚？为什么？

• 你认为新兴组织是否坦率与真诚？为什么？

要点五：成功处置危机的领导者，最有可能创造出重建的机会。

• 危机发生后，自由工业公司和西弗吉尼亚州美国水务公司如何创造了从危机中恢复的机会？在西弗吉尼亚州水污染危机中这些机会是如何被创造或错过的？

• 新兴组织是否创造了从危机中恢复的机会？

要点六：领导者应在危机期间与利益相关者合作，努力建立共识。

• 利益相关者是否就如何彻底清除污染物达成了共识？为什么？

要点七：否认、掩盖或不回应等糟糕的领导行为，都会导致危机雪上加霜。

• 自由工业公司和西弗吉尼亚州美国水务公司的领导力是好还是坏？为什么？

• 新兴组织的领导力是好还是坏？为什么？

要点八：危机发生期间，领导者必须随机应变，调整领导风格。

• 自由工业公司和西弗吉尼亚州美国水务公司在危机期间的领导风格是怎样的？这些风格是否合适？他们是否做了调整？

要点九：领导者对危机做出合乎道德的响应，或许是赢得支持、走向重建最有效的办法。

141　• 自由工业公司和西弗吉尼亚州美国水务公司的领导者展现出了哪些领导力特点？

• 新兴组织的领导者展现出了哪些领导力特点？

要点十：在管理危机和吸取教训方面，领导者需要承担具体的沟通义务。

• 你认为自由工业公司和西弗吉尼亚州美国水务公司在多大程度上履行了他们的

义务？他们吸取了什么经验教训？

- 新兴组织在多大程度上辨识并践行了那些在社区中未被履行的责任义务？

❖ 案例8.5 美国联合航空公司：失败的危机领导力

美国联合航空公司（以下简称"美联航"）是营收排名全球第三的航空公司。该公司的网站显示，美联航运营着覆盖面最广的全球航线网络，遍及亚洲、澳洲、欧洲、美洲、非洲等，在美国和全世界雇用了超过88,400名员工。

美联航成立于1926年，总部设于伊利诺伊州芝加哥市。2017年，美联航总裁奥斯卡·穆尼奥斯（Oscar Munoz）被杂志提名为年度传播人物（"United Airlines CEO"，2017）。他努力和包括各工会在内的各个团体建立共识，被《公关周刊》（*PRWeek*）誉为高效的领导者与传播者。

2017年4月9日，美联航编号为UA3411的航班因超额订票而将一名不愿意下机的乘客强行拖走。美联航并非通过补偿并重新安排航班的方式鼓励乘客自愿放弃座位，而是采用抽签的方式。一些乘客被随机抽中，其中包括美籍越南裔的陶大卫（David Dao）教授。陶教授拒绝放弃座位，他表示第二天早上还要见病人。尽管陈述了需要留在飞机上的理由，但69岁的陶教授依然被机组人员强行拖下了飞机，座位被让予其他人。在航空业，暴力对待乘客的行为并不罕见。此次事件被同机乘客拍下视频并迅速在社交媒体上传播开来。

穆尼奥斯最初在Twitter上公开道歉，但内容非常简短。

> "美联航的每一位员工都对这件事感到难过。我向那些不得不重新安排乘机的乘客致歉。我们的团队会积极同有关部门合作，对发生的事进行详细调查。与此同时，我们正在联系这名乘客，同他直接对话，以期进一步处理并解决这一问题。"
>
> （Munoz, 2017）

随后，他进行了详细的解释。穆尼奥斯说："当机组人员走近这位乘客时，他提高了嗓门，拒绝听从机组人员的指挥，对于每个请求，他都极度不配合，使得工作人员不得不呼叫了安保人员。"穆尼奥斯解释说，这位乘客在被带离飞机后仍继续抵抗，并转

142

身跑回飞机。其他乘客拍下了他满脸是血的视频，并上传到各大社交媒体上。穆尼奥斯进一步解释道，"我们的员工按照既定程序处理这一情况。我对事态升级深表遗憾，但依然坚定支持你们（指美联航员工）。我要称赞你们为了确保遵守规程而继续出色地工作"（Munoz, 2017）。

这一最初回应招致很多批评与指责，尤其是在现场视频曝光后。视频显示陶教授被拖下飞机，血流满面，其他乘客则要求工作人员停下来。而穆尼奥斯似乎是在指责乘客，认为工作人员不得不呼叫了安保人员（Munoz, 2017）。

一天之内，美联航危机处置的不力就很明显了。消费者的抵制和来自立法者的呼吁，迫使公司及其首席执行官采取守势。美国参议院商务委员会的四名资深参议员向穆尼奥斯致函称："航空公司的付费乘客最不愿经历的就是登机后与执法人员发生身体上的争执，尤其是本可以避免的争执。"消费者们上传了他们剪碎联航信用卡的视频。穆尼奥斯承认"任何人都不应该受此虐待"（Munoz, 2017）。

投资方与股东们立即发布通知并抛售了美联航的股份。四天内，美联航的股票跌了3.4%，市值蒸发了近10亿美元。美联航事件在社交媒体上衍生出了许多段子，比如，一位美联航乘务员问道"请问您需要咖啡、茶还是痛打？"或"美联航：如果我们需要这个座位，你将会得到一顿拳头"等。许多段子都引用了美联航的格言：飞向友好的天空。

该公司最初面临的是陶教授备受瞩目的诉讼以及铺天盖地的负面舆情。诉讼让负面新闻在公众的脑海中挥之不去，分散了高层管理人员经营公司的注意力。美联航很快便了结了此案，但并未披露和解金额。危机后解决诉讼是让事件尽快淡出新闻的常规策略。

4月27日，美联航宣布了10项意义深远的改革，被称作"改善客户体验的努力"（United Airlines, 2017）。这些改革包括：

1. 将执法的使用权仅限于安全和安保事项。

2. 除非有安全风险，否则不得要求坐在飞机上的乘客在非自愿的情况下放弃座位。

3. 将对自愿放弃登机的乘客的补偿奖励提高至10,000美元。

4. 建立客户服务方案团队，为代理商提供创新解决方案，例如使用附近的机场、其他航空公司或地面交通工具将客户送到他们的最终目的地。

5. 确保机组人员在起飞前至少60分钟内预定登机。

6. 为员工提供额外的年度培训。

7.设立自助系统来寻求志愿者改变旅行计划。

8.减少超额预订量。

9.授权员工解决当前客户服务问题。

10.对丢失行李采取"不质询"的政策,减少对永久丢失包裹处置的烦琐程序。

其中一些变革是陶教授事件的直接结果,许多其他航空公司也效仿了类似的改革。首席执行官穆尼奥斯在一封电子邮件中对这些变化做了部分说明:

尊敬的乘客:

您乘坐的每一次航班都代表着我们对您——我们的顾客——做出的重要承诺。我们不仅会确保您安全、准时地到达目的地,而且还会为您提供最高水平的服务与最崇高的敬意。

本月初,当一名乘客被强行赶下我们的飞机时,我们破坏了这种信任。我们不仅对此事感到非常抱歉,同时也知道,行胜于言。

图8-5　美联航危机事件后的抗议者
来源: JOSHUA LOTT / AFP / Getty Images。

在过去的几周里,我们迫切地解答了两个问题:为什么会发生这种情况? 我们如何才能尽力确保这种情况不再发生?

之所以会发生这件事,是因为我们将公司的政策置于我们共同的价值观之上。我们的程序妨碍了员工做他们认为正确的事情。

144

要解决这个问题，首先要改变我们飞行、服务和尊重乘客的方式。这是我们美联航的一个转折点。同时，作为首席执行官，我应该确保从此次事件中吸取教训，并加倍努力，一切以客户为中心。(Munoz, 2017)

小　结

无论穆尼奥斯是被误解还是危机意识薄弱，他对事件的最初回应都加剧了公众对美联航的愤怒。考虑到这场危机已经吸引大批网民关注，最初沟通的失败使这场危机变得更加严重，穆尼奥斯又进行了一次回应，说明了问题的实质。然而，他的诚意已经大打折扣。

思考与判断

研究过这个案例后，请思考美联航案例中的领导是如何工作的。首先，请你花时间在脑海中复习一下第7章中提到的危机情境中有效的领导力的策略，这些策略会帮助你评估危机回应的优点与缺点。

培养有效的领导力的要点

要点一：有效的领导力对危机响应至关重要。

• 这个案例中的领导力是如何发挥作用的？

要点二：危机期间，领导者必须直面公众。

• 请描述危机早期首席执行官是如何回应的。

• 随着危机的发展，首席执行官是否改变了口径？

要点三：领导者应该努力在平时为公司建立良好的声誉，以积累商誉。

• 航空业是否有积极的声誉？他们是否以良好的客户服务而闻名？这是如何影响美联航的？

要点四：危机发生后，领导者应该开诚布公。

• 你认为美联航首席执行官是否坦率与真诚？

要点五：成功处置危机的领导者，最有可能创造出重建的机会。

• 美联航在危机期间是否错失了从危机中恢复的机会？如果是的话，是哪些机会？

要点六: 领导者应在危机期间与利益相关者合作, 努力建立共识。

• 美联航是如何与利益相关者沟通的?

要点七: 否认、掩盖或不回应等糟糕的领导行为, 都会导致危机雪上加霜。

• 请具体描述领导力或首席执行官不称职的方面。

要点八: 危机发生期间, 领导者必须随机应变, 调整领导风格。

• 请描述首席执行官发布的信息发生了哪些变化。

要点九: 领导者对危机做出合乎道德的响应, 或许是赢得支持、走向重建最有效的办法。

• 在此案例中, 首席执行官展现出了哪些领导力特点?

• 是否有缺乏道德感的响应?

要点十: 在管理危机和吸取教训方面, 领导者需要承担具体的沟通义务。

• 这起案例中涉及哪些传播义务? 首席执行官是否有效地履行了这些义务?

• 这起案例中缺失了哪些传播义务?

❖ 案例 8.6 海洋世界杀人鲸: 悲剧的象征

道恩·布兰科 (Dawn Brancheau) 是奥兰多海洋世界一位经验丰富的驯养员。2010年的一天, 在众多观众的注视下, 布兰科抚摸着鲸鱼蒂丽库姆 (Tilikum) 的鼻子, 转身面向观众。突然间, 蒂丽库姆用嘴咬住了布兰科的马尾辫, 将她拽入水池, 然后猛烈地袭击了她。海洋世界的员工迅速疏散人群并试图营救布兰科, 却徒劳无功。尸检报告显示, 布兰科溺水时头部、颈部和躯干遭受了致命的钝力伤害 (Mooney, 2010)。布兰科的不幸死亡引发了一场危机。在过去五年多的时间里, 这场危机逐渐扩大, 甚至威胁到海洋世界娱乐公司的财务稳定, 该公司在加利福尼亚州圣地亚哥市与得克萨斯州圣安东尼奥市等多地都有类似的海洋公园。

不可避免的问题

布兰科的死令人心碎。作为一名训练师, 她工作能力强, 心地善良, 遭到蒂丽库姆的攻击让人难以理解。不出所料, 悲剧发生后的几天, 媒体报道与公众抗议铺天盖地, 奥兰多海洋世界无法回避广泛的公众关切。国际海洋动物训练师协会前任主席蒂姆·戴斯蒙德（Tim Desmond）总结了事发后公众关注的几个焦点："这些表演有没有必要？是虐待动物引发了这次袭击吗？驯养员应该这样与虎鲸一起工作吗？"（Desmond，2010，p.1）这起事故同样引发了动物权益保护者的愤慨，他们公开发布声明："这次袭击事件证明，这只动物在囚禁中遭受了酷刑！还蒂丽库姆自由！关闭动物园！动物们的存在只是为了钱！"（Desmond，2010，p.2）

图 8-6　Shamu 与驯养员 Dawn Brancheau
来源：Ed Schipul, https://www.flickr.com/photos/eschipul/265745811/, Licensed under CC-BY-2.0, https://creativecommons.org/licenses/by/2.0。

146　　简单地将布兰科的死亡定性为一次非常离奇的事故，以此作为回应是远远不够的。在杀死布兰科前，蒂丽库姆还与另外两个人的死亡有关。虽没有确凿证据表明蒂丽库姆杀死了这两个人，但它却出现在了他们的死亡现场。蒂丽库姆最初在冰岛海岸被捕获，它的第一个家是加拿大不列颠哥伦比亚省的太平洋海洋乐园。1991年，太平洋海洋乐园的一位兼职驯养员不慎滑倒落入水池后溺亡，当时水池中有三头虎鲸，其中一头便是蒂丽库姆（Hoyt，1992）。随后蒂丽库姆就被转卖给了奥兰多海洋世界。1999年，一名男子溜进了奥兰多海洋世界数小时，随后，人们在蒂丽库姆背上发现了他的尸体（Hauser，2017）。

黑鲸: 谴责类纪录片

2013年, 一部名为《黑鲸》(*Blackfish*)的电影纪录片在圣丹斯(Sundance)电影节上映, 后来被木兰影业和CNN 电影公司广泛传播。这部长达1小时23分钟的纪录片聚焦布兰科的死亡、蒂丽库姆在野外被捕以及它的离奇往事, 推测它被囚禁时承受了极大的压力。影片获得了超过两百万美元的票房(Blackfish, n.d.)。这部震撼人心的纪录片显示出海洋世界娱乐公司不负责任地从捕鲸中获取暴利, 在囚禁期间虐待鲸鱼, 并且毫不关心驯养员的人身安全。影片对于已经备受责难的奥兰多海洋世界来说可谓雪上加霜。

海洋世界的危机响应

为了回应这部纪录片, 海洋世界娱乐公司发起了"海洋世界关怀运动"。公司在该活动网站上刊登信息, 专门驳斥《黑鲸》电影的说法, 要点如下: *147*

1.《黑鲸》对虎鲸的取材和叙事存在伪造和情感操控。

2.这部电影采访的是海洋世界的前员工, 他们中的大多数人几乎没有与虎鲸相处的经验, 而其他人已近20年未在海洋世界工作了。

3.这部电影中的科学家都是动物权益保护者伪装而成的。

4.这部电影完全虚构了关于布兰科死亡的故事, 以宣扬其反囚禁的叙事基调。

5.为了宣扬反囚禁主题与关于布兰科死亡的虚假论断, 该电影妄断蒂丽库姆早已精神失常并有攻击性。

6.这部电影妄断海洋世界向驯养员隐瞒了蒂丽库姆的重要信息, 且漠视驯养员的安危。("Why 'Blackfish'", n.d.)

海洋世界娱乐公司花费了数百万美元对外宣传"海洋世界关怀运动", 海洋世界的最终结论是:《黑鲸》是一种宣传, 并非一部纪录片。除了驳斥《黑鲸》, "海洋世界关怀运动" 还强调了海洋世界长期以来为促进对话与研究所做的努力。海洋世界娱乐公司的领导层还承诺将投资数百万美元用于设施建设, 扩大水池规模, 消除人们对虎鲸圈养栖息地的担忧。

尽管该公司发起了"海洋世界关怀运动", 但由于布兰科的死亡与《黑鲸》的上映, 海洋世界娱乐公司的上座率与收益仍逐渐下滑("Sea World", 2017)。最终, 海洋世界停止繁殖圈养虎鲸，并逐步淘汰了该公司从前的招牌节目——虎鲸表演。海洋世界有史以来的最后一头虎鲸出生于2017年4月（"It's an Orca"，2017）。蒂丽库姆因长期遭受细菌感染，最终于2017年1月在奥兰多海洋世界去世（Hauser，2017）。

小 结

海洋世界娱乐公司的危机始于一场人类悲剧，进而扩展为一场关于善待圈养动物的全面讨论。海洋世界娱乐公司的领导层们由衷地认为公司在《黑鲸》纪录片中受到了不公正的对待。为减少纪录片对公司的损害，海洋世界娱乐公司做出了一系列努力，不过所取得的成效却是喜忧参半，公司的未来仍前路漫漫。海洋世界娱乐公司进行的大刀阔斧的改革虽减少了批评声音，但是问题仍然存在，其上座率还会回到从前的水平吗？

思考与判断

148　　研究过这个案例后，请思考海洋世界娱乐公司在处理危机时是否展现了有效的领导力。首先，请你花时间在脑海中复习一下第7章中提到的危机中有效的领导力的策略，这些策略会帮助你评估海洋世界领导力回应的优点与缺点。

培养有效的领导力的要点

要点一：有效的领导力对危机响应至关重要。

•哪些方面能表现出海洋世界娱乐公司的领导力对克服危机至关重要？

要点二：危机期间，领导者必须直面公众。

•海洋世界娱乐公司的领导在危机期间是否出面进行了应对？

要点三：领导者应该努力在平时为公司建立良好的声誉，以积累商誉。

•是否有证据表明海洋世界娱乐公司与社区建立了良好的关系？

要点四：危机发生后，领导者应该开诚布公。

•你认为海洋世界娱乐公司是否坦率与真诚？为什么？

要点五：成功处置危机的领导者，最有可能创造出重建的机会。

•从危机中恢复的机会是如何被海洋世界娱乐公司创造或错过的？

要点六：领导者应在危机期间与利益相关者合作，努力建立共识。

- 是否有证据表明海洋世界娱乐公司在制定其危机响应措施时回应了利益相关者的关切?

要点七: 否认、掩盖或不回应等糟糕的领导行为, 都会导致危机雪上加霜。

- 海洋世界娱乐公司的领导力是好还是坏? 为什么?

要点八: 危机发生期间, 领导者必须随机应变, 调整领导风格。

- 海洋世界娱乐公司在危机期间有没有调整其领导力?

要点九: 领导者对危机做出合乎道德的响应, 或许是赢得支持、走向重建最有效的办法。

- 海洋世界娱乐公司展现出了领导力的哪些特点?

要点十: 在管理危机和吸取教训方面, 领导者需要承担具体的沟通义务。

- 你认为海洋世界娱乐公司的领导们在多大程度上履行了他们的义务? 他们吸取了什么经验教训?

第三部分

机　遇

9

从失败中学习

❖　❖　❖

2003年2月1日，美国国家航空航天局（NASA）肯尼迪航天中心挤满了游客、太空 *151*
爱好者和宇航员亲属，他们在焦虑中观看"哥伦比亚"号航天飞机从太空返回地球。然
而飞机突然从雷达中消失了，当广播宣布飞机出现重大故障时，在场所有人的情绪都从
困惑转为了恐慌。这起事故是一场全面危机。"哥伦比亚"号穿过大气层后解体坠毁，
机体碎片散落于美国得克萨斯州的纳卡多奇斯一带。

这一灾难是怎么发生的？

1986年1月28日，"挑战者"号航天飞机在升空后不久发生爆炸，机组人员全部
罹难。"挑战者"号爆炸事件之后，所有的航天发射计划全部被取消，里根政府要求
全面检查NASA项目。为了解决调查中发现的问题，领导层、航天器结构、沟通程序等
方面都发生了剧变。但是对"哥伦比亚"号进行的一项调查显示，当年导致"挑战者"
号灾难的诸多组织文化问题，又再次出现在"哥伦比亚"号的危机中。为什么在付出
如此沉重的代价之后，一个组织仍然没有从危机中学习，而又在十几年后让类似的悲
剧重演呢？

菲利普·汤普金斯（Phillip Tompkins，2005）在他的著作《阿波罗号、挑战者号、
哥伦比亚号：太空计划的衰落》（*Apoll, Challenger, Columbia: The Decline of the Space*

Program）中总结了他对NASA进行的大量研究。汤普金斯描述了一种谨慎的、反应迅速的组织文化，但随着"航天飞机项目"取代"阿波罗任务"，这种文化也逐渐衰落。取而代之的组织文化对安全性缺乏敏感，更关注官僚程序和财务事项：

> 我们看到，一种文化可以分为两种对抗性文化，两大敌对部落被一道文化藩篱隔开：在这里是指管理/官僚亚文化和弱化的工程/协同亚文化。我们看到了地位的逆转，工程师变成了二等成员，被迫通过正式渠道沟通，被管理者胁迫。正式的沟通系统再也无法挽救非正式的系统。（p.203）

"哥伦比亚"号灾难最可悲的地方在于这种危险的文化早在调查"挑战者"号悲剧时就已被发现。

在本章，我们会阐明组织必须从危机中学习的几个机遇。我们的研究首先要考察为什么有些组织没能从危机中吸取要点。接下来我们会探讨组织从失败中学习的过程、替代学习的可能性、组织记忆的必然性以及组织摒弃低效习惯的必要性。

❖ 未能从失败中学习

仅仅经历一次负面事件还算不上学习。你一定听说过那些收到过数张罚单以及因醉驾被吊销驾照的司机的故事。事件本身并不足以改变一个人的行为，只有当一个人选择从事件中学习时，其行为才会发生改变。这种学习需要人改变自身的信念和态度，唯有如此，其行为才会相应地发生改变。

从组织角度来看，学习可能是一个复杂的过程。获取知识和改变行为，意味着一个高度复杂的系统发生了变化。巴泽曼和沃特金斯（Bazerman and Watkins, 2004）认为，如果组织不从失败中吸取要点，则很容易受到可预测的意外伤害。巴泽曼和沃特金斯将可预测的意外和不可预测的意外进行了区分。可预测的意外是指组织领导忽视或未能认清潜在毁灭性问题爆发的征兆，不可预测的意外则没有明显的预警信号。

巴泽曼和沃特金斯（2004）指出了组织没有从失败中学习的四种情况：

1.**扫描失败**（Scanning failures）：未能密切关注组织内部和外部潜在的问题，这种失败可能源于自负、缺乏信源，或仅仅是疏忽；

2.**整合失败**(Integration failures)：未能有效整合潜在复杂信息并从中吸取要点以避免危机；

3.**激励失败**(Incentive failures)：未对那些报告问题和采取行动避免潜在危机的人给予足够的奖励；

4.**学习失败**(Learning failures)：未从危机中吸取要点或留下组织记忆。

但凡经历其中一项或多项的组织领导者，都会危害组织未来的安全。

米特若夫和阿纳戈诺斯(Mitroff and Anagnos, 2001)在《危机!!!防范与对策》(*Managing Crisis Before They Happen: What Every Executive and Manager Needs to Know About Crisis Management*)一书中阐述了一个组织没有从既往的危机中吸取要点的经典案例。1982年，强生公司就泰诺胶囊含氰化钾毒物引发死亡事故进行了回应，同时撤回产品并坦诚与媒体进行了沟通。调查员随后发现该药品在货架上被人动过手脚。调查过程中，美国联邦调查局和食品药品监督管理局反对强生公司召回产品。尽管如此，强生公司仍然召回了3100万瓶泰诺。虽然泰诺的销量短期内停滞，但该产品再度上架后又成了最畅销的药品。当第二起泰诺中毒事件发生时，强生公司的处置同样有效，其面对危机时迅速且直截了当的回应为其他组织树立了榜样。米特若夫和阿纳戈诺斯解释道，强生公司之所以成功，是因为它虽并不需要为危机负责，但却毫不犹豫地进行了回应，希望不再有消费者受伤或致死。

153

米特若夫和阿纳戈诺斯(2001)坚称，近些年来，强生的危机管理已远不如从前有效。过去十年里，强生公司曾遭遇几起危机，而这些明明都是可预测的意外：该公司的产品被指存在儿童用药过量的问题，泰诺被指导致肝脏损伤。米特若夫和阿纳戈诺斯发现，在这些案例中，强生的回应变得缓慢而低效。他们指出，"讽刺的是，强生公司曾将其两大危机处置得那么好，但却并没有吸取适当的要点"(p.19)。

运用巴泽曼和沃特金斯(2004)所述的"失败清单"，我们可将强生归纳为学习失败。第一，由于泰诺中毒事件是由犯罪分子投毒所致，因此这属于不可预测的意外，但中毒事件并没有激励公司进行环境监测以发现潜在产品事故(product failure)；第二，这起犯罪事件对其他类型事故不具备借鉴意义，因此公司也并未进行信息整合；第三，泰诺中毒事件中，公司对于犯罪投毒的迅速回应受到了褒奖，然而却并没有鼓励员工去密切监测和上报潜在产品问题；第四，强生公司经历了"学习失败"，因为其并没有从之前的危机中吸取要点。

米特若夫和阿纳戈诺斯（2001）将强生公司危机管理的衰退归结为"成功的失败"（p.20）。强生曾成功处置泰诺中毒危机，然而在面临其他类型危机时却没能进行有效的处置。

❖ 从失败中学习

无论是一项体育运动、校园活动，还是一个项目，我们大都有过从错误中学习的经历。失败是成功之母，失败会帮助我们更好地理解如何成长进步，我们需要不断从失败或失误中学习。我们或许意识不到风险，直到危机来临或已经发生。例如，4个少年到明尼苏达州密西西比河附近一处无人监管的洞穴探险，他们原本期待像其他人一样进行一次大冒险，然而这场远足终以悲剧结束：因洞内空气质量差，3人窒息而死，只有1人在意识模糊的情况下艰难地爬出了洞穴。这起事件引起了社区对洞穴安全管理的重视。当地那些曾无视这个洞穴的家长们，监督当局封锁山洞并加强巡逻，社区也吸取了惨痛的教训。媒体在当地乃至全国进行了广泛报道，向当局、家长和青少年传播事件的要点以示警醒。

154

组织学习的作用与此相同。斯特金（Sitkin, 1996）详细阐述了各类组织从失败中学习的方式并总结道，失败是学习过程的核心部分。他坚持认为，失败，尤其是小的失败，不应被忽视或掩藏。米特斯塔德（Mittelstaedt, 2005）赞同此观点。在大量的组织危机研究中，米特斯塔德得出了看似矛盾的观察性结论，即失败是成功的必要条件。一家公司的运营看似没有受到任何干扰，这可能仅仅是从不切实际和无知的角度看待问题。米特斯塔德认为，"学会运用分析方法及时发现错误是成功或失败的关键"（p.287）。

斯特金（1996）进一步阐释说，员工和管理者往往不愿意承认微小的失败，因为害怕被领导责难。这种不愿面对和承认失败的做法往往会导致识别和处置潜在危机的失败。对失败的容忍和忽视越久，就越容易发生重大危机。斯特金进一步解释，在成功的组织中，失败会引发人们对风险的认识和改变现状的动机。他将这种认识描述为"学习准备"，假如没有失败，大多数组织也不会有这种认知。然而斯特金也提醒，并不是所有失败都会有效孕育出良好的危机管理方法。他认为组织最好从**智慧型失败**中学习，它有以下五大特点：（1）产生于计划缜密的行动；（2）有不确定的结果；（3）规模适度；

（4）快速的执行和反馈；（5）在能够开展有效学习的相关领域发生。

综上所述，组织应通过接受失败并采取行动来学习认识风险。当失败还没转变成危机、影响可控，且员工愿意积极快速处置时，就是组织进行学习的最佳时机。由此我们总结出从失败中学习的"机遇1"。

> 机遇1：组织应该视失败为机遇，以识别潜在危机，或避免未来发生类似危机。

❖ 替代学习

组织不一定非要自己经历失败才能学习，成功的组织可以通过**替代学习**（vicarious learning）来认识风险。组织领导者可以通过观察其他相似组织的失败或危机经历，从而采取行动以避免类似错误发生。我们将举几个事例强调替代学习的价值。当一名犯罪分子发信宣称他使位于新西兰的牲畜感染了口蹄疫（FMD）时，新西兰农业部面临着世界上最大的威胁之一。生物恐怖主义（或生化恐怖主义）对全球食品供应的威胁一直以来都是全世界领导人担忧的事情，令新西兰政府最恐惧的事情还是发生了：如果口蹄疫暴发，本国的养牛业将遭受巨大损失。新西兰迅速向公众回应，并稳定全球消费者的信心。最终，这封信件被证实是个恶作剧。新西兰经历的这次事件，促使美国等其他国家的生化恐怖领域专家加强了对虚假恐怖行动的管理，许多国家通过新西兰成功的处置学到了经验。

155

当大学生们因耐克位于越南的制鞋厂虐待劳工而组织抵制耐克产品的运动时，耐克最开始并没有进行回应。直到抵制运动迅速蔓延至其他学校，耐克的销量开始下滑时，公司才进行了回应。耐克的首席运营官承认他应该尽早回应，并宣布公司将在其亚洲工厂颁布新的劳工安全与安全检查标准，同时还提高了最低工资标准，为劳工提供教育机会。为了避免类似的抵制运动发生，阿迪达斯、锐步等公司也开始实施类似的新标准。

新西兰和耐克的案例证明，组织无须亲身经历危机或失败，通过检视其他组织的经历也可进行有效的学习，正如"机遇2"所示。

> 机遇2：组织可以通过学习其他组织的失败及危机应对经验来避免危机。

❖ 组织记忆

在这个瞬息万变的世界里，组织如果不吸取自身和他人的教训，就会停滞不前，无法应对潜在威胁。然而，众所周知，知识光学不记是没有用的。在组织内，这种知识的记忆特指**组织记忆**（organizational memory）。从危机传播角度来看，组织记忆所涵盖的知识积累既包括对自身成功和失败的观察，也包括对其他组织的替代性观察。如果一个组织的成员对以往的失败一无所知，那么危机就更容易发生。

这里有一个失败的组织记忆的惨痛案例。事件发生于印度博帕尔的联合碳化物工厂。1984年12月的一个凌晨，工厂发生了严重的毒气泄漏，波及城市中90万还在熟睡的居民。短短数小时内，就有2000余人毙命，几千人受伤。

这一危机是如何发生的？这家联合碳化物工厂一向声誉良好，设有许多安全规程以监测和防止泄漏事故，而组织记忆的缺失或许能解释部分原因。当时工厂即将关闭，许多经验丰富的员工已经被转移至其他地区，仅一小部分经验不足的员工留在原厂，而对留守员工的培训项目也减至最少。危机最终被归结为员工减少和监管不力。这起悲剧也被归因于有经验员工的锐减以及相应组织记忆的流失。

博帕尔事件代表了20世纪关于组织记忆的一次惨痛失败，它同时也鞭策人们要保存组织记忆。大体来讲，组织记忆由以下三个阶段构成：

1.**获取知识**（Acquiring knowledge）是组织记忆的基础。如前所述，知识需要通过认识组织内的失败以及观察其他相似组织的失败经历而获得。

2.**传播知识**（Distributing knowledge）是组织记忆的关键。那些有着丰富经验的员工会不可避免地离开组织。除非给他们机会，让他们与其他员工分享知识，否则这些知识将随着员工一起流失。一旦知识流失，组织将注定重蹈覆辙。

3.**应用知识**（Acting on knowledge）是组织记忆的核心。如果新员工不愿意从前辈那里学习知识，则意味着组织所积累的知识流失。因此，如果新员工只想按照自己的方式工作，那他们将注定重复组织以往的失败。

正如组织记忆三步法所示，员工有很多"机会"忽视组织辛苦积累的知识。诺瓦克和塞尔诺（Novak and Sellnow, 2009）提出了使员工顺应积极变化从而减少风险的几点建议。其中，获取信息是基础。他们解释道，"越是让员工定期参与有关运营的讨论，信息的流动就越畅通，关于风险的交流也就越常见"（p.367）。这些交流强调组织内的要点,也包括替代性经验。诺瓦克和塞尔诺进一步解释,随着员工"日复一日地谈论、聆听、训练,组织的集体记忆在增长"(p.367)。通过这种方式,员工能够继承新知识,并根据新知识采取行动。

由于组织记忆有赖于人与人交换信息,因此这个过程总是有瑕疵的。员工间的竞争、组织对员工的虐待,或仅仅是新员工或组织领导不愿意吸取前车之鉴都会破坏组织记忆。米特斯塔德(2005)直言不讳,"我们不仅需要持续学习,而且除非我们发明出能够兼容的大脑转储设备,否则每一代新人都必须在更高的水平上开始从头学起"(pp.120–121)。这种高水平包括学习和保留前人经验,且接纳学习过程。

> 机遇3: 组织培训和计划必须强调保留前人经验,以确保组织记忆优先。

157

组织记忆对防范危机的巨大影响让我们归纳出"机遇3"。

❖ 舍弃成规

我们已经阐述组织学习和组织记忆的重要性。但是,有时随着环境变化,有效的组织学习需要舍弃不合时宜的方法和政策。

一场发生于北达科他州与明尼苏达州边界的破坏性洪水就足以说明组织学会舍弃成规的必要性。在1997年重大洪灾发生前的几十年里,当地社区的主要防洪措施是修建庞大的防洪堤坝。洪水时常发生于开阔的山谷,堤坝给予居民信心,他们认为,每年春天,大水总会被拦在城市和居所以外。随着时间推移,大坝还变成了大家远足和冬季滑雪的地方。但1997年之后,这一防洪理念不得不被摒弃了。1997年的洪灾显示,部分居所距离河流过近,且地势相较大坝过于低洼。当地一些居住了40多年的屋主被迫接受政府收购,搬迁到安全地带。这次洪灾之猛烈终于让人们意识到,仅靠修筑大坝并非上策。随即,社区领导舍弃了之前为低洼地区修建大坝的策略。此后,他们重新制定了政策,让居民们搬到未来不受洪水侵袭的安全地带。

红河谷洪水发生后,组织调整了相应的策略,而做出改变对组织来说并不容易。员工、管理者以及其他利益相关者已经习惯了以往的处事方式,但这种习惯会让组织忽视近在眼前的危机。正如哈伯(Huber, 1996)所说,舍弃成规并非简单地丢弃知识。舍弃成规发生于组织意识到现有流程束缚了其处理相应危机的能力的基础上。从这一角度看，舍弃成规可能会产生以下三种结果：

1.**扩大选择**（Expanding options）：如果组织在危机前或危机中不愿放弃例行程序，则会失去处置特殊状况的能力。舍弃成规能使组织的选择扩大。

2.**收缩选择**（Contracting options）：在某些情况下，组织可能会选择以往产生过良好效果的策略来应对危机，但是以往的成功经验并不一定适用于现状，甚至会让情况更糟。这时，组织必须舍弃一些策略而转向其他策略。

3.**嫁接**（Grafting）：我们之前强调过组织将现有知识传递给新员工的必要性。但如果新员工关系过于紧张，以至于他们无法反过来为组织提供新鲜知识，那对组织来说无异于一种伤害。

虽然组织记忆是核心，但在某种程度上，舍弃成规并吸收一些新员工带来的想法，能帮助组织更好地预测和响应危机。我们赞扬组织在危机传播中舍弃成规，表

158

> 机遇4：组织如果想更好地学习危机管理策略，就必须舍弃过时和无效的成规。

面看上去好像有点自相矛盾，但我们坚信舍弃成规是组织学习过程中的必要部分，详见"机遇4"。

❖ 小　结

传统观念认为，失败是负面事件，我们必须不惜一切代价避免，而本章则给出了相反的论述。从组织学习的角度，失败本身以及对失败的反应是危机防御和危机管理的核心步骤。有效的组织学习需要组织从自身的失败中吸取教训，也需要学习其他组织的经验要点，通过这一切获取的知识，构成了组织记忆。如果组织能保留好这份记忆，那么就能更好地管理或避免危机。纵然组织记忆是危机防范和管理的核心部分，但有时组织还是需要舍弃成规。如果固有的流程不再奏效，组织就必须摒弃这些成规，去探索新的策略。探寻新策略的一个方式是起用新员工，吸收他们的新鲜想法。如果组织愿意进行有效的组织学习，则会从以下四个机遇中获得经验：

机遇1：组织应该视失败为机遇，以识别潜在危机，或避免未来发生类似危机。

机遇2：组织可以通过学习其他组织的失败以及危机应对经验来避免危机。

机遇3：组织培训和计划必须强调保留前人经验，以确保组织记忆优先。

机遇4：组织如果想更好地学习危机管理策略，就必须舍弃过时和无效的成规。

10

风险沟通

◆　　◆　　◆

在美国，经过基因改良的玉米、大豆和棉花被大规模地种植并消耗。这些使用现代技术的农作物与传统农作物采用的种植方式相似，但这一技术是将甄选过的基因转移到农作物上，因此，美国现在种植的一些农作物比过去使用更少的水、杀虫剂和除草剂。尽管有这些优势，英国、法国等许多欧洲国家仍拒绝这种技术，他们把经过生物技术培育的种子所生产的食物贴上"转基因食品"（Franken foods）的标签，并限制进口许多含有转基因成分的产品。东南亚国家的政策制定者与他们的欧洲同行一样对转基因持有保留态度。尽管中国、越南和印度尼西亚等多国科学家事实上已认可生物技术，但是这些国家的政府仍拒绝将生物技术用于农作物生产，同时，许多公民也担心本国会引入转基因产品。虽然这些农作物在许多国家已经被食用了十多年并且没有造成任何健康问题，然而关于这些食物导致癌症、自闭症或环境破坏的传言仍然盛行。关于转基因食品的争论，很大程度上是风险沟通的问题。

那些相信转基因技术安全的人认为，面临全球人口不断增加而可耕地面积不断减少这一迫在眉睫的风险，生物技术是一种有效的应对手段。例如，人口研究所（n.d.）估计世界人口将"从68亿增加到83亿"，这将导致对肉和乳制品的需求不断上升（p.2）。因此，该研究所预测"到2030年，世界将需要多生产大约50%的粮食和能源，以及30%[sic]的淡水，还要考虑到缓解和适应气候变化的因素"（p.2）。国际粮食信息理事

159

会（2003）解释说，为了应对这些需求，"随着可耕地面积不再扩大而人口持续增长，食品生物技术提供了使用更少的土地为更多人生产更多粮食的潜力"（p.15）。

哪一方对于转基因技术和世界食品供应的说法是正确的呢？转基因技术是养活世界的答案还是疾病传播和环境破坏的途径？风险沟通是我们回答这些问题的办法。由于危机尚未发生，因此讨论聚焦于不确定性的认定程度。转基因技术辩论的任何一方都无法断言，使用现代技术的产品必然带来危害或者没有危害。那些支持转基因技术的人认为，已经有足够的研究证明它们是安全的；而反对转基因技术的人则认为，现有的研究成果尚不足以证实其安全性。在本章，我们将描述风险沟通的性质。假如我们已经知道关于转基因技术的所有答案，那么就不需要风险沟通了。

160

❖ 区别风险与危机

在一本权威出版物中，国家研究理事会（NRC，1989）将**风险沟通**（risk communication）定义为"个人、团体和机构之间信息和意见交流的互动过程"（p.2）。**互动**（interactive）是这里的关键词。国家研究理事会主张风险沟通是面临风险的人和有能力控制或降低风险的人之间的互动对话。例如，根据这一定义，在建设一个工厂时，建设组织有责任与当地居民进行互动，帮助他们了解工厂及其在空气和水中的排放物可能带来的任何潜在风险。如果组织只是简单地向当地居民宣布新工厂是**安全**的，那么该组织就没有做到"互动"。更好的做法是，该组织应该同居民分享信息，以明确新工厂带来的风险和经济效益。通过这种互动，居民可以更好地确定他们是选择感知风险（a），还是愿意容忍风险（b），因为潜在利益大于风险。

风险沟通的互动过程与危机传播有很大不同，然而糟糕的风险沟通本身就会导致危机。例如，佛罗里达州迪士尼度假村的居民被警告不要靠近度假村潟湖的水域。但在2016年，一个蹒跚学步的孩子在度假村潟湖戏水时，突然被一只鳄鱼咬住、拖下水并最终淹死。许多人因此质疑迪士尼是否进行了足够的风险沟通。作为回应，迪士尼在其地产的所有潟湖和溪流附近增加了醒目标识，特别是将鳄鱼和蛇列为普遍存在的风险。这些标识不断提醒客人，佛罗里达州的天然水体具有潜在的危险性。这些标识在第2章中被描述为典型案例。

雷诺兹和斯格（2005）明确区分了风险沟通和危机传播。表10.1列出了风险沟通

和危机传播之间的8个明显差异。我们也总结了这些区别:

表10.1 风险与危机的区别

风险	危机
面向未来	特定事件
旨在避免危机的信息	旨在追责和善后的信息
基于目前已知的	基于已知的和未知的
长期	短期
技术专家、科学家	权威人物
个人范围	社群视角
媒介宣传活动	新闻发布会、新闻稿、演讲
受控制的和包装过的	自发的和应急的

• 风险沟通是面向未来的,因为风险关注于可能发生的事件;相比之下,危机本质上聚焦于正在发生或已经发生的特定事件。

• 风险沟通旨在避免危机,而危机传播旨在对令人遗憾的事件后果做出解释。

• 风险信息旨在根据现有知识推测可能发生的情况;危机信息通常集中在已知事件上,并探究事件发生的方式和原因。

• 风险信息着眼于长期规划;危机信息聚焦短期计划,寻求解决眼前的问题。

• 风险信息通常来自科技专家,他们运用专业知识预测潜在问题;而一旦危机发生,大多数传播工作由负责维持或重建秩序的政府官员等权威人士来完成。

161

• 风险信息往往倾向于个人视角,正如国家研究理事会提出的,这些信息应具有互动性,以便个人自行决定他们是否可以承担风险;相比之下,危机信息面向的是受危机影响的整个社区。

• 风险沟通有充足的时间来组织全面的媒体宣传活动,比如号召使用安全带,可以在较长时间内进行设计和实施;危机信息往往通过新闻发布会、新闻稿、演讲和其他任何可以快速发布信息的方式进行传播。

• 风险信息可以被精心制作和包装,而危机信息必须在应对危机时即时生成。

正如你所看到的，风险沟通和危机传播有很大的不同，但它们之间有着千丝万缕的联系。糟糕的风险沟通往往会引发重大危机，相反，良好的风险沟通可以避免或减少危机事件的影响。

本章引言中提供的案例可以清楚地表明风险沟通的价值。关于转基因技术的讨论牢牢植根于未来。虽然目前尚未发生严重的问题，但人们仍然担心从长远来看转基因技术可能会产生不可预知的问题。争论双方都在猜测未来可能出现的问题。一方预测如果没有转基因技术，将会出现食品短缺；另一方则担心转基因技术最终会对食品供应造成危害。相关证据是高度技术性的，但双方都试图说服消费者最终相信他们的解释。随着争论的继续，有关转基因技术进步和欧洲拒绝转基因技术的故事频频见诸媒体。因此，风险沟通提供了"机遇1"。

> **机遇1：** 有效的风险沟通可以避免危机，或防止危机全面爆发。

❖ 风险识别

消除或管理风险的第一步是**风险识别**（risk identification）。这个过程包括识别一个不断变化的风险，了解这一风险，将它与其他风险进行比较并排序，改变行为以彻底消除或尽量降低风险。在本节，我们将描述正念（mindfulness）在风险识别过程中的作用。

❖ 正　念

如果我们希望通过识别风险来避免危机，就必须采用兰格（Langer, 1989）的术语，以正念的方式替代无意识的行为。**正念**要求我们必须不断调整感知能力，以应对周围不断变化的世界（见表10.2）。要做到这一点，我们必须愿意发现问题的新类别并寻求解决方案，而不是将观察到的现象强行归属于已知的现有类别。在2014年埃博拉危机暴发前，大多数医院的医生和护士都没有考虑过在美国本土对患者进行筛查或治疗。当托马斯·埃里克·邓肯（Thomas Eric Duncan）因患该病进入德州卫生长老会医院（Texas Health Presbyterian Hospital）时，这些想法发生了变化。对患有高度传染性疾病的患者进行筛查和治疗的标准程序失灵了，治疗邓肯的两名护士感染了埃博拉病毒。尽管两名护士最终都康复了，但代表护士的全国护士工会（National Nurses United）抱怨医院的反应不够警觉。工会抱怨说，医院的指导方针每天都在改变，但在危机发生前处理致命病毒的方案并没有到位（Shoichet, 2014）。好消息是达拉斯（Dallas）事件促使全美的医院采取更加警觉的方法来准备治疗和应对埃博拉等高危病毒的方案。

表10.2　非正念与正念的对比

非正念	正念
局限于已有类别	创建新类别
自动的惯性行为	对新信息持开放态度
只从一个视角看问题	从多个视角看问题

正念还要求风险观察员留意新的信息。举例来说，想一想机场安全措施是如何改变的。航空公司现在所掌握的每位乘客的信息比"9·11"事件之前的任何时候都要多，他们希望获取更多的信息和建立可疑人员名单，用来识别和拒载高风险乘客。同样，非典（SARS）和禽流感等疾病近乎悲剧性的后果也导致世界卫生组织采取了更加警觉的做法。现如今，具有潜在威胁的症状会被医护人员记录下来，在国际上分享，并以现代医学史上前所未有的高效智能方式进行跟踪。这种对新信息的关注旨在早期阶段就发现潜在的传染病或流行病。

最后，正念要求我们多角度看待问题。如果我们固执己见，那么就无法进行有效的沟通；如果我们看不到别人的担忧和恐惧，也就无法理解他们对新思想的抵制。例如，孟山都公司（Monsanto）研发了一种不易受除草剂影响的转基因小麦品种，种植起来高效且成本低廉。但绝大多数农民都拒绝使用新品种，这使孟山都公司感到震惊。许多农民和消费者真正担心的是转基因植物可能会破坏生态系统，致使整个区域贫瘠。而孟山都公司从未考虑过这一点，因为他们认为这种恐惧毫无根据。这家公司本该预料到产品在消费者中的潜在阻力，但此前他们从没有考虑过农民的视角。*163*

正念的概念对所有类型的组织都有吸引力。毕竟，如果组织能够感知风险，他们最终可以避免危机并节约资金。这对于核电站、航空公司和食品加工厂等的建设和运营尤其重要，因为这些地方持续潜藏着危机。

维克和萨特克利夫（Weick and Sutcliffe, 2001）观察到，那些具有高度潜在危机但仍然保持杰出安全纪录的组织，都具备以下五方面警觉的特征：

1.警惕失败；

2.不简化解释；

3.运营敏感；

4.注重修复；

5.尊重专业知识。

维克和萨特克利夫（2001）将具有这些特征的组织称为**高可靠性组织**（high reliability organizations）。这些组织始终警惕任何一次失误可能带来的危机，因此，他们不对任何可能引发风险的迹象做简单化处理。高可靠性组织对自身各部门的任何运作都十分敏感，这种敏感性使得组织更注重培训和监管。高可靠性组织也注重修复，这使得他们能够从任何失败，即使是很小的失败中吸取教训。我们在第9章中讨论了从失败中学习的重要性。最后，高可靠性组织尊重最专业人士做出的决策。只要条件允许，决策的制定应交由那些最了解情况的人，而不是那些根本不懂组织中各种复杂运作的人。当然，这些决策也考虑到组织中其他人的意见。基于这些原则，高可靠性组织总是以正念的方式管理风险。这一理论反映在"机遇2"中。

> 机遇2：要认识到新的风险，必须以正念看待未来。

❖ 分析多个受众

正如我们在本章前面提到的，国家研究理事会倡导互动的风险沟通形式，对于可能受风险影响的各方团体，这种有意义的对话交流最为适用。尽管这种对话所体现的重要性和道德价值似乎显而易见，但无论过去还是现在，许多"对话"最终都被"独白"所取代。在对话中，至少有两方讨论某一问题并决定将要发生什么；在独白中，一方做出决定，并告诉另一方或其他各方将要做什么。为了更好地解释这种差异，我们将对话中心型与技术中心型方法进行了对比（见表10.3）。

表10.3 对话中心型与技术中心型的对比

对话中心型	技术中心型
民主的，各方都有发言权	以相关领域专家为中心的决策
对问题的认知可公开表达和讨论	对问题的认知由相关领域专家所掌握的事实所决定
假设是主观的，但是通过对话和探讨而达到客观性	假设是客观的，因为是科学的方法，但会受到主观利益的影响

从沟通的角度来看，对话中心型和技术中心型的理念是完全对立的。当风险沟通以对话中心型方法为主时，我们能以民主的方式分析利益相关者的成本和收益：风险环境中的所有利益相关者都能够发表意见。最终，利益相关者会考虑多数人的最大利益而做出决定。例如，许多州倾向于提高公路的限速，这个问题经常由普通民众或选民代表来进行投票，但公众在辩论和讨论中提及更多的议题是交通事故和道路质量，而不是提高限速。

相反，如果进行风险沟通时以技术中心型方法为主，则需要专家根据他们所掌握的专业知识对情况进行研判后提出建议，然后将这些建议转化为管理的法律和法规。例如，工厂的排放标准很少被公开讨论。有关专家对这个问题进行辩论，并制定国家标准，而这一标准通常随着一位美国总统的离任和新一届政府的到来而改变，鲜有公民能够就有关排放标准的细节参加持续的内部讨论。

这两种方法各有利弊。技术中心型方法的优势是**高效性**和**复杂性**。没有人有时间或意愿去研究对我们的福祉构成一定风险的每一个技术问题。我们通常信任在公共安全问题上为政府官员提供建议的专家。大多数人很少考虑包装食品的安全性，我们相信美国农业部和食品药品监督管理局的政府官员已经考虑到了我们的福祉，因此我们假设他们已经制定适当的标准。这不仅是因为我们缺乏观察此类问题所需的时间，也因为大多数人缺乏专业知识。很少有人对微生物学有深入的了解，我们听从该领域技术专家的建议，他们会告诉我们吃什么安全、什么不安全。

然而，当公众对技术专家诚实、无偏见地进行沟通的能力或意愿失去信任时，技术中心型方法就失去了可信度。这一问题最好通过彼得·桑德曼（1993，2000）提出的以下等式来理解：

风险 f {危险性+愤怒}

165　　桑德曼方程对于科学确定的风险水平——**危险**和公众感知的风险水平——**愤怒**进行了区分。简单地说，如果公众认为某件事具有高风险，懂科学的专业人士很难说服公众相信其安全。相反，如果公众认为某件事没有高风险，专业人士也很难令公众相信其风险。莱斯（Leiss，2003）认为，"风险管理者的黄金法则是：始终关注'危险性'加'公众关切'"（p.369）。

　　牛海绵状脑病（BSE），也就是众所周知的**疯牛病**，提供了一个明显的公众愤怒超过了实际危险性的例子。大家可能还记得，英国发现疯牛病导致成千上万只动物被屠宰，实际上，疯牛病进入美国食品市场的可能性很低，人类因食用带病毒的肉而感染疯牛病的可能性更低。尽管可能性很低，但理论上带病毒的肉类仍有可能进入供应链并感染消费者。这一微小的风险导致奥普拉·温弗瑞（Oprah Winfrey）在她的节目中宣称自己再也不会吃牛肉了。公众对疯牛病的愤怒，不仅出现在美国而且蔓延至全世界。加拿大有几头奶牛受到感染，最终导致加拿大的牛肉生产商遭受了毁灭性打击。美国已经采取极端的措施，以确保任何一头牛，即使是出现与疯牛病略有相似症状的牛，也不会进入供应链。2005年6月，美国农业部部长迈克·约翰斯（Mike Johanns）宣布，在一头可疑的奶牛进入食品市场之前，它已经被人们发现、宰杀并进行化验。当其疯牛病检测结果呈阳性时，约翰斯试图通过发表以下声明来避免加剧公众的愤怒：

> 令我感到鼓舞的是，我们环环相扣的防护措施达到了预期效果……因为我们的食品供应链有防火墙，这只动物已经被拒之门外。美国人完全有理由对我们牛肉的安全继续充满自信。（"U.S. Confirms"，2005，p.A4）

　　在他的声明中，约翰斯认识到了公众的愤怒不允许他淡化疯牛病的危险。他明智地认识到了公众的关切，并强调了美国农业部自两年前在美国发现第一例疯牛病起就制定了防护战略。

　　对话中心型理念的长处在于，它从本质上考虑了公众的愤怒情绪。在风险管理的实践过程中，通过对话来倾听和考虑公众的关注，这一点在处置疯牛病的事例中尤为明显。然而，对话中心型理念也存在一些短板，这些短板与技术中心型方法的优势截然相反。对话中心型的工作效率很低，而且公众的意见并不总是基于事实真相。因此，如果一个群体仅在对话中心型理念下运作，它将无法对具有威胁性的局势作出应急响应。更糟糕的是，一个完全民主的过程可能导致不知情的公众支持非常危险的行为。

罗文（Rowan, 1995）提供了一个对话中心型和技术中心型方法之间的折中方案。*166*
她解释说，引入民主进程本身并不意味着我们就风险状况做出最佳决策。罗文关注的是对话过程中"试图禁用的重要的沟通技巧：说服"（p.303）。然而，她警告说，风险辩论中的任何一方只有在仔细审查证据后才能进行这种说服。不幸的是，有偏见的个人和组织经常草率地传递有说服力的信息，"他们应该倾听或收集信息，而不是去试图说服"（p.303）。最后，罗文倡导一种互动式方法，这是"最有可能考虑到关于危险的专业知识，同时解决利益相关者关切的最佳方法"（p.303）。"机遇3"总结了这种折中方法。

> 机遇3：风险沟通必须同时考虑到危险和愤怒因素。

❖ 趋同理论与风险沟通

巴伦查和希思（Palenchar and Heath, 2002）解释说，风险沟通旨在就风险问题做出准确和符合道德的决策。虽然这个目标很明确，但是风险问题的复杂性会导致沟通者失去讨论焦点。很多风险问题会引发各方之间的严重分歧。例如，是否存在严重的气候变化已经导致激烈的争论，就像巴伦查和希思所说的"相互竞争的科学结论"（p.130）。对气候变化证据的解读五花八门，从完全否认其存在，到声称已经过了临界点，没有任何人类力量能够扭转其对地球大气的损害。当专家们争论这些风险问题时，他们"会加深公众对事实真相的怀疑，让公众更加无法真正理解危险，并降低官方发言人的可信度"（Kasperson et al., 2000, p. 242）。在这种有争议的情况下，厘清已知风险信息，对于普通公众来说已颇为困难和费解了。

趋同理论解释了普通公众如何接受、厘清和评估这些关于风险问题的公开辩论（Sellnow, Ulmer, Seeger, & Litdefield, 2009）。趋同理论基于佩雷尔曼和奥布莱茨-泰特卡（Perelman and Olbrechts-Tyteca, 1969）的"互动式争论"概念，他们解释说，受众对诸如气候变化等有争议的风险问题的理解，"随着争论（公开辩论）的进行，随时都*167*
在改变"（p.460）。换言之，对立各方的辩论在交互中促成了对问题的新认识。

在辩论的互动中，风险沟通者和普通公众都会辨别出论点的强弱。当论点缺乏足够的支持，并且在话题范围之外去建立依据时，论点就很弱。当他们的推理至少有一部分与辩论的其他理性参与者有共同点时，论点就是强有力的（Sellnow et al., 2009）。正如佩雷尔曼和奥布莱茨-泰特卡（1969）所解释的那样，这种共同点"几乎总是被承认的"，因为"几个完全错误的论点达成共识的可能性非常低"（p.471）。

当风险问题在公共环境中被讨论时，塞尔诺等人（2009）认为趋同理论会有条不紊地发挥作用：

> 我们将取得共识视为风险沟通的首要目标。风险状况的不确定性导致了对于风险程度和应对方法的不同意见，因而出现了各种不同的论点。公众观察这些论点时，不可能完全接受一家之言而完全拒绝另一种推理。相反，公众通过观察论点中的互动，更容易理解相关问题。（p.12）

安东尼、塞尔诺和米尔纳（Anthony, Sellnow, and Millner, 2013）确定了三个核心观点，描述了个人参与信息趋同的过程。首先，个体能积极寻求并在竞争性论点中识别共识。当这些共识被认可时，它们对受众非常具有说服力。其次，当讨论的问题对受众来说很重要时，共识对他们来说是最有说服力的。在此前的讨论中体现这一点的是，受众认为最为重要的问题，就是令他们感到愤怒或者对他们的生活有重大影响的问题。最后，共识会随着时间而改变。在某些情况下，新的证据可能会使普遍接受的假设不成立。例如，在20世纪50年代，电视上的香烟广告引用医生的话，说某个品牌的香烟对人的喉咙比其他品牌好。随着香烟带来健康风险的证据在20世纪60年代被广泛宣传，医生对吸烟的容忍度发生了巨大变化。个人可以通过声称现有证据存在缺陷或者找到新证据而削弱他人眼中的共识，这一点已被现有研究证实。例如，几十年来，接种疫苗被誉为预防小儿麻痹症、麻疹、百日咳等令人长期恐惧的疾病的有效方法。然而，在过去的十年里，由于反对者认为疫苗本身是一个严重的风险，使得疫苗接种率下降了。

这些观点之间的相互作用可以通过此前列举的气候变化的例子来说明。图10.1显示了在气候变化问题上的几个不同的立场，从认为气候变化纯属捏造的极端，到认为气候变化严重到无法逆转的另一个极端。在这种情况下，大多数立场至少承认气候变化是存在的。因此，不同的立场推动形成了一个共识：气候变化在一定程度上存在。完全否认气候变化是一个弱论点，且与其他立场没有交叉点（Sellnow et al., 2009）。图中 *168* 用圆的交叉部分表示共识。在这个例子中，可能的结论是气候变化是一个风险，但是如何应对它仍然没有达成共识。

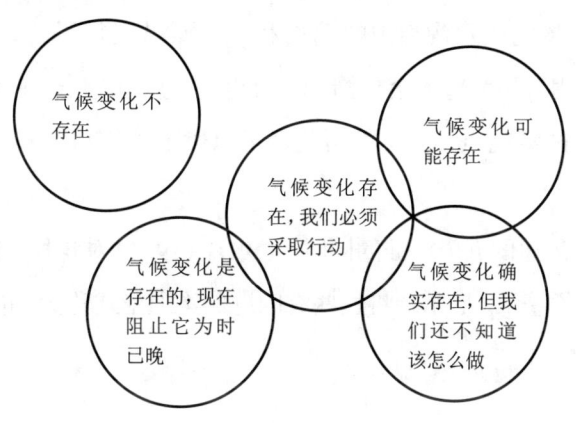

图 10-1　关于气候变化的沟通趋同

❖ 负责任的风险沟通

考虑到对话中心型方法、技术中心型方法、危险和愤怒等诸多因素，风险沟通看起来无比重要。在复杂的情况下尝试负责任的沟通似乎是一项艰巨的任务。研究这一挑战已经有很长时间了，我们相信已经找到了一个直截了当的合理路径：我们引入重大选择作为负责任的风险沟通的基础，还将重大选择与旨在误导公众的虚幻信息进行了对比。

重大选择

尼尔森（Nilsen, 1974）在传播研究的语境下发展了**重大选择**（significant choice）的概念。尼尔森解释说，人类的尊严很大程度上在于做出理性决策的能力。作为风险 *169* 沟通者，我们经常试图影响这些决策。如果我们向利益相关者提供不清晰或有偏见的信息，将会使决策过程受损。重大选择代表了具有自由权和知情权时进行决策的理想环境。尼尔森断言，当满足以下五个标准时，利益相关者会做出重大选择：

1.利益相关者不受身体或精神胁迫；

2.根据所有可获得的信息做出选择；

3.讨论中包括了所有合理的备选方案；

4.短期和长期的后果都被公布并进行了讨论；

5.信息的发布者和接收者都对可能影响其决策的个人动机持开放态度。

这五个标准为避免风险沟通中的偏见和人为操纵提供了一个初步框架。尼尔森认为，只要有效应用，重大选择会创造出一个思想的自由市场，在那里可以听到和理解各种观点。听到这些观点后，利益相关者可以做出他们认为符合其最大利益的客观决策。

在强调开放式沟通的五个标准的同时，尼尔森（1974）对几种可能减少重大选择机会的沟通形式提出了警示。尼尔森将这些有问题的沟通形式称为"错误信息"（p.71）。错误信息包括以下特征：

- 不完整的信息
- 有偏见的信息
- 定义不充分或不完整的统计单位
- 导致受众理解错误的模糊或模棱两可的术语
- 暗示正在讨论的话题与其他事实上无关的话题之间存在关联
- 对重要性和紧迫性的错误认识
- 高度情绪化的语言，可能扭曲原意（pp.71-72）

因此，要做出重大选择，沟通者必须满足前面讨论的五个标准，并避免以上七种形式的错误信息。作为风险沟通者，我们应该努力达到这些标准，避免落入陷阱；作为风险沟通的信息接收者，我们应该要求发言者坚守这些标准，并且如果我们发现发言者使用错误信息，应该表示反对。最重要的是，当风险沟通者担任利益相关者的"诚实的信息经纪人"时，风险沟通的功能才能达到最佳效果（Horlick Jones, Sime, & Pidgeon, 2003）。

虚幻信息

对重大选择的最大威胁是我们对于**希望**听到的信息缺乏抵抗力，即使这些信息
170 听起来太好而显得不真实。有一句大家都熟悉的古老格言，"如果它听起来好得让人

难以相信,你就相信它了"。我们中的许多人有时会成为佩罗(1999)所说的**虚幻信息**
(fantasy messages)的牺牲品。佩罗解释说,虚幻信息告诉公众一个通过夸张的危机管
理和风险评估计划营造出的虚幻安全,而这些是公众所愿意相信的。例如,佩罗认为,
埃克森美孚公司把他们的危机计划当作幻想文件,而不是行动蓝图,以避免讨论阿拉
斯加石油运输的真正风险。佩罗解释说,无论是有意还是无意,他们都会被风险沟通
的偏见所控制,导致欺诈性沟通,这种沟通大胆地夸大了一种观点的优势,而忽略了所
有其他观点。

　　虚幻信息永远是我们生活中的一部分。广告商告诉我们他们的产品会以好得难以
置信的方式改变我们的生活。当进入青春期的时候,我们开始意识到这些信息不能当
真。作为风险沟通信息的消费者,我们必须同样保持警惕。如果风险沟通者只讨论问题
的一个侧面,我们也应该要求听听其他方面的意见;如果风险沟通者过分简化一个问
题或使用我们不理解的语言和术语,我们应该要求他以清晰和适当的方式提供信息。

| 机遇4:为确保社会责任,所有风险沟通都应遵循重大选择的标准。 | 重大选择的概念提供了一套经过时间检验的标准,所有风险沟通都应遵循这些标准。因此,我们提供了"机遇4"。 |

❖ 小 结

　　每一个危机事件,不管有多复杂,在它发生之前都有一定程度的预警信息,这个预
警信息就是风险。风险可能很明显,例如摩托车手挑战极限的惊人动作。然而,大多数
情况下,风险是微妙的。如果我们要识别、学习和负责任地沟通风险,我们最好明智地
记住以下机遇:

　　机遇1:有效的风险沟通可以避免危机,或者防止危机全面爆发。

　　机遇2:要认识到新的风险,必须以正念看待未来。

　　机遇3:风险沟通必须同时考虑到危险和愤怒因素。

　　机遇4:为确保社会责任,所有风险沟通都应遵循重大选择的标准。

　　最重要的是,有效的风险沟通允许所有利益相关者在任何风险情况下进行互动。
为了使这种互动最大化,风险沟通者应该意识到不同利益相关者的各种需求。

11

危机响应的道德规范

◆　　◆　　◆

171　　安然公司首席执行官肯尼斯·雷（Kenneth Lay）被指控欺瞒公众、投资者以及雇员，他对此矢口否认，说自己没做错任何事，并坚称是员工误导了他，他对安然公司的非法行为及不正当交易不负有责任。而随后的调查显示，安然公司的高管们操纵股票价格，制造国际电力紧张的假象，并借此牟取暴利，同时还贿赂政府官员。

安然公司轰然倒塌致使数百名员工失业，养老储蓄荡然无存。肯尼斯·雷就像其他陷入财务危机的执行总裁一般，对此情况**充耳不闻**、**视而不见**（hear no evil,see no evil），宣称自己对公司状况毫不知情。

2013年4月，孟加拉国一栋拥有五家服装制造厂的11层高楼轰然垮塌，1000多名工人死亡，2500多人受伤。这些工厂为贝纳通（Benetton）、盖璞（The Gap）、绮童堡（Children's Palace）等一些知名零售商供应廉价服装。大楼的业主早就被告知楼内墙体和地板有危险裂缝，但他却让工人们不必理会。起初，政客们称大楼倒塌无关紧要。但随着工人抗议和国际舆论的升级，最终多人被捕，包括大楼的业主。

服装制造厂在发展中国家的工作环境和不道德行为经常成为舆论的众矢之的，包括雇用童工、薪资过低、工作环境不安全等。零售商依赖发展中国家廉价的劳动力生产高利润产品销往欧洲、美国等地，舆论谴责他们压榨劳工，让劳工冒着危险为其换取高额利润。

安然公司和孟加拉国的危机，以及天主教会性侵儿童丑闻等案例，揭示了道德规范在组织危机中的角色：许多危机是组织的不道德甚至是非法行为导致的。非法及欺诈性商业行为，不安全的工作环境，内幕交易，明知产品有缺陷而销售，误导消费，歧视妇女、少数群体、LGBT人群（女同性恋者、男同性恋者、双性恋者与跨性别者），性骚扰，行贿，回扣，等等，这些不道德行为都会导致组织危机。

除此之外，几乎所有的危机，即便不是由不道德行为所引发的危机，往往也涉及道德问题。例如，1989年埃克森美孚公司的瓦尔迪兹号漏油事件，引发了人们对于责任归属、环境开发、原住民权益等一系列问题的思考；2011年日本福岛第一核电站核泄漏事故引发了人们对核能安全使用以及核辐射信息披露的关注；弗林特市水污染危机中官员渎职且忽视公众关切引发了有关社会正义、对儿童及少数族裔的后续治疗等问题的关注。

在本章中，我们将界定道德观和价值观，阐述危机中关键的道德和价值判断问题。值得注意的是，道德观往往是危机的一部分，忽视道德观只会让危机更糟糕。我们还将阐述一些以价值观和道德观角度创造机遇的有效的危机响应良方。

❖ 道德观

道德观（ethics）是关于对和错、好和坏、有利和不利的基本判断。道德观是我们用来进行判断的价值观、标准、道德准则或指导方针。当某种情况或某项决定会使他人受到影响时，就会涉及道德问题。在某些情况下，有人受到了歧视，这就是不道德的，因为被歧视的人受到了影响；有些说服对于目标人物来说是具有欺诈性的，说谎本身是不道德的，因为那剥夺了被欺骗者的知情权。

然而值得注意的是，每个人在日常生活中都偶尔会用到所谓的"善意的谎言"（Bok, 1979）。这些善意的谎言究竟是否道德，也是存在争议的，因为它们几乎不会伤害他人。但随着对他人的潜在影响增大，事件就愈发关乎道德问题。危机往往对他人产生巨大的潜在危害，因此，道德因素至关重要（Simola, 2003；Wilkins, 2010）。

道德判断基于我们习得并内化的特定价值观。我们每天都会做出许多道德判断：当看到政客在某个问题上兜圈子时，我们会认为他在误导和欺骗公众；我们会根据一家公司的行为来决定是否购买其产品；看到一个朋友对他人说谎，我们会疏远这个朋友。当我们评判某些行为是**错误的**或**不道德的**时，我们其实正在以特定标准或价值观认定何为恰当的行为。例如，我们认为政客不应该说谎或歪曲事实，因为说谎是不对的；我们认为企业应该尊重和保护环境，因此它们应该负责地处理潜在的有毒物质。

许多人对天主教会性侵儿童事件深恶痛绝，人们认为涉案神父的行为是极端不道德的，因为他们同教会的价值观和规范背道而驰，违背了适当性行为（天主教神父进行独身宣誓）和保护儿童这些基本价值观。此外，许多观察者认为教会因涉嫌推卸责任和掩盖案件也构成了不道德行为，教会包庇性侵事件，就是在纵容这种行为。2010年，英国石油公司于墨西哥湾发生的钻井平台爆炸漏油事故严重损害了环境、渔业、旅游业以及众多社区，这违背了尊重环境的基本价值观，因为500万桶石油被倾入海湾。有批评者认为英国石油公司试图降低危害程度，瞒报了原油泄漏的规模和影响。

道德判断帮助我们进行行为选择。虽然没有人会时时刻刻保持道德行为，但大多数人至少知道什么行为是不道德的。此外，我们会选择避免和那些有不道德行为的人交往。例如，一个"好"人，更容易被人信任。同理，人们常倾向于选择特定的组织进行合作。声誉良好的组织总比那些坏的、不道德的组织，更容易获得公众和利益相关者的支持。儿童性侵丑闻之后，许多人停止向天主教会捐赠；瓦尔迪兹号漏油事件之后，许多人切碎了埃克森信用卡；通用汽车公司点火开关故障丑闻之后，许多人不再选择该品牌的汽车。

不过，要做出这些道德判断也绝非易事。情况错综复杂，价值观也并非时刻清晰。有些人认为普世道德标准适用于所有情况和所有人，虽然用普世标准做道德判断会更容易，但多数研究人员认为特定的情况是决定道德判断的重要因素。此外，道德标准因文化、社群、专业团体的不同而差异巨大，在律师看来，适当的道德标准，公关专家未必赞同；在中国的道德行为，到了南非或巴西就未必可行。这就使那些跨国或跨文化的危机面临许多挑战。

多数情况下，要做出道德判断需要综合考虑涉及的各种情况因素、不同的价值观和文化、复杂的责任与义务等。这些是拥有多重利益相关者的大多数组织要面对的现实情况（Christensen & Kohls, 2003）。

173

❖ 作为道德主体的企业

关于组织道德观的一个复杂问题是：一个组织能否做出道德或不道德的行为？哲学家认为只有人是道德主体，且只有人能做出道德判断。毕竟，组织不是人，组织无法像人那样具备道德标准。基于此，有人提出，只有管理者才应负道德责任。如果组织犯了错，必须追查做决策的管理者（道德主体）。如果无法找到担责的管理者，那么让整个组织承担责任是不恰当的，因为组织并不是道德主体。但也有人反驳称，管理者往往只是不道德的组织行为的替罪羊，组织本身才应被追究道德责任，因为组织常常发生集体行为，亦如道德主体。第三种观点认为，组织以及决定组织行为的管理者都应被追责，这样能够确保问责机制的有效性且迫使组织做出道德的行为（Seeger & Kuhn, 2011）。

在许多导致危机的不道德行为中，总会有一场关于谁应负责、谁被追责的争论。这是因为危机的起因常常是混乱的、不确定的、不清晰的，尤其是在危机的早期阶段。由于组织和个人总想规避责任，他们有时会推卸责任。在我们之前讨论的安然公司案例中，高管们声称并不知情并且互相指责。高管们的行为很明显是不道德的，但是公司的企业文化助长了这种不道德行为。在安然公司案例中，管理者和整个组织都有不可推卸的责任。可悲的是，公司破产后，底层的员工受到的打击最大。在英国石油公司漏油案例中，有人对钻井平台所属公司以及协助安装安全设施的承包商提出了质疑。英国石油公司辩驳称，这些公司也应承担相应的责任。道德主体问题极为关键，因为这通常决定了谁应为不道德行为负责。

174

❖ 价值观

如前所述，道德判断基于价值观（Beyer & Lutze, 1993）。**价值观**（values）是我们习得的广义价值取向，贯穿于我们的态度、信念，并最终影响我们的道德判断。价值观是存在于任何社会、文化或社群中的责任、义务、典范、规范、道德以及目标。例如，许多传播学学生学会了尊重言论自由、多元化意见以及信息自由流动；医疗卫生专业倡导支持、培育以及关怀病人和不幸者的价值观；美国公共关系协会（PRSA）宣扬其行业的核心价值观为倡导诚实、专业、独立、忠诚、公正（"PRSA Member Statement"，2000）；多数商学院都会教育学生在盈利的同时要有社会责任感。当然，价值观也贯穿于家庭教育和宗教信仰。因此，价值观在我们的生活中无处不在。

有意思的是，并不是所有人在任何情况下都认定同一套价值观，有的人更看重个人自由与个人选择，而有的人更重视宗教价值观和人类生命的神圣，这种价值观的冲突尤其体现在目前关于堕胎的辩论中。在组织中，盈利和经济增长、员工福利和环保这两大价值观常常发生冲突。价值观会因为不同的个体、环境、组织以及文化而产生巨大差异，并不是每一个人都持有相同的价值观，这一现象常被称为**竞争性价值观**（competing value view）。在任何特定情况下，总会有关于价值观的冲突——哪种价值观最为重要？我们该秉持哪种价值观？在我们进行决策之前，这些价值观需要被探讨、辩论以及选择。

举个例子，加利福尼亚州的一个城市遭遇了地震，居民因害怕余震不敢回家，于是聚集在城市公园内。关于是否应该为市民搭建帐篷这个问题，警察局局长表示反对，他认为无法保障安全和公共秩序，应该驱散群众。而应急管理主任辩驳道，为确保民众的福利与健康，搭建帐篷实属必要。在这个案例中，涉及公共安全与公共福利的这两大价值观发生了冲突。市长通过全面考虑，最终还是决定搭建帐篷。

在2009年甲型H1N1流感暴发时，许多中小学和高校不得不重新考虑出勤政策。公共卫生官员考虑到公共健康安全，指出如果让生病的学生继续上课会加速疾病的传播，使疫情更加严重。然而学校从学习和教育角度考虑，不愿意改变其出勤政策。其中一所大学试图在两种价值观中寻求平衡，于是发布了如下信息：

> "宾夕法尼亚州立大学响应公共卫生倡议，请患病者远离学校、工作场所及群体活动。我们强烈要求有感冒症状的学生自觉根据上述要求进行自我隔离……教师必须尽可能保证学生完成课程任务，同时也需理解受到感染的学生缺席和进行自我隔离属于强制性要求。"（宾夕法尼亚州立大学，2009）

在这个案例中，竞争性价值观达到了平衡。

❖ 价值观和危机

正如这些案例所示，道德问题从来都是危机管理的重要内容。此外，响应危机常常需要平衡竞争性价值。通常，危机会让人成为身体上、精神上或经济上的受害者。不公平的是,危机还更容易影响那些原本就已经很脆弱的人,因为他们贫穷、患有残疾或有潜在的健康问题。那些在正常和稳定情况下十分重要的价值观,到了危机中可能就不那么重要了。在很多案例中,我们需要暂时放下关于预算的短期担忧,以便先解决受害者的需求。

在危机情境中,有三大道德标准至关重要:责任与义务、信息公开以及人文关怀。

❖ 责任与义务

危机发生后,人们总是试图寻找事故起因,部分原因是要追究谁应该对此负责。责任是一个广泛的道德概念,特指个人和群体对他人以及更广泛的道德观念、标准、传统等具有道德义务和职责。此外,责任关乎"谁"或"什么"导致了特定后果。如果某人做的决定导致了特定后果,那么他或她就应该承担相应的责任。假如我因闯红灯导致了一起交通事故,那么我就需要为这场事故负责。如果一个组织因某些行动导致了损害,例如制造了危机,那么这个组织也需要承担责任,并对其行为进行解释。因此,责任与义务是紧密相关的道德概念。

正如我们在第4章中所述,许多"后危机传播"的方法都是形象修复策略,以响应危机或对已发生的事做出解释。形象修复策略也频繁用于限制组织责任,以减轻组织的法律责任。总之,承担责任的作为被视为道德的(Benoit, 1995; Ulmer & Sellnow, 2000),包括帮助受害者、提供支持和资源、帮助减轻或控制伤害。而拒绝或回避承担责任则被视为不道德的,包括否认发生任何损害、嫁祸于人、由于害怕承担法律责任而拒绝帮助受害者。瓦尔迪兹号漏油事件之后,埃克森美孚公司责怪事故船船长、美国人的驾驶习惯以及阿拉斯加州对于清理的干预。这个案例恰好说明了我们本章所提到的企业道德主体的问题。除了作为后危机中的责任主体,组织在危机发生之前还有道德责任。他们在谨慎决策和行动时必须合乎道德要求,从而避免产生危害。机器必须保养维修,员工必须适当培训,危险化学品使用程序必须规范以避免人员伤亡,务必要注重安全,等等。最重要的是,管理者必须具备道德责任感,对组织进行监测,一旦发生危机征兆,要及时预警和采取行动。组织也有责任对产品的相关风险进行把控和沟通。例如,烟草公司必须在产品包装上提示健康风险。"机遇1"关乎危机传播中的责任角色。承

> 机遇1:危机发生后,如果组织能积极承担责任,有所作为,则能进行富有成效的危机响应。

176

担责任是组织展现其价值观和道德水准的机会。在危机早期体现道德行为的组织，比那些陷入责难和责任辩论泥沼中的组织能更快地走向重建和成长。

❖ 信息公开

如前所述，传播中基本的价值观包括言论自由和信息自由流通。一般而言，给人们提供必要信息供其做出知情选择，这属于道德义务。这种义务有时特指**重大选择** (significant choice)，因为人们进行重要或重大选择时需要一些必要信息。例如有些组织的工作涉及有毒化学品，则组织有道德义务向周边社区成员告知潜在风险，使其做出相应的知情选择。药企需在产品标识中列出用药风险，包括副作用。政府通常会授权这些警示，它们能帮助消费者掌握信息，在知情的条件下对重大问题进行抉择。

任何形式的欺骗都是不道德的，因为这限制了被骗者的自由。谎言使撒谎者凌驾于被骗者之上，被骗者失去了做出知情选择的必要信息。正如我们在第9章中提到的，在印度博帕尔灾难中，约5000人死亡，联合碳化物公司回应公众关切时描述其生产的农药为温和的植物药物。这个微妙的描述的确在某种程度上减轻了公众对于化工设施的焦虑，但同时也意味着居民无法对风险做出知情抉择。同理，如第5章所述，一场有效的公关活动使阿拉斯加州的民众相信，石油勘探和航运是安全的，且不会发生重大泄漏事故。公众最终支持在阿拉斯加瓦尔迪兹建设码头，并允许石油通过威廉王子湾运输。人们相信不会发生漏油，而这种信任助长了企业自满的态度，且最终导致了艾克森公司漏油事件以及事故清理延迟。

在某些情况下，组织不愿披露信息，因为代价实在太大，或情况过于复杂。例如，食品公司拒绝透露其产品的原产地，他们宣称食品的原料来自几十个国家，要追踪和报告这些来源信息过于困难。但也有人称，消费者有权知悉食品产地，如果不了解这些信息就不便于支持本地农民。

组织有时隐瞒信息或暂时推迟发布信息，有许多合乎道德的理由。例如，一起空难发生后，在媒体公布乘客名单之前，遇难者家庭会先得到通知，航空公司通过这一行为以示尊重。学校危机响应计划有时会规定保护学生隐私。

组织危机一般属于公共事件，会引发极高的媒体关注。组织会面临公开、真诚、诚实的巨大压力。然而，组织经常选择隐瞒信息，试图闪烁其词，或干脆避而不答。这些响应措施通常被视为不道德的,而且会对组织形象造成更严重的破坏。危机的严重性往往随着组织的不诚实和隐瞒信息而加剧(Benoit, 1995)。相比之下,如果组织公开、诚实,这会减弱危机程度,且最终有助于组织形象修复。因此,我们提出了"机遇2"。

> **机遇2:组织在危机前和危机中若公开、诚实,则能够更好地应对危机和恢复。**

❖ 人文关怀

在许多危机情境中,一项重要的道德标准就是人文关怀。**人文主义**(humanism)是一种哲学立场和价值体系,强调人的独特性和内在价值。关怀伦理涉及人类对他人的责任,尤其是当他人受到伤害或需要帮助时,人们应该给予支持(Johannesen, 2001; Simola, 2003)。在一些宗教传统中,关怀伦理被记录进仁慈的撒马利亚人这一寓言中,故事讲述了一个受伤的人得到了陌生人的帮助。这个故事教导我们人人都有义务帮助他人,即便对陌生人也是如此。当一场危机或灾难使受害者遭受苦难和损失,导致其身心乃至经济上的伤害时,这种伦理立场就显得至关重要。

人文关怀需要组织对其行为产生的危害高度敏感。如果是因事故或工作场所暴力引发的人员伤亡,许多组织会为其家庭提供经济援助。作为危机响应的一部分,组织还要为受害者及其家庭、其他受到影响的人员提供咨询帮助。

我们见证过这样一起案例,在一所高校的期末考试周发生了惨痛的校园枪击案,许多学生非常沮丧。学校为此给有需求的学生提供了心理辅导,并为部分需要更多时间恢复心理创伤的同学推迟了期末考试。该校还组织了追悼会,并为学生、老师和其他职工提供了多种支持与帮助。

包括美国红十字会(American Red Cross)和诸多宗教救助协会在内的救助组织,都会承担重大危机中的人道主义援助。红十字会为灾民提供药品、食物、避难所、咨询服务及短期经济救助,这印证了其人道主义使命,即"为灾难受害者提供救助",以及帮助人们"预防、准备和应对突发事件"("What Is the Mission", 2005)。

"9·11"事件之后,来自世界各地成千上万的民众为各种基金会捐款以帮助受害者及幸存者家庭。大多数重大灾难过后都会有类似情况。许多明星在密歇根州弗林特市发生水危机后,都向社区捐款和捐献瓶装水,其中包括雪儿(Cher)、埃米纳姆

（Eminem）、吹牛老爹 （Sean "Diddy" Combs）、马克·沃尔伯格（Mark Wahlberg）、吉米·法隆（Jimmy Fallon）。印度洋海啸事件过后，人道主义救助包括数百万美元的私人捐款，其中30余万美元由波士顿壹基金（One Boston foundation）筹募，该基金会是为2013年美国波士顿马拉松爆炸事件受害者赔偿而设立的。危机往往为组织和其他团体提供机会进行人道关怀，去滋养他人，对人类遭受的苦难进行伦理响应。

179 事实上，人类具有天然的人道责任感，去帮助危机中的他人。媒体中关于危机后受害者的报道会激发人们伸出援手。作为一种更广泛的社群，组织有义务去帮助其他受难社群的成员。组织同样有避免伤害他人的伦理责任。组织还有支持危机受害者的职责。当一个组织认识到危机过后其第一要务是去帮助他人，这会激发善意、改善声誉，并能够帮助组织走向重建。"机遇3"强调，危机后的人文关怀至关重要。

> **机遇 3：将人文关怀作为第一要务的组织，能够更好地响应危机并体现这种价值观。**

❖ 危机响应中价值观的角色

危机虽然会造成威胁和损害，但组织若能采取道德行为，则危机也为组织提供了展示其价值观的机会。在危机中，组织时常会踌躇于适当的应对措施。危机意味着不确定的情况，而组织有时会不知所措。管理者往往会困惑、震惊，无法决策如何采取行动。在这些情况下，审慎思考决策和行为的道德内涵极为重要。这需要充分考虑：谁是危机波及的利益相关者？他们的价值观如何？他们可能会受到怎样的影响？组织对这些利益相关者需尽到哪些责任和义务？受危机影响的利益相关者可能包括消费者、供应商、员工、社群成员、危机响应机构、媒体人员等。这些群组都有自己的价值观，且这些价值观之间可能还会存在冲突。

首先，在危机情况下不确定如何响应时，组织考虑自身的核心价值观不失为一种有效的方法（Seeger & Ulmer, 2001）。正如我们在第7章中提到的，强生公司面对泰诺产品中含氰化物这一事实时，转而从其公司宗旨中寻求决策和响应的良方。强生的企业宗旨强调公司对顾客负责，于是将泰诺下架。强生因这一举措赢得了赞誉，并最终得以从危机中恢复。强生之所以能在危机中幸存，很大程度上是因为在决策和行动时遵从了其核心价值观。

让我们回顾第4章中莫尔登纺织厂遭遇毁灭性工业火灾的案例,当时整个工厂毁于一旦,劳工面临失业。首席执行官艾伦·佛尔斯坦考虑到他对劳工和社区的责任,选择遵从其价值观和道德观开展危机响应(Ulmer, 2001)。他宣布将继续给劳工支付薪酬,而且会尽快重建工厂。因为这一举措,艾伦·佛尔斯坦获得了诸多支持和褒奖,最终他重建了工厂。实际上,他新建的工厂比被烧毁的工厂效益更好。

莫尔登纺织厂的故事告诉我们,基于道德的危机响应能帮助一个企业获得重建。当企业有道德地开展危机响应时,可能会发现新的机遇。坎托·菲茨杰拉德(Cantor Fitzgerald)是位于世贸中心顶层的一家债券交易公司,该公司及其首席执行官霍华德·鲁尼克(Howard Lutnick)以冷酷无情的竞争者著称,他们不会为了道德而舍弃利益。"9·11"事件中,世贸大厦受到袭击,公司600余名员工丧命,其中包括鲁尼克的弟弟。随后,鲁尼克公开呼吁人们帮助他重建公司,从而使他能够帮助和支持那些遇难员工的家庭(Seeger, Ulmer, Novak, & Sellnow, 2005)。鲁尼克公开表示,他最重要的道义责任就是帮助遇难员工的家庭。最终,坎托·菲茨杰拉德得以幸存,并且重新设立了其价值观和宗旨。

通用汽车公司首席执行官玛丽·巴拉曾面对一场严峻的危机,其公司被指掩盖点火开关缺陷信息。她公开道歉进行了回应:

> "我明白,无论我说什么都无法平复他们的悲痛。但是我要带领通用汽车走出危机,我希望所有人知道我所坚持的两大原则:第一,我们要尽最大努力帮助受害家庭;第二,我们必须要为我们的错误负责,并倾尽所有避免此类问题再度发生。"(GM Corporate Newsroom, 2014)

这一回应帮助通用公司度过了危机并重建了公众信任。

理解危机中价值观的第二大方法被称为**美德伦理**(virtue ethic.)。这种传统的伦理方法可追溯至亚里士多德时期。美德伦理学提出,人们倾向于按照既定的方式行事,并遵从已有的行为模式。因此,一个在过去具备诚实品性的管理者,在未来亦诚实。在这里,诚实就是这位管理者的美德。

道德响应与积极的声誉以及我们常说的商誉储备密切相关。商誉储备是指公众对组织的认知,认为组织有责任感、值得信任、有道德感等。这样的公众认知对组织有诸多益处，能够减少危机事件的影响。当组织在危机后试图重建时，商誉储备能促进公众支持（Jones, Jones, & Little, 2000）。

我们发现美德伦理是有效的危机响应的重要因素，那些对利益相关者一向负责的组织和管理者在危机发生时也会一以贯之。莫尔登纺织厂的艾伦·佛尔斯坦以及科尔硬木公司的米尔特·科尔都属于具备美德的管理者，他们对员工公正，对社区负责，诚信经营。在公司遭到毁灭性打击时，他们不但致力于重建，还坚持对社区负责。美德伦理的另一个好处就是能帮助组织在危机前储备商誉以便于组织在危机中加以利用。米尔特·科尔和艾伦·佛尔斯坦之所以得到诸多利益相关者的支持，就是因为他们在危机前就与利益相关者建立了良好的关系。

181 　　概言之，以价值观为导向的危机响应能够帮助组织巩固声誉，争取支持，最终助力重建。此外，在充满变数和混乱的危机中，价值观和道德观作为重要标志，能够帮助组织调整自身并作出道德响应。两大方法涉及组织既有的核心价值观，以及高级管理者养成的道德响应习惯。因此，我们提出了"机遇4"。

> 机遇4：如果组织有明确的核心价值观，并一以贯之，那么往往也会有强大的商誉储备，能更好地防范和响应危机。

❖ 小　结

道德观和价值观通常是危机的一部分，包含责任与义务、信息公开以及人道关怀响应。不同的价值观之间可能会发生冲突，这就需要权衡，决定究竟应该采用哪种价值观。遗憾的是，人们往往追求利益至上、渴求自保。然而，危机中的道德响应却能帮助组织重振声誉，最终得以重建。

机遇1：危机发生后，如果组织能积极承担责任，有所作为，则能进行富有成效的危机响应。

机遇2：组织在危机前和危机中若公开、诚实，则能够更好地应对危机和恢复。

机遇3：将人文关怀作为第一要务的组织，能够更好地响应危机并体现这种价值观。

机遇4：如果组织有明确的核心价值观，并一以贯之，那么往往也会有强大的商誉储备，能更好地防范和响应危机。

12

有效的危机传播促进重建

❖ ❖ ❖

本书一直聚焦于应对危机的挑战，并尽可能发现和抓住其中的机遇，以实现转危 *183*
为机。正如我们在第1章中提到的，我们视危机为组织和社群的转折点。纵观全书，我
们阐释了许多危机中**危险与机遇并存**的论证。我们认为，接纳这一论证是进行有效的
危机传播的基础。在本书最后一章，我们基于之前讨论的案例、要点和机遇，进一步探
讨危机传播中的**重建话语**这一理论。重建话语描述、解释并提供危机传播方法的视角
（Ulmer, 2012; Ulmer, Seeger, & Sellnow, 2017）。本章包括如下内容：第一，探讨重视
危机中的机遇和重建的一些案例；第二，对重建话语理论进行阐释；第三，将危机相关
的机遇和重建作为框架去检视有效的危机传播。我们将总结重建话语如何用于准备和
应对危机。

❖ 发现危机中的机遇

通过研究所有类型的危机，我们发现了大量传播失败的案例，而鲜有成功或有效
应对的案例。我们认为，这些失败大多与第2章提到的威胁偏差有关。在读过本书第二
部分的案例之后，你应该明白，相对于危机对形象和声誉的威胁，我们更应该重视机

遇，这有助于我们进行有效的危机响应。正如我们所述，强生公司在泰诺事件中以重建的方式来处置危机，就是一个很好的范例。强生公司在1982年对泰诺中毒事件的响应，可以被誉为有效的危机传播的里程碑式案例（Benoit & Lindsey, 1987; Benson, 1988; Snyder & Foster, 1983）。强生公司的危机响应受到了广泛赞誉，因其在危机后迅速回应，为了保护消费者立即召回泰诺产品，由于从危机中吸取要点，强生还为产品研制出了防破坏和污染的新包装。事实上，危机过后，强生的市场份额有所增长，且消费者的品牌忠诚度也有所提升。在这一案例中，危机为强生创造了机遇，彰显了其为消费者安全考虑的价值观以及吸取要点的决心。危机爆发后，强生并没有把时间消耗在追责或维护形象上。当有证据显示其产品被人投毒氰化物时，强生立即想办法保障消费者安全并防范此类危机再次发生。该公司遵从其核心价值观进行了危机响应。

184

相信你已在本书中看到若干在危机中发现机遇的案例。例如莫尔登纺织厂、科尔硬木公司、金车公司、奥德瓦拉公司、施万公司、通用汽车公司等组织，以及发生在堪萨斯州格林斯堡镇的社群危机响应，这些公司都彰显了在危机中把握机遇的能力。显然，以上每起事件都存在威胁，但是这些组织却都抓住了危机中的机遇。以下为关于重建话语理论的探讨。

❖ 重建话语的理论部分

我们将**重建**定义为组织或系统在危机后发现的新意义和新方向（Ulmer, Sellnow, & Seeger, 2009）。在第1章中我们简略提到了重建话语的四大理论要素：组织学习，合乎道德的传播，展望性、非回顾性视角，以及有效的组织修辞（详见表12.1）。这些危机传播方法说明组织应该从危机中学习，并通过沟通向利益相关者学习。组织还应该进行合乎道德的传播并遵从核心价值观。我们已经探讨何为道德的危机传播，并界定了此种道德观与广义道德观的区别。接下来，组织要避免过度关注自己的声誉，而是应该努力进行积极重建。他们应该着眼未来，让组织和利益相关者共同向前看。最后，组织的领导层要以身作则，积极开展沟通，并付诸行动来解决危机。下面我们将对这些要素进行深入剖析。

表12.1　重建话语相关理论要素

1	组织学习
2	合乎道德的传播
3	危机后展望性、非回顾性视角
4	有效的组织修辞

组织学习

危机传播研究显示，学习是有效应对危机的基础（Elliott，Smith，& Mc　*185*
Guinness，2000；Kovoor-Misra & Nathan，2000；Mittelstaedt，2005；Nathan，2000a，
2000b；Roux-Doufort，2000；Seeger，Sellnow，& Ulmer，1998；Simon & Pauchant，
2000；Ulmer，Sellnow，& Seeger，2007）。第9章充分证明了学习能帮助组织转危为机。
总之，危机为组织创造了直面自身问题和不足的机会。斯特金（1996）提出，对许多组
织来说，失败是学习过程的核心部分。组织应该在危机后期尽可能采用学习视角进行
响应，并有效传播自身吸取的要点。这一般意味着流程、运营、（有时甚至是）组织文化
的改变。传播学习内容能让利益相关者感受到组织已经解决危机。

西蒙和保夏特（Simon and Pauchant，2000）描述了三类有效克服危机的学习模式。
行为学习是最低层次的学习，因为行为的改变并非发自组织成员内心，而仅仅是"由外
部力量施压，比如通过法规、条例或技术系统"（p.7）。在这种情况下，组织可能会因为
法院判决或管理机构的强制而做出改变。

范式学习涉及"外部力量引起的改变，以及组织自发的改变"（p.7）。组织需要花
时间在组织内充分消化危机的要点。这一类学习需要系统性培训以及组织领导层的
支持。这可能需要首席执行官宣讲和总结要点。系统学习包括在危机发生前的组织学
习，以防范危机。致力于重建的组织通常会采用范式或系统学习，而不会仅仅因为管
理机构强制而开展行为学习。行为学习意味着组织面临着学习障碍，因此必须以此来
证明组织正在学习。试图开展重建性危机响应或希望避免危机的组织则应该努力做
好系统学习。

艾略特等人（Elliott et al.，2000）描述了组织学习的几大障碍，包括：

核心信仰、价值观和计划的僵化，无效沟通和信息障碍，忽视发生于其他地方的类似或显著情况，适应不良，忽视威胁和环境改变，认知狭窄化和固化，专业知识集中化，排斥和忽视异己，缺乏企业责任，只关注"单循环路径"或单一原因、单一学习。(p.18)

改变核心信仰、价值观和计划，提高危机预警能力和更有效的传播系统是更为重要的危机后变革。我们相信凡是能成功度过危机且抓住机遇的组织都能够跨越这些障碍。危机过后，组织便能强化其在危机中学习到的经验要点。同等重要的是，组织也向利益相关者展示了组织学习能够确保将来不再遭遇同样的危机。

有效的危机传播信息应该包括组织学习的相关探讨。本书的几个案例研究都在强调学习的重要性。玛丽·巴拉指出了通用汽车公司非常具体的变化，包括新的安全程序。她说通用汽车公司经历过这次危机变革了企业文化。奥德瓦拉公司详细介绍了其食品加工的改进措施，即通过新的灭菌技术不但能保留果汁的营养成分，同时还能避免或最大限度地降低大肠杆菌感染风险。玩偶匣通过内部沟通渠道公布其变革，以确保从国家到联邦机构的消息能有效传达。金车公司宣传其新型监测程序，为了让消费者在三聚氰胺危机后对其奶粉产品放心。美国田纳西河谷管理局在危机传播后期发布了一系列经验要点，以维护其在诺克斯维尔煤灰泄漏事故后的合法性。除了学习，组织必须在危机传播时合乎道德。

合乎道德的传播

进行重建性危机响应的第二大关键因素是在危机前、危机中和危机后开展合乎道德的传播。正如我们在第11章中提到的，如果对危机准备不足或在平时的运营中存在道德失范，那么危机来临时组织就会陷入被动。事实上，不道德的行为常常是危机的导火索。如果一个组织在危机发生前有不道德行为，那么这些行为极有可能在危机中暴露。

多数组织都有自己的使命和价值宣言，这些在危机中能够发挥作用。"不作恶"是谷歌（Google）公司的座右铭。这一行为准则强调"做对的事"——遵守法律，为人正直，对同事礼貌尊重。像这样的宣言对危机中的道德响应极具指导意义。

危机能够让组织有机会发现长久以来被忽视或未被发现的隐患。在危机发生前，组织如果能在关键利益相关者面前树立公开、诚实、负责、可信等积极的价值观形象，那么在危机发生后也能更好地进行重建。例如我们前文提到的通用汽车公司，在点火装置召回危机中，它并没有履行尊重每一位顾客的宗旨。玛丽·巴拉承认这一失败，在致歉中，她承诺要吸取失败的教训，并采取一系列措施以确保安全问题不再被忽视。我们认为合乎道德的传播包括与利益相关者建立积极的关系，选择前瞻性的临时应急措施，遵守重大选择的道德标准。以下为具体描述及相关示例。

与利益相关者建立积极的关系

合乎道德的传播涉及组织与其利益相关者的关系。在危机发生前，组织有机会与公众和利益相关者发展积极的关系，我们认为建立这种关系是一项重要的投资。如果组织遇到危机时希望从利益相关者那里"储蓄"的信誉中获益，那么就必须在危机发生前进行投入，与利益相关者建立平等的伙伴关系。组织要在危机前寻求机会与利益相关者合作，并以建设性的平等方式解决他们的问题。有时这被称作双向对称式公共关系。詹姆斯·格鲁尼格（James Grunig）说，组织所做的决策应该让组织和其受众互惠。应该通过协商促进相互理解，建立牢固、积极的关系。如果牢固的关系在危机之前已经建立，组织就能够依靠利益相关者帮助其克服危机的负面影响。

莫尔登纺织厂大火的案例就是一个很好的证明。艾伦·佛尔斯坦在他的纺织厂发生火灾之前，就已经与利益相关者建立了牢固、积极的关系，这些关系给予他信誉储备和支持，帮助他度过了危机。施万公司的案例向我们展示了与顾客积极的关系是如何在公司复苏的过程中扮演重要角色的。同样，金车公司依赖与供应商牢固、积极的关系，在三聚氰胺危机发生后，大规模召回其受污染的产品。没有这些良好的关系，每一个公司的危机响应都会大打折扣。接下来我们将探讨为何危机传播必须强调积极的组织价值观。

应急传播而非战略传播

重建和道德观更聚焦于危机应急响应或本能反应，而非战略传播。应急危机传播是指基于当前条件，专注于我们如何往前推进并从危机中学习，它通常基于对危机和应对措施的真实评估。战略危机传播以维护组织形象为目标，通过舆论引导等手段为组织减轻指责。战略传播一般更加精于设计并且要实现既定的目标，常用的策略包括回避、转移焦点或限制指责和责任。重建通常但并非总是基于领导者的性格和道德行为的声誉。这些领导者往往根据他们长期建立起来的处事方式进行应急或本能响应。典型的重建话语是一种基于组织积极的价值观和领导者美德的应急响应和本能反应，而非限制或推卸责任的战略性响应。

米尔特·科尔对其伐木工厂大火的回应就是应急响应的典型案例。米特在案例研究中解释道，他当时就立即决定要重建他的伐木工厂。莫尔登纺织厂的老板艾伦·佛尔斯坦也做出了类似的响应。阿尔弗雷德·施万针对施万公司沙门氏菌暴发事件发表个人价值观声明作为回应，这为其组织的危机响应奠定了基调："假如你是施万的顾客，你希望公司如何响应？"（D. Jennings, personal communication, January 29, 1996）显然，这一回应不仅与阿尔弗雷德·施万的商业运作方式保持一致，而且与其本人的价值观相符。接下来我们将探讨如何评判传播是否合乎道德。

> 机遇1：组织的危机传播若基于牢固、积极的组织价值观，则更容易进行重建。

重大选择

正如我们在风险传播那一章提到的，重大选择是一项重要的道德标准。尼尔森（1974）解释道，人格尊严主要在于能够做出理性决定。为了做出理性选择，我们必须掌握准确的信息。如果无法获取信息，我们的逻辑能力和理性就会受限。我们提倡将重大选择这一标准作为合乎道德的危机传播的一个衡量准则。因此，我们提倡尽可能传播已知的、未知的、对利益相关者最有益的基本信息。这通常需要公开、透明，避免误导性或过度保证性的消息。我们用重大选择这一概念作为准则来评估危机后的消息是否合乎道德。尼尔森指出，公民需要清晰、公正的信息进行理性判断和决策。在危机中，不清楚或偏颇的信息会干扰选择和决策，让利益相关者错失理性决策的机会。

做出重大选择的机会对有效的危机传播至关重要。达美乐比萨曾陷入一场源于社交媒体的危机，随着时间的推移，达美乐针对那场闹剧为利益相关者提供了重大选择的机会。田纳西河谷管理局在危机发生前没有对煤灰泄漏风险进行有效的沟通，因此违背了危机前传播的重大选择这一道德标准。相反，三聚氰胺危机爆发后，在其他公司相继否认或

> 机遇2：将重大选择作为危机传播第一要务的组织能更好地进行重建。

188

拒绝回应相关问题时，金车公司加入了关于风险和重大选择的广泛讨论，对自身产品进行了安全检测并公开宣布其产品不安全。能够自由获取全面的信息对于有效的危机传播来说至关重要。此外，这种传播还应具有前瞻性，开启对未来的愿景。

展望性视角VS.回顾性视角

　　纵观本书，我们坚定地认为，前瞻性的危机传播方法能促进组织学习和重建。但事与愿违，组织常常关注过去，试图回顾性地解释和说明已经发生的事。重建性危机响应的第三个特点即传播着眼于未来而非过去。那些采取重建性危机响应的组织往往在危机传播方面更具展望性而非回顾性。这些组织着眼于未来发展、组织学习、乐观主义、核心价值观，它们更重视重建而不是计较责任归属或过错等问题。在组织重建过程中，追责和过错问题显得不那么重要。重视重建的组织会尤为乐观，它们放眼于未来，利益相关者可与之携手实现。

189

乐观主义

　　重建话语本质上是一种乐观的传播形式，它能够体现组织通过利用危机中蕴藏的机遇进行自我复原的能力。例如，迈耶和霍勒萨（1986）解释称，"在危机中机遇与挑战并存，这种机遇是在其他任何时候都没有的"（p.45）。在研究中，他们描述了危机中蕴含的七大机遇：英雄诞生、变革加速、暴露潜在问题、人员改变、形成新战略、发展早期预警系统、出现新的竞争优势（Meyers & Holusha, 1986）。实际上，有许多作者提出，危机具有创造重要机遇的潜力（Hurst, 1995; Mitroff, 2005; Nathan, 2000b; Witt & Morgan, 2002）。出于这种考虑，我们提出，危机对组织来说是一个转折点（Flink, 1986）。重建话语重视危机中的潜在机遇，聚焦组织在度过危机后重振的目标感和方向感。

　　本书中的许多案例都展示了对未来保持乐观的传播。米尔特·科尔和艾伦·佛尔斯坦都对他们公司的未来持乐观态度，并把这种远见传递给了利益相关者。堪萨斯州格林斯堡镇的领导者和民众对他们的未来以及龙卷风带给他们的机遇充满了乐观。玛丽·巴拉对通用汽车公司的未来表示乐观。发生在拉奎拉和弗林特那些失败的危机传播则不那么乐观，而是更多地去关注危机的责任归属问题。

> 机遇3：致力于超越危机而非逃避责任的组织将更好地步入重建。

采取有效的组织修辞

重建话语以有效的组织修辞这一更广泛的框架为基础（Ulmer, Seeger & Sellnow, 2007）。切尼和莉娅尔（Cheney and Lair, 2005）解释道，"组织**修辞**（rhetoric）需要引发人们关注当前组织的生命问题，重点在于说服和认同"（p.75）。重建话语需要领导者为利益相关者和公众构建特定的视角。危机管理通常需要与利益相关者沟通，构建对危机的特定解读（Seeger & Sellnow, 2016）。重建需要领导者调动利益相关者的积极性，与组织共度危机，并建立一个比以往更好的组织。领导者若希望引导他人接受和认同将危机视作机遇这一观点，我们建议这些领导者首先要将自身打造成乐观和诚信的表率（Ulmer, Seeger, & Sellnow, 2007; Ulmer, Sellnow, & Seeger, 2007; Ulmer et al., 2009）。佩雷尔曼和奥布莱茨–泰特卡（1969）关于表率进行了论述，"在品行方面，特定的行为不仅会建立或阐释一般规则，而且还会激励受其启发的行动"（p.362）。相反，关于反面典型的论述涉及领导者应该避免的行为。

有效的组织修辞的重要一环就是讲述言之有理的危机故事，帮助受众理解危机的意义。我们大多数人会在一个故事的大框架内去理解发生在我们身上的事。故事中有角色、情节、经验、道德，以及开始和结尾。讲故事——发生了什么？为什么？谁是英雄？最重要的是，我们将何去何从？——是理解危机的重要部分。讲述一个令人信服的、引人入胜的危机故事，能促使利益相关者与组织协作重建（Seeger & Sellnow, 2016）。通常，由公司首席执行官等适宜公开亮相的领导者来讲述危机故事、解读内涵及发展方向。

本书部分案例强调了领导者激发和鼓励利益相关者共同克服危机。格里斯堡社区在经历龙卷风危机后，成了环境友好型社区的典范。金车公司通过独立的第三方机构检测其产品并公布产品污染情况，进而成为亚洲食品产业中的典范。施万公司在沙门氏菌暴发期选择关注消费者需求，从而成为食品召回和危机响应的模范。米尔特·科尔和艾伦·佛尔斯坦都因在危机传播中重视员工和人道问题而纷纷成为业界楷模。以下为关于重建话语的小结以及这一理论在危机传播中的应用。

> 机遇4：讲述令人信服的故事、提供未来愿景的组织，能够激励利益相关者与组织协同重建。

❖ 关于重建话语的小结

　　重建话语提供了与众不同的危机传播视角,它区别于第2章所检视的辩护理论、形象修复理论或情境危机传播理论。相较于危机后维护或修复组织形象,重建话语强调从危机中学习、合乎道德的传播、展望性传播以及有效的组织修辞。重建话语聚焦于超越危机本身的乐观、前瞻性愿景,而非陷入追究造成危机的法律责任与义务问题。这些响应之所以有效,在于能够赢得利益相关者的支持,并给予他们希望。如果过于强调危机对组织形象的威胁,则缺乏这些积极因素,并可能延长危机周期。

191

　　我们希望在读过本书之后,大家能应用这一理论,更好地理解有效或无效的危机响应是如何造成的,能够判断危机响应是有效还是无效的,甚至能够为你的组织或特定情况制定危机响应方案。我们旨在为那些想要深入理解危机响应的人们学会使用重建话语理论来评估危机响应,评估标准基于是否具备组织学习、合乎道德的传播、展望性视角、组织修辞等要素。我们看到,实践者有充足的机会去运用这一理论制定危机传播信息与危机响应计划,为未来的潜在危机做充分准备。以下为实践者运用重建话语理论要素制定危机响应计划的方法。

❖ 重建话语与危机响应计划

　　对任何组织和社群来讲,危机响应的准备都十分重要。重建话语帮助人们更好地理解组织和社群如何考虑制定危机响应计划,以及逐渐培养其危机传播技能。组织学习,作为重建话语的第一部分,建议间接向其他组织学习,或通过化解自身危机总结经验。应该既检视那些危机处置得当的案例,又研习那些失败的案例。危机计划的初始形式打开了关于有效传播重要性的讨论,涉及认识风险以及危机中的响应。这促成了人们对于危机中一些必要选择的理解。其中一个选择是指组织如何定义危机——仅仅视作威胁或同时蕴藏机遇? 另一个选择就是要确定何为危机中最重要的传播策略。在这种情况下,组织是否强调维护其形象,抑或公开而诚实地沟通是否会奏效? 组织是更看重确保利益相关者的安全,还是更看重策略性地规避责任? 通过检视行业内类似领域的危机响应案例,组织能够思考危机的定义、与事件相关的传播需求,以及需要在危机响应中进行解答的重要问题。

组织或社群危机响应的第二部分是决定指导危机响应的价值观。美国疾病控制和预防中心秉持的价值观为及时、准确、可信，施万公司的执行总裁阿尔佛雷德·施万在公司危机中发表了价值宣言：假设我们是消费者，我们会期待公司如何应对这场危机？这些价值观对于有效的危机响应至关重要。组织应该花时间决定指导其危机响应的价值观，并且运用这些价值观进行模拟演练。如果没有明确的价值观，组织或社群将在危机传播中举步维艰。

192　　　组织和社群应该努力与利益相关者建立积极的关系，提高危机响应能力，采取重大选择的立场，并且制定展望性而非策略性的传播方法。形成明确的道德观及指导实践需要时间，力求在危机中公开诚实地进行沟通的组织，需要日复一日地练习这些技能。正如我们在第1章中提到的对危机的误解，危机能暴露组织的品格，而并非塑造组织的品格。

组织和社群要努力形成展望性视角，从而满足重建话语的标准。正如我们在第1章中提到的，另一个关于有效的危机传播的重大误解就是关注过去。我们认为组织和社群需要规划发展的愿景。由于这一方法违背直觉，因此需要花时间来发展这些技能和愿景。在实践演练时，人们会自然地关注谁应对此负责，以及为何危机不是我们的错误导致的。然而，有效的危机传播计划涉及提高传播技能，从而规划发展的愿景，并与利益相关者达成共识来实现这些愿景。

运用重建话语进行危机计划的最后一部分涉及采取有效的组织修辞。领导者、组织成员、社群成员需要提升讲述乐观、重建的故事的技能。危机是生活的一部分。正如我们在本书中所讨论的那样，如果我们能够坦然接受结果，危机事实上会产生积极结果，能促使组织或社群改进自身。通过组织内外的有效传播，我们能够逐步改变我们对危机的看法以及危机对我们的影响。危机计划就是要建立对危机的全新心态，通过组织内外有效的传播恢复与重建，树立危机响应的乐观心态。

重建话语还建议采用危机计划的过程方法。这种过程方法包括改变对危机的心态，通过实践和替代性学习锻炼传播技能，通过讨论与日常应用来锻造组织的道德品格以及传播实践，并且抵制对危机的误解。最终目标是提高组织成员的技能，以至于不管遇到任何种类的危机，组织及其成员都能够适应并把握危机中的挑战与机遇（Ulmer & Pyle, 2016）。

❖ 小 结

正如我们所见,组织危机是会威胁到组织生存的创伤性事件,但这些事件同样蕴藏着机遇。应对危机时,重要的是能够认识到组织有机会重建,这取决于组织在危机前如何做准备以及在危机中和危机后如何进行传播。想要进行有效的响应,组织需要做好组织学习,合乎道德的传播,在危机中面向未来,采用有效的组织修辞。

本书的最终目标是帮助你另眼看待危机。我们希望你能重新审视危机,不要把危机完全视作消极事件,而是明白其中蕴藏着机遇,在危机过后能够重建。本书首先检视了管理不确定性、有效的危机传播、领导力等要点,从而帮助你更好地理解和应对危机传播的挑战。

危机传播的选择会影响危机处置的结果。此外,我们希望你拓展对于危机传播的理解,提高危机传播技能。当你看到风险在你的组织内逐步发展成危机,我们鼓励你继续将本书中所学到的知识运用到实际中去。通过这种方式,你能逐步提升技能并发现危机中的机遇。

最后,我们希望你能通过从失败中学习、明确组织价值观、评估风险来捕捉危机中的机遇。组织要成功管理危机,必须在危机中进行有效的传播,发现机遇,学会适时作出改变,以防止危机再次发生。我们相信,如果组织遵循这些建议,就能够转危为机,成为强者,更具恢复力和重生精神。

机遇1:组织的危机传播若基于牢固、积极的组织价值观,则更容易进行重建。

机遇2:将重大选择作为危机传播第一要务的组织能更好地进行重建。

机遇3:致力于超越危机而非逃避责任的组织将更好地步入重建。

机遇4:讲述令人信服的故事、提供未来愿景的组织,能够激励利益相关者与组织协同重建。

参考文献

第一章

Herman, C.F. (1963). Some consequences of crisis which limit the viability of organizations. *Administrative Science Quarterly*, *8*, 61–82.

Millar, D.P., & Irvine, R.B. (1996). Exposing the errors: *An examination of the nature of organizational crises*.Paper Presented at the Annual Conference of the National Communication Association, San Diego, CA.

Perrow, C. (1999). *Normal accidents*. New York, NY: Basic Books.

第二章

Bak, P. (1996). *How nature works: The science of self-organized criticality*. New York: Copernicus.

Bantz, C.R., Petronio, S. G., & Rarick, D.L. (1983). News diffusion after the Reagan shooting. *Quarterly Journal of Speech*, *69*, 317–327.

Benoit, W.L. (1995). *Accounts, excuses and apologies*. Albany: State University of New York Press.

Benoit, W.L. (1997). Image repair discourse and crisis communication. *Public Relations Review*, *23*, 177–186.

Birkland, T.A. (2006). *Lessons of disaster: Policy change after catastrophic events*. Washington, DC: Georgetown University Press.

Chess, C. (2001). Organizational theory and stages of risk communication. *Risk Analysis*, 21, 179–188.

Clarke, L.& Chess, C. (2008). Elites and panic: More to fear than fear itself. *Social Forces*, 87(2), 993–1014.

Comfort, L.K., Sungu, Y., Johnson, D. & Dunn, M.(2001). Complex systems in crisis: Anticipation and resilience in dynamic environments. *Journal of Contingencies and Crisis Management*, 9, 144–158.

Coombs, W.T.(2012). *Ongoing crisis communication: Planning, managing, and responding.* Thousand Oaks, CA: Sage.

Coombs, W.T. & Holladay, S.J.(2002). Helping crisis managers protect reputational assets: Initial tests of the situational crisis communication theory. *Management Communication Quarterly*, *16*, 165–186.

Coombs, W.T. & Holladay, S.J.(Eds). (2010). *The handbook of crisis communication.* Hoboken, NJ: Wiley.

Fishman, D.A. (1999). ValuJet flight 592: Crisis communication theory blended and extended. *Communication Quarterly 47*(4), 345–375.

Gilpin, D.R., & Murphy, P.J. (2008). *Crisis management in a complex world.* New York: Oxford University Press.

Greenberg, B.S. (1964). Diffusion of news of the Kennedy assassination. *Public Opinion Quarterly, 2* (22), 225–232.

Hearit, K.M. (2001). Corporate apologia: When an organization speaks in defense of itself. In R.L. Health (Ed.), *Handbook of public relations*(pp.595–605). Thousand Oaks, CA: Sage.

Hearit, K.M. (2006) *Crisis management by apology: Corporate response to allegations of wrongdoing.* Mahwah, NJ: Lawrence Erlbaum.

Heath, R.L., & O' Hair, D.H. (Eds). (2009). *Handbook of risk communication.* New York, NY: Routledge.

Holladay, S.J. (2010). Are they practicing what we are preaching? An investigation of crisis communication strategies in the media coverage of chemical accidents. In W.T. Coombs & S.J. Holladay (Eds.), *The handbook of crisis communication* (pp. 159–180). Hoboken, NJ: Wiley.

Hook, S.K., & Pu, X. (2006). Framing Sino–American relations under stress: A reexamination of news coverage of the 2001 spy plan crisis. *Asian Affairs: An American Review, 33*(3), 167–183.

Lorenz, E.N. (1993)., *The essence of chaos*, Seattle : University of Washington Press.

Mandelbrot, B.B.(1977).*Fractals: Form, chance, and dimensions.*San Francisco, CA: W.H.Freeman.

Mclntyre, J.J., Spence, P.R., &Lachlan, K.A.(2011).Media use and gender differences innegative psychological responses to a shooting on a university campus.*Journal of School Violence*, *10*, 299–213. doi: 10.1080/15388220.2011.578555.

Mileti, D., &Peek, L.(2000).The social psychology of public response to warnings of anuclearpower plant accident.*Journal of Hazardous Materials*, *75*, 181–194.

Mileti, D., &Sorensen, J.H.(1990).*Communication of emergency public warnings*.Washington, DC: Federal Emergency Management Association.

Mitroff, I.I.(2005).*Why some companies emerge stronger and better from a crisis: 7 essentiallessons for surviving disaster*.New York, NY: AMACOM.

Mitroff, I.I., &Anagnos, G.(2001).*Managing crises before they happen: What every executive and manager needs to know about crisis management*.New York, NY: AMACOM.

Morgan, M.G., Fischhoff, B., Bostrom, A., &Atman, C.J.(2002).*Risk communication: Amental models approach*.Cambridge, UK: Cambridge University Press.

Murphy, P.(1996).Chaos theory as a model for managing issues and crises.*Public Relations Review*, *22*, 95–113.

Nathan, M.(2000a).From the editor: Crisis learning–Lessons from Sisyphus and others.*Review of Business*, *21*, 3–5.

Nathan, M.(2000b).The paradoxical nature of crisis.*Review of Business*, *21*, 12–16.

Pearson, C.M., Roux–Dufort, C., &Clair, J.A(Eds). (2007).*International handbook of organizational crisis management*.Thousand Oaks, CA: Sage.

Pidgeon, N., Kasperson, R.E., Slovik, P.(2003).*The social amplification of risk*.New York.NY: Cambridge University Press.

Quarantelli, E.I.(1988).Disaster crisis management: A summary of research findings. *Journal of Management Studies*, *25*, 273–385.

Ramo, J.C.(2009).*The age of the unthinkable: Why the new world disorder constantly surprises us and what we can do about it*.New York, NY: Little, Brown and Company.

Reynolds, B.(2002).*Crisis and emergency risk communication*.Atlanta, GA: Centers forDisease Control and Prevention.

Seeger, M.W.(2006).Best practices in crisis communication: An expert panel process.*Journal of Applied Communication Research*, *34*, 232–244.doi: 10.1080/00909880600769944.

Sellnow, T.L., Seeger, M.W., &Ulmer, R.R. (2002).Chaos theory, informational needs, andnatural disasters.*Journal of Applied Communication Research*, *30*, 269–292.

Sellnow, T.L., &Ulmer, R.R. (1995).Ambiguous argument as advocacy in organizational crisis communication.*Argumentation and Advocacy*, *31*, 138–150.

Sellnow, T.L., Ulmer, R.R., &Snider, M. (1998).The compatibility of corrective action in organizational crisis communication.*Communication Quarterly*, *46*, 60–74.

Slovic, P. (1987). Perception of risk.*Science*, *236*, 280–286.

Spence, P.R., Lachlan, K.A., Lin, X., Sellnow–Richmond, D., &Sellnow, T. (2015).The problem with remaining silent: Exemplification effects and public image.*Communication Studies*, *66*, 341–357.

Spence, P., Lachlan, K., Sellnow, T., Rice, R.G., &Seeger, H. (2017).That is so gross and I have to post about it: Exemplification effects and user comments on a news story.*Southern Communication Journal*, *82*, 27–37.doi: 10.1080/1041794X.2016.1265578.

Spence, P.R., Lachlan, K.A., &Westerman, D. (2009).Presence, sex, and bad news: Exploring the responses of men and women to tragic news stories in varying media.*Journal of Applied Communication Research*, *37*(3), 239–256.doi: 10.1080/00909880903025929.

Spence, P.R., Sellnow–Richmond, D., Sellnow, T.L., &Lachlan, K.A. (2016).Social mediaand corporate reputation during crises: The viability of video–sharing websites for providing counter–messaging to traditional broadcast news.*Journal of Applied Communication Research*, *44*, 199–215.

Ulmer, R.R., Sellnow, T.L., &Seeger, M.W. (2009).Post–crisis communication and renewal: Understanding the potential for positive outcomes in crisis communication.In R.L.Heath&D.H.O' Hair (Eds.), *Handbook of risk and crisis communication*.New York: Routledge.

Ware, B.L., &Linkugel, W.A. (1973).They spoke in defense of themselves: On the generic criticism of apologia.*Quarterly Journal of Speech*, *59*, 273–283.

Weick, K.E. (1988).Enacted sensemaking in crisis situations. *Journal of Management Studies*, *25*, 305–317.

Weick, K.E., &Sutcliffe, K.M. (2007).*Managing the unexpected: Assuring high performance in an age of complexity* (2nd.ed.).San Francisco, CA: Jossey–Bass.

Westerman, E., Spence, P.R., &Lachlan, K.A. (2012).Telepresence and Exemplification: Does spatial presence impact sleeper effects?*Communication Research Reports*, *29*, 299–309.doi:

10.1080/08824096.2012.723272.

Wilkins, L. (1989).Bhopal: The politics of mediated risk.In L.M.Walters, L.Wilkins, &T.Walters
(Eds.), *Bad tidings: Communication and catastrophe* (pp.21–34).Hillsdale, NJ: Lawrence Erlbaum.

Witt, J.L., &Morgan, G. (2002).*Stronger in broken places: Nine lessons for turning crisis into triumph.*
New York, NY: Times Books.

Wood, R.S. (2006).Tobacco's tipping point: The master settlement agreement as a focusing event.
Policy Studies Journal, 34 (3), 319–436.

Zillmann, D. (2006).Exemplification effects in the promotion of safety and health.*Journal of
Communication, 56*, S221–S237.doi: 10.1111/j.14602466.2006.00291.x.

第三章

CDC. (2014).Crisis emergency risk communication.https: //emergency.cdc.gov/cerc/resources/pdf/
cerc_2014edition.pdf.

Dutta, M.J. (2007).Communicating about culture and health: Theorizing culture–centered and cultural
sensitivity approaches.*Communication Theory*, 17, 304–328.

Heath, R.L. (1997).*Strategic issues management: Organizations and public policy challenges.*Thousand
Oaks, CA: Sage.

Marconi, J. (1992).*Crisis marketing: When bad things happen to good companies.*Chicago, IL: Probus.

Meyers, G.C., &Holusha, J. (1986).*When it hits the fan: Managing the nine crises of business.*Boston,
MA: Houghton Mifflin.

Quarantelli, E.I. (1988).Disaster crisis management: A summary of research findings.*Journal of
Management Studies*, 25, 273–385.

Reynolds, B. (2002).*Crisis and emergency risk communication.*Atlanta, GA: Centers for Disease
Control and Prevention.

Sandman, P. (2004).*Crisis communication: Avian flu exercise: What are they doing?*Retrieved from
http: //www.psandman.com.

Schuetz, J. (1990).Corporate advocacy as argumentation.In R.Trapp&J.Schuetz (Eds.), *Perspectives on
argumentation* (pp.272–284).Prospect Heights, IL: Waveland.

Seeger, M.W. (1986).The Challenger tragedy and search for legitimacy.*Central States Speech Journal*,

37, 147–157.

Sellnow, T.L., Seeger, M.W., &Ulmer, R.R. (2002).Chaos theory, informational needs, and natural disasters.*Journal of Applied Communication Research*, *30*, 269–292.

Sherman, A. (2010).*Using social media for crisis communication*.Retrieved from http: //www.iabc.com/cwb/archive/2010/0210/Sherman.htm.

Stracener, M. (2012).*Social media and public health: Are we using theory to guide practice?* (Doctoral dissertation), University of Arkansas Medical Sciences, Little Rock.

Witt, J.L., &Morgan, G. (2002).*Stronger in broken places: Nine lessons for turning crisis into triumph*. New York, NY: Times Books.

第四章

Calo, B. (Producer). (1996, August 25).Labor of love.*Dateline NBC* (Television broadcast).Universal City, CA: National Broadcasting Company.

Clifford, S. (2009, April 6).Video prank at Domino's taints brand.*New York Times*, p.1B.

De Lisser, E. (1998, September 22).FDA is putting the squeeze on makers of fresh juice: New warning labels are sparking safety concerns among customers.*The Wall Street Journal*, p.1.

Domino's president responds to prank video. (n.d.).Retrieved from http: //www.youtube.com/watch?v=dem6eA7–A21.

Green, J.L. (2012).*Lean finely textured beef: The "pink slime" controversy* (Report No.7–5700). Congressional Research Service.Retrieved from Congressional Research Service https: //fas.org/sgp/crs/misc/R42473.pdf.

Levinsohn, B., &Gibson, E. (2009, May 4).An unwelcome delivery.*Business Week*, *4129*, 15.

Martinelli, K., &Briggs, W. (1998).Integrating public relations and legal responses duringa crisis: The case of Odwalla, Inc.*Public Relations Review*, *24*, 443–460.

Milne, J. (1995, December 15).Mill owner says he'll pay workers for a month.*The Boston Globe*, p.B50.

Milne, J., &Aucoin, D. (1995, December 13).In flicker of flames, mill owner vows to rebuild.*The Boston Globe*, p.B1.

Moore, B.L. (1998, August 19).Time may be right to take bite of Odwalla.*The Wall Street Journal*, p.CA1.

Morris, F. (2007). Kansas town's green dreams could save its future. *NPR.com*. Retrieved from http: //www.npr.com.

NAMI: North American Meat Institute. (n.d.). About NAMI. Retrieved from https: //www.meatinstitute. org/index.php?ht=d/sp/i/204/pid/204.

Nguyen, B., &Morris, J. (2009). After tornado, town rebuilds by going green. *CNN.com*. Retrieved from http: //cnn.com.

Odwalla pleads guilty, to pay$1.5 million in tainted-juice case. (1998, July 24). *The Wall Street Journal*, p.1.

Odwalla, Inc.crisis management. (1997, August 22). *The Wall Street Journal*, p.A6.

Phelps, M. (2009). Building a model green community in Greensburg, KS. *Mother Earth News*. Retrieved from http: //www.motherearthnews.com/Nature-Community/Greensburg-Kansas-Daniel-Wallach.aspx.

Pyle, A. (2011). Effective Crisis Communication: Lessons learned from the Deepwater Horizon Oil Spill. (Master's paper). University of Arkansas at Little Rock, Little Rock.

Reierson, J.L., Sellnow, T.L., &Ulmer, R.R. (2009). Complexities of crisis renewal overtime: Learning from the case of tainted Odwalla apple juice. *Communication Studies*, *60*, 114–129.

Russel, J. (2014, June 17). "Pink slime" is making a comeback. Do you have a beef with that? *The Salt*: *What's On Your Plate*, Retrieved from http: //www.npr.org/sections/thesalt/014/06/17/322911060/pink-slime-is-making-a-comeback-do-you-have-a-beef-with-that.

Sellnow, T.L., Littlefield, R.S., Vidoloff, K.G., &Webb, E.M. (2010). The interacting arguments of risk communication inresponse to terrorist hoaxes. *Argumentation and Advocacy*, *45*, 139–154.

Thomsen, S., &Rawson, B. (1998). Purifying a tainted corporate image: Odwalla's response to an E.coli poisoning. *Public Relations Quarterly*, *43*, 35–46.

Ulmer, R.R. (2001). Effective crisis management through established stakeholder relationships: Malden Mills as a case study. *Management Communication Quarterly*, *14*, 590–615.

第五章

Guterman, L. (2004). Slippery science. *Chronicle of Higher Education*, *51*(5), A12–A17.

International Campaign for Justice in Bhopal. (n.d.). International campaign for justice in Bhopal website. Retrieved from http: //www.bhopal.net.

Kramer, M.W. (2004) .*Managing uncertainty in organizational communication.*Mahwah, NJ: Lawrence Erlbaum.

Larsen, S. (1998) .Safety last.*Mother Jones.*Retrieved from http: //www.motherjones.com.

Sellnow, T.L., Seeger, M.W., &Ulmer, R.R. (2002) .Chaos theory, informational needs, and natural disasters.*Journal of Applied Communication Research*, *30*, 269–292.

Sellnow, T.L., Seeger, M.W., &Ulmer, R.R. (2005) .Constructing the "new normal" through post crisis discourse.In D.O' Hair, R.L.Heath, &G.R.Ledlow (Eds.) , *Community preparedness and response to terrorism: Communication and the media* (Vol.3, pp.167–189) .Westport, CT: Praeger.

Sharma, D. (2005) .Bhopal: 20 years on.*Lancet*, 365, 111–113.

Small, W. (1991) .Exxon Valdez: How to spend billions and still get a black eye.*Public Relations Review*, 17, 9–26.

Taleb, N.N. (2010) .*The black swan: The impact of the highly improbable* (2nd ed.) .New York, NY: Random House.

Ulmer, R.R., &Sellnow, T.L. (1997) .Strategic ambiguity and the ethic of significant choice in the tobacco industry' s crisis communication.*Communication Studies*, *48*, 215–233.

Ulmer, R.R., &Sellnow, T.L. (2000) .Consistent questions of ambiguity in organizational crisis communication: Jack in the Box as a case study.*Journal of Business Ethics*, *25*, 143–155.

Weick, K.E. (1993) .The collapse of sensemaking in organizations: The Mann Gulch disaster. *Administrative Science Quarterly*, *38*, 628–652.

Weick, K.E. (1995) .*Sensemaking in organizations.*Thousand Oaks, CA: Sage.

第六章

Basu.T. (2014, March 31) .Timeline: A history of GM' s ignition switch defect.*NPR.*Retrieved February 12, 2017 from http: //www.npr.org/2014/03/31/297158876/timeline-a-history-of-gms-ignition-switch-defect.

Cartlidge, E. (2016, October 3) Seven-year legal saga ends as Italian official is cleared of manslaughter in earthquake trial.Science. Retrieved from http: //www.sciencemag.org/news/2016/10/seven-year-legal-saga-ends-italian-official-cleared-manslaughter-earthquake-trial.

Chen, F.Y. (2008) .Honesty is a basic human moral. *Business Weekly*, 1089.Retrieved from http: //www.

businessweekly.com.tw/article.php?id=34532.

CNN. (2017). Flint water crisis fast facts. http: //www.cnn.com/2016/03/04/us/flint–water crisis–fast–facts/index.html.

Ganim, S., Tran, L. (2016). How tap water became toxic in Flint, Michigan. *CNN.com*. Retrieved from http: //www.cnn.com/2016/01/11/health/toxic–tap–water–flint–michigan/.

General Motors. (GM). (2014, March 26). *Message to customers–Mary Barra*, *General Motors*. Retrieved from https: //www.youtube.com/watch?v=pa3BLkp32eY.

Huotari, J. (2009, January 1). $165M TVA lawsuit could get bigger. *Oakridger*. Retrieved from http: //www.oakridger.com/news/x1277304648/–165M–TVA–lawsuit–could–get–bigger.

Ide, W.R., &Blanco, J.O. (2009, July 21). *A report to the board of directors of the Tennessee Valley Authority regarding Kingston factual findings*. Retrieved from http: //www.tva.govkingston/board_report/index.htm.

Jordan, T.H. (2013). Lessons of L'Aquila for operational earthquake forecasting. *Seismological Research Letters*, *84* (1), 1–7. doi: 10.1785/0220120167.

Kilgore, T. (2009, July 28). Statement of Tom Kilgore president and chief executive officer Tennessee Valley Authority. *FDCH Congressional Testimony*. Retrieved from http: //search.ebscohost.com/login.aspx?direct=true&db=ulh&AN=32Y0398551033&site–ehost–live&scope=site.

Kluger, J. (2012, October 24). Scientific illiteracy: Why the Italian earthquake verdict is even worse than it seems. *TIME*. Retrieved from http: //science.time.com/2012/10/24/sci–entific–illiteracy–why–the–italian–earthquake–verdictis–even–worse–than–it–seems/.

Ku, F. (2009). Organizational renewal: *A case study of King Car's crisis communication strategies*. (Unpublished master's thesis). University of Arkansas, Little Rock.

Lin, Y. (2008). King Car: Consumers are way more important than profits. *Awakening News Networks*. Retrieved from http: //www.awakeningtw.com/awakening/news_center/show.php?itemid=755.

McEachern, S. (2014, March 31). General Motors releases CEO Mary Barra's written congressional testimony transcript. *GM Authority*. Retrieved from http: //gmauthority.com/blog/2014/03/general–motors–releases–ceo–mary–barras–written–congressional–testimony–transcript/.

National Aeronautics and Space Administration (NASA). (n.d.) . Coal ash spill, Tennessee. *Earth Observatory*. Retrieved from http: //earthobservatory.nasa.gov/NaturalHazards/view.php?id=36352.

Nosengo, N. (2010, June 22). Italy puts seismology in the dock. *Nature: International Weekly Journal of Science.* Retrieved from http: //www.nature.com/news/2010/100622/full/465992a.html.

Smith. L. (2015b, December 15). How people in Flint were stripped of a basic human need: Safe drinking water. *Michigan Radio.* Retrieved January 30, 2017 from http: //michiganradio.org/post/how-people–flint–were–stripped–basic–human–need–safe–drinking–water.

Sturloni, G. (2012). Lessons from L' Aquila: The risks of science (mis) communication. JCOM: *Journal of Science Communication, 11* (4), 1–2. Retrieved from http: //jcom.sissa.it/archive/11/04/Jcom1104%282012%29E/.

Tennessee Valley Authority. (TVA). (n.d.). *Kingston fossil plant.* Retrieved from http: //www.tva.gov/sites/kingston.htm.

Text, video of GM CEO Mary Barra on switch report. (2014, June 5). *USA Today.* Retrieved from http: //www.usatoday.com/story/money/cars/2014/06/05/gm–ceo–mary–barra–speech–switch–recall–report/10012715/.

Vines: Conference tackles TVA cleanup plan. (2009, April 4). *Knoxnews.com.* Retrieved from http: //www.knoxnews.com/news/2009/apr/04/conference–tackles–tva–cleanup–plan/.

Vlasic, B., &Jensen, C. (2014, March 17). Something went "very wrong" at G.M. chief says. *New York Times.* Retrieved from https: //www.nytimes.com/2014/03/18/business/gm–chief–barra–releases–video–on–recalls.html.

Welcome to a new year. (2010, January 1). *Knoxnews.com.* Retrieved from http: //www.knoxnews.com/news/2010/ja.

Wu, Y., Hsieh, M., Peng Y. (2008). Crisis management: Interview with King Car chairman Mr. Lee. *Common Wealth,* 407. Retrieved from http: //www.cw.com.tw/article/index.jsp?id=35825.

Young, Y., Lo, C., Lee, L., &Chu, H. (2008). King Car recalls 2.1 million packaged products. *Liberty Times.* Retrieved from http: //www.libertytimes.com.tw/2008/new/sep/22/today–fo3.htm.

第七章

Benson, J.A. (1988). Crisis revisited: An analysis of strategies used by Tylenol in the second tampering episode. *Central States Speech Journal, 39,* 49–66.

Burns, J.M. (1978). *Leadership.* New York, NY: Harper&Row.

Chen, S. (2010). Crisis management 101: What can BP CEO Hayward's mistakes teach us? *CNN.com*. Retrieved from http: //www.cnn.com/2010/LIVING/07/27/bp.tony.hayward .mistakes/index.html.

Colvin, G. (2014, September 18). Mary Barra's (unexpected) opportunity. *Fortune*. Retrieved from http: //fortune.com/2014/09/18/mary-barra-general-motors/.

GM Corporate Newsroom. (2014, March 31). CEO Mary Barra's written congressional testimony now available. Retrieved from http: //media.gm.com/media/us/en/gm/news.detail. html/content/Pages/news/us/en/2014/mar/0331-barra-written-testimony.html.

McCain, M. (2008). *Maple Leaf CEO Michael H.McCain responds to determination of linkto plant*. Retrieved from http: //investor.mapleleaf.ca/phoenix.zhtml?c=88490&p=irol-newsArticle&ID=1189861&highlight=.

Northouse, P. (2012). *Leadership: Theory and practice* (6th ed.). Thousand Oaks, CA: Sage.

Obama, Barack. (2012). President Obama at Sandy Hook prayer vigil. *NPR.org*. Retrieved from http: //www.npr.org/2012/12/16/167412995/transcript-president-obama-at-sandy-hook-prayer-vigil.

Seeger, M.W., &Ulmer, R.R. (2001). Virtuous responses to organizational crisis: Aaron Feuerstein and Milt Cole. *Journal of Business Ethics*, *31*, 369-376.

Snyder, L., &Foster, L.G. (1983). An anniversary review and critique: The Tylenol crisis. *Public Relations Review*, *9*, 24-34.

Spotlight investigation: Abuse in the Catholic Church (n.d.). *BostonGlobe.com*. Retrieved from http: //www.boston.com/globe/spotlight/abuse/scandal.

Ulmer, R.R. (2001). Effective crisis management through established stakeholder relationships: Malden Mills as a case study. *Management Communication Quarterly*, *14*, 590-615.

Venette, S.J., Sellnow, T.L., &Lang, P.A. (2003) Metanarration's role in restructuring perceptions of crisis: NHTSA's failure in the Ford-Firestone crisis. *Journal of Business Communication*, *40*, 219-236.

Vlasic, B., &Jensen, C. (2014, March 17). Something went "very wrong" at G.M.chief says. *New York times*. Retrieved from https: //www.nytimes.com/2014/03/18/business/gm-chief-barra-releases-video-on-recalls.html.

Witt, J.L., &Morgan, G. (2002). *Stronger in broken places: Nine lessons for turning crisis into triumph*. New York, NY: Times Books.

第八章

Blackfish. (n.d.). *Box office mojo*.Retrieved from http: //www.boxofficemojo.com/movies/?id=blackfish. htm.

Centers for Disease Control and Prevention. (2009, May 11). *Salmonellosis*.Retrieved from http: //www. cdc.gov/.

Centers for Disease Control and Prevention. (2010, May 11). *Multistate outbreak of salmonella typhimurium infections linked to peanut butter, 2008–2009* (Final Update).Retrieved from http: //www. cdc.gov/salmonella/typhimurium/update.html.

CNN. (2009, February 11). *Peanut company officials spurn Congress' questions*.Retrieved from http: // www.cnn.com/2009/POLITICS/02/11/congress.peanut.butter/.

Desmond, T. (2010, March 8).The killer whale who kills.*New York* Times.Retrieved from http: //www. nytimes.com/2010/03/09/opinion/09iht–eddesmond.html.

Getchell, M.C. (2016). *Chaos theory and emergent behavior: How ephemeral organizations function as strange attractors through information communication technologies*.University of Kentucky, Lexington.

Getchell, M.C., &Sellnow, T.L. (2016).An analysis of social networks and crisis communication: A network analysis of official Twitter accounts during the West Virginia Water crisis.*Computers and Human Behavior, 54*, 597–606.

Hallman, W.K., &Cuite, C.L. (2009). *Food recalls and the American public: Improving communications*.Rutgers, State University of New Jersey, New Brunswick: Food PolicyInstitute.

Hartman, B.&Barrett, K. (2009, February 10). Timeline of the salmonella outbreak: Track the chain of events in the recall of more than 1, 550 peanut products.*ABC News*.Retrieved from http: //abcnews. go.com/Health/story?id=6837291&page=3#.UZ4c9uvlGi.

Hauser, C. (2017, January 6).Tilikum, the killer whale featured in "Backfish, " dies. *New York Times*.Retrieved from https: //www.nytimes.com/2017/01706/science/tilikum–dead–seaworld–whale– blackfish.html.

Hoyt, E. (1992).A whale of a business.*Frontline*.Retrieved from http: //www.pbs.org/wgbh/pages/ frontline/shows/whales/debate/trainers.html.

Ice cream poisoning outbreak in 1994 was largest case on record. (1996, May 16).*The Forum*, p.C1.

It's an orca!Last killer whale is born at a SeaWorld Park. (2017, April 20).*New York Times*.Retrieved from https：//www.nytimes.com/aponline/2017/04/20/us/ap-bc-us-seaworld-last-orca-birth.html.

Millner, A.G.(2011).*Strategic ambiguity and proxy communication in organizational crises*：*The Peanut Corporation of America case.*(Doctoral dissertation).University of Kentucky, Lexington.

Millner, A.G., &Sellnow, T.L.(2013).Silence in the turmoil of crisis：Peanut Corporation of America's response to its sweeping salmonella outbreak.In S.May(Ed.), *Case studies in organizational communication*(2nd ed., pp.261-270).Thousand Oaks, CA：Sage.

Millner, A.G., Veil, S.R., &Sellnow, T.L.(2011).Proxy communication in crisis response.*Public Relations Review*, *37*, 74-76.

Mooney, M.(2010, March 31).SeaWorld trainer killed by whale had fractured jaw and dislocated joints. *ABC News*.Retrieved from http：//abcnews.go.com/GMA/seaworld-trainer-dawn-brancheau-suffered-broken-jaw-fractured/story?id=10252808.

Munoz, O.(2017, April 10).United CEO response to United Express Flight 3411.(Tweet).https：// twitter.com/united.

Phillips, K.(Reporter).(2009, February 10).*CNN newsroom*(Television broadcast).Atlanta, GA： Cable News Network.

SeaWorld, parent of Busch Gardens, posts$12 million loss amid attendance drop.(2017, February 28). *Tampa Bay Times*.Retrieved from http；//www.tampabay.com/news/business/corporate/seaworld-posts-12-million-loss-amid-attendance-drop/2314771.

Seeger, M.W., &Ulmer, R.R.(2001).Virtuous responses to organizational crisis：Aaron Feuerstein and Milt Cole.*Journal of Business Ethics*, *31*, 369-376.

Seeger, M.W., &Ulmer, R.R.(2002).A post-crisis Discourse of Renewal：The cases of Malden Mills and Cole Hardwoods.*Journal of Applied Communication Research*, *30*, 126-142.

Sellnow, T.L., Sellnow, D.D., Lane, D.R., &Littlefield, R.S.(2012).The value of instructional communication in crisis situations：Restoring order to chaos.*Risk Analysis*, *32*(4), 633-643.doi： 10.1111/j.1539-6924.2011.01634.x.

Sievers, S., &Yost, D.(1994, October 8).Illness tied to Schwan's.*The Marshall Independent*, p.1.

United Airlines.(April 27, 2017).United Airlines announces changes to improve customer experience. *United.com*.Retrieved from http：//newsroom.united.com/2017-04-27-United-Airlines-Announces-Changes-to-Improve-Customer-Experience.

United Airlines CEO Oscar Munoz named PRWeek U.S.Communicator of the Year.(2017, March).
PRWeek.Retrieved from http: //www.prweek.com/article/1426909/united-air-lines-ceo-oscar-munoz-
named-prweek-us-communicator-year.

Why "Blackfish" is propaganda, not a documentary.(n.d.).*SeaWorld Cares*.Retrieved from https: //
seaworldcares.com/the-facts/truth-about-blackfish/?gclid=CJSP4PnhztMCFYJmfgodMsYImQ#1.

Wittenberger, K., &Dohlman, E.(2010, February).*Peanut outlook: Impacts of the 2008-09 foodborne
illness outbreak linked to salmonella in peanuts*.Retrieved from http: //www.ers.usda.gov/publications/
ocs-oil-crops-outlook/ocs10a-01.aspx#.UoUOenCG2qs.

第九章

Bazerman, M.H., &Watkins, M.D.(2004).*Predictable surprises: The disasters you should have seen
coming and how to prevent them*.Boston.MA: Harvard Business School Press.

Huber, G.P.(1996).Organizational learning: The contributing processes and the literatures.In
M.D.Cohen&L.S.Sproull(Eds.).*Organizational learning*(pp.124-162).ThousandOaks, CA: Sage.

Mitroff, I.I., &Anagnos, G.(2001).*Managing crises before they happen: What every executive and
manager needs to know about crisis management*.New York, NY: AMACOM.

Mittelstaedt, R.E.(2005).*Will your next mistake be fatal? Avoiding the chain of mistakes that can
destroy*.Upper Saddle River, NJ: Wharton.

Novak, J.M., &Sellnow, T.L.(2009).Reducing organizational risk through participatory communication.
Journal of Applied Communication Research 37, 349-373.

Sitkin, S.B.(1996).Learning through failure: The strategy of small losses.In M.D.Cohen&L.S.Sproull
(Eds.), *Organizational learning*(pp.541-578).Thousand Oaks, CA: Sage.

Tompkins, P.K.(2005).*Apollo, Challenger, Columbia: The decline of the space program*.LosAngeles,
CA: Roxbury.

第十章

Anthony, K.E., Sellnow, T.L., &Millner, A.G.(2013).Message convergence as a message-centered
approach to analyzing and improving risk communication.*Journal of Applied Communication Research*,
41, 346-364.

Horlick-Jones, T., Sime, J., &Pidgeon, N.F.(2003).The social dynamics of risk perception; implications for risk communication research and practice.In N.F.Pidgeon, R.K.Kasperson, &P.Slovic (Eds.), *The social amplification of risk* (pp.262-285).Cambridge, UK: Cambridge University Press.

International Food Information Council.(2003).Food biotechnology: A communications guide to improving understanding.Retrieved from http: //www.foodinsight.org/Content/5438/Biotech%20Guide. pdf.

Kasperson, R.E., Ortwin, R., Slovic, P., Brown, H.S., Emel, J., Goble, R....Ratlick, S.(2000).The social amplification of risk: A conceptual framework.In P.Slovic (Ed.), *The perception of risk* (pp.232-245).London, UK: Earthscan Publications.

Langer, E.J.(1989).*Mindfulness*.Cambridge, MA: Perseus.

Leiss, W.(2003).Searching for the public policy relevance of the risk amplification framework. In N.Pidgeon, R.E.Kasperson, &P.Slovic (Eds.), *The social amplification of risk* (pp.355-373). Cambridge, UK: Cambridge University Press.

National Research Council.(1989).*Improving risk communication*.Washington, DC: National Academy Press.

Nilsen, T.R.(1974).*Ethics of speech communication* (2nd ed.).Indianapolis, IN: Bobbs-Merrill.

Palenchar, M.J., &Heath, R.L.(2002).Another part of the risk communication model: Analysis of communication processes and message content.*Journal of Public Relations Research*, *14* (2), 127-158.

Perelman, C., &Olbrechts-Tyteca, L.(1969).*The new rhetoric: A treatise on argumentation*.London, UK: University of Notre Dame Press.

Perrow, C.(1999).*Normal accidents* (2nd ed.).New York, NY: Basic Books.

Population Institute.(n.d.).2030: The Perfect "Storm" scenario.Retrieved from http: //www. populationinstitute.org/external/files/reports/The_PerfectStorm_Scenario_for_2030.pdf.

Reynolds, B.&Seeger, M.W.(2005).Crisis and emergency risk communication as an integrative framework.*Journal of Health Communication*, *10*, 43-55.

Rowan, K.E.(1995).What risk communicators need to know.: An agenda for research. In B.R.Burleson (Ed.), *Communication yearbook* (Vol.18, pp.300-319). Thousand Oaks. CA: Sage.

Sandman, P.(1993).*Responding to community outrage: Strategies for effective risk communication*. Fairfax, VA: American Industrial Hygiene Association.

Sandman, P. (2000).Open communication.In E.Mather, P.Stewart, &T.Ten Eyck (Eds.), *Risk communication in food safety: Motivating and building trust.*East Lansing: Michigan State University, National Food Safety and Toxicology Center.

Sellnow, T.L., Ulmer, R.R., Seeger, M.W., &Littlefield, R.S. (2009).*Effective risk communication: A message-centered approach.*New York, NY: Springer Science+Business Media, LLC.

Shoichet, C. (2014, December 30).Nurse's union slams Texas hospital for lack of Ebola protocol.*CNN.* Retrieved from http: //www.cnn.com/2014/10/15/health/texas-ebolanurses-union-claims/.

U.S.confirms 2nd mad cow: Brain disease found in "downer." (2005, July 25).*The Forum*, p.A4.

Weick, K.E., &Sutcliffe, K.M. (2001).*Managing the unexpected: Assuring high performance in an age of complexity.*San Francisco, CA: Jossey-Bass.

第十一章

Benoit, W.L. (1995).Sears' repair of its auto service image: Image restoration discourse in the corporate sector.*Communication Studies, 46*, 89-105.

Beyer, J., &Lutze, S. (1993).The ethical nexus: Organizations, values, and decision-making.In C.Conrad (Ed.), *The ethical nexus* (pp.23-45).Norwood, NJ: Ablex.

Bok, S. (1979).*Lying.*New York, NY: Vintage Books.

Christensen, S.L., &Kohls, J. (2003).Ethical decision making in times of organizational crisis: A framework for analysis.*Business Society, 42* (3), 328-358.

GM Corporate Newsroom. (2014, March 31).CEO Mary Barra's written congressional testimony now available.Retrieved from http: //media.gm.com/media/us/en/gm/news.detail.html/content/Pages/news/us/ en/2014/mar/0331-barra-written-testimony.html.

Johannesen, R.L. (2001).*Ethics in human communication* (5th ed.).Prospect Heights, IL: Waveland.

Jones, G.H., Jones, B.H., &Little, P. (2000).Reputation and reservoir: Buffering against loss in times of economic crisis.*Corporate Reputation Review, 3* (1), 21-29.

Penn State University. (2009, Sept.23).FAQ for students about missed class time, flu symptoms and more.Retrieved from http: //news.psu.edu/story/173945/2009/09/23/faq-students-doout-mnissed- class-time-flu-symptoms-and-more *PRSA member statementof professional values.* (2000).Retrieved from http: //www.prsa.org.

Seeger, M.W., &Kuhn, T. (2011).Communication ethics and organizational contexts: Divergent values and moral puzzles.In G.Cheney.S.May.&D.Munshi(Eds.), *The hand-hook of communication ethics* (pp.166-190).New York, NY: Routledge.

Seeger, M.W., &Ulmer, R.R. (2001).Virtuous responses to organizational crisis: Aaron Feuerstein and Milt Cole.*Journal of Business Ethics*, *31*, 369-376.

Seeger, M.W., Ulmer, R.R., Novak, J.M.&Sellnow, T.L. (2005). Post-crisis discourse and organizational change, failure and renewal. *Journal of Organizational Change Management*, 18, 78-95.

Simola, S.(2003).Ethics of justice and care in corporate crisis management.*Journal of Business Ethics*, *46*(4), 351-361.

Ulmer, R.R.(2001).Effective crisis management through established stakeholder relationships: Malden Mills as a case study.*Management Communication Quarterly*, *14*, 590-615.

Ulmer, R.R., &Sellnow, T.L.(2000).Consistent questions of ambiguity in organizational crisis communication: Jack in the Box as a case study.*Journal of Business Ethics*, *25*, 143-155.

What is the mission of the American Red Cross?(2005).Retrieved from http: //www.redcross.org/faq/0, 1096, 0_315_, 00.html#383.

Wilkins, L.(2010).Mitigation watchdogs: The ethical foundation for a journalist's role. In C.Meyers (Ed.), *Journalism ethics: A philosophical approach* (pp.311-324).New York, NY: Oxford University Press.

第十二章

Benoit, W.L., &Lindsey, J.J.(1987).Argument strategies: Antidote to Tylenol's poisoned image. *Journal of the American Forensic Association*, *23*, 136-146.

Benson, J.A.(1988).Crisis revisited: An analysis of strategies used by Tylenol in the second tampering episode.*Central States Speech Journal*, *39*, 49-66.

Cheney, G., &Lair, D.J.(2005).Theorizing about rhetoric and organizations: Classical, interpretive, and critical aspects.In S.May&D.K.Mumby(Eds.), *Engaging organizational theory and research: Multiple perspectives* (pp.55-84).Thousand Oaks, CA: Sage.

Elliott, D., Smith, D., &McGuinness, M.(2000).Exploring the failure to learn: Crises and the barriers to learning.*Review of Business*, 21, 17-24.

Fink, S. (1986).*Crisis management: Planning for the inevitable.*New York, NY: AMACOM.

Hurst.D.K. (1995).*Crisis and renewal: Meeting the challenge of organizational change.*Boston, MA: Harvard Business School Press.

Kovoor-Misra, S., &Nathan, M. (2000).Timing is everything: The optimal time to learn from crises. *Review of Business*, 21, 31-36.

Meyers, G.C., &Holusha, J. (1986).*When it hits the fan: Managing the nine crises of business.*Boston, MA: Houghton Mifflin.

Mitroff, I.I. (2005).*Why some companies emerge stronger and better from a crisis: 7 essential lessons* for *surviving disaster.*New York, NY: AMACOM.

Mittelstaedt, R.E. (2005).*Will your next mistake be fatal? Avoiding the chain of mistakes that can destroy.*Upper Saddle River, NJ: Wharton.

Nathan, M. (2000a).From the editor: Crisis learning-Lessons from Sisyphus and others.*Review of Business*, *21*, 3-5.

Nathan, M. (2000b).The paradoxical nature of crisis.*Review of Business*, *21*, 12-16.

Nilsen, T.R. (1974).*Ethics of speech communication* (2nd ed.).Indianapolis, IN: Bobbs-Merrill.

Perelman, C., &Olbrechts-Tyteca, L. (1969).*The new rhetoric: A treatise on argumentation.* Notre Dame, IN: University of Notre Dame Press.

Roux-Doufort, C. (2000).Why organizations don't learn from crises: The perverse power of normalization.*Review of Business*, *21* (21) , 25-30.

Seeger, M., &Sellnow, T. (2016).*Narratives of crisis: Telling stories of ruin and renewal* (Vol.19). Stanford University Press.

Seeger, M.W., Sellnow, T.L., &Ulmer, R.R. (1998).Communication, organization, and crisis.In M.E.Roloff (Ed.).*Communication yearbook* (Vol.21, pp.231-275).Thousand Oaks, CA: Sage.

Simon, L., &Pauchant, T.C. (2000).Developing the three levels of learning in crisis management: A case study of the Hagersville tire fire.*Review of Business*, *21*, 6-11.

Sitkin, S.B. (1996).Learning through failure: The strategy of small losses.In M.D.Cohen&L.S.Sproull (Eds.), *Organizational learning* (pp.541-578).Thousand Oaks, CA: Sage.

Snyder, L., &Foster, L.G. (1983).An anniversary review and critique: The Tylenol crisis.*Public Relations Review*, *9*, 24-34.

Ulmer, R.R.(2012).Increasing the impact of thought leadership in crisis communication.*Management Communication Quarterly*, 26(4), 523–542.doi: 10.1177/0893318912461907.

Ulmer, R.R., &Pyle, A.S.(2016).International organizational crisis communication: A simple rules approach to managing crisis complexity.In M.Löffelholz, A.Schwarz, &M.W.Seeger(Eds.), *Handbook of international crisis communication research* (pp.108–118).Hoboken, NJ: Wiley-Blackwell.

Ulmer, R.R., Seeger, M.W., &Sellnow, T.L.(2007).Post-crisis communication and renewal: Expanding the parameters of post-crisis discourse.*Public Relations Review*, *33*, 130–134.

Ulmer, R.R., Sellnow, T.L., &Seeger, M.W.(2007).*Effective crisis communication: Moving from crisis to opportunity.*Thousand Oaks, CA: Sage.

Ulmer, R.R., Sellnow, T.L., &Seeger, M.W.(2009).Post-crisis communication and renewal: Understanding the potential for positive outcomes in crisis communication.In R.L.Heath&D.H.O'Hair (Eds.), *Handbook of risk and crisis communication.*New York, NY: Routledge.

Witt, J.L., &Morgan, G.(2002).*Stronger in broken places: Nine lessons for turning crisis into triumph.* New York, NY: Times Books.

索　引

(索引页码均为英文原著页码，即本书边码)

关于作者

    罗伯特 R.厄尔默是内华达大学拉斯维加斯分校格林斯潘城市事务学院院长、教授。格林斯潘城市事务学院的使命是为社区的建设创造独特的解决方案。厄尔默教授的教学、科研和咨询工作主要是为社区的重建、发展和变革提供有效的风险和危机传播指导。他目前的工作包括帮助社区和组织提升危机响应能力,并提供跨学科的调研解决方案。近期,格林斯潘城市事务学院设立了美高梅国际酒店集团公共政策研究所。该研究所由前参议员哈里·瑞德(Harry Reid)和前议长约翰·博纳(John Boehner)担任联合主席,致力于为社会危机提供创新型解决方案。厄尔默教授还参与了旅游安全、智能城市、城市领导力、社区创伤以及社区重建等多项调研活动。

    厄尔默教授近期及当前的工作由美高梅国际酒店集团、疾病控制和预防中心、环境保护署资助。他曾为国内外各类私人或公共组织提供风险与危机咨询,担任多起危机事件顾问,包括大规模石油泄漏事件、国土安全及恐怖主义事件、金融危机、环境灾害、食品安全危机以及公共健康及社区危机等。

    厄尔默教授曾在*Management Communication Quarterly*、*Journal of Applied Poultry Research*、*Communication Yearbook*、*Journal of Business Ethics*、*Public Relations Review*、*Journal of Organizational Change Management*、*Journal of Applied Communication Research*、*Handbook of Crisis Communication, Argumentation, and Advocacy*、*Pablic Relations Review Communication Studies*、*Handbook of Risk and Crisis Communication*、*Encyclopedia of Public Relations*、*International Handbook of Crisis Communication*、*Handbook of Crisis Communication*、*Handbook of Public Relations*等期

刊发表多篇文章。

蒂莫西 L. 塞尔诺是中佛罗里达大学尼科尔森传播学院战略传播学教授。塞尔诺博士的研究领域包括生物安全、危机计划，为政府、组织及健康机构进行危机和风险管理的战略传播。他曾受资助调研，服务于国土安全部、美国农业部、疾病控制和预防中心、环境保护署、美国地质调查局以及世界卫生组织。他还曾担任咨询顾问，服务于美国国家科学院和食品药品监督管理局。

塞尔诺教授多篇关于危机、风险以及传播的论文发表于*Handbook of Crisis and Risk Communication*、*International Encyclopedia of Communication*、*Communication Yearbook*、*Handbook of Public Relations*、*Handbook of Applied Communication Research*、*Public Relations Review*、*Communication Studies*、*Journal of Business Ethics*、*Journal of Business Communication*、*Argumentation, and Advocacy*、*Critical Studies in Media Communication*、*Journal of Applied Communication Research*、*Health Communication*、*Journal of Health Communication*、*Risk Analysis*、*Journal of Contingencies and Crisis Management*、*Management Communication Quarterly*等期刊。塞尔诺博士是5本书合著者和2本书的合编者，这些书都是关于危机和风险沟通的。他是《应用传播学研究》(*Journal of Applied Communication Research*)的前编辑和国家传播协会Gerald M.Phillips杰出应用传播学奖学金的获得者。

马修·W.西格是韦恩州立大学表演与传媒艺术学院院长、教授。西格院长的研究领域包括危机与风险传播、健康促进及传播、危机响应和机构协调、媒体角色(包括新媒体)之危机与传播伦理、复杂系统故障以及危机后重建等。

西格教授曾与美国疾病控制和预防中心合作长达十余年。他是世界卫生组织应急风险传播指导组成员之一，曾为多家世界500强企业提供危机管理规划和响应咨询。他的工作受到美国疾病控制和预防中心、NCFPD、NSF、NIH，以及密歇根州等组织机构的支持，接受资金资助超过500万美元。他目前正在参与一项历时多年的跨学科课题，主要研究密歇根州弗林特市水系污染问题。

西格教授关于危机与风险传播的论述发表于100余本同行评审的期刊文章及著作中，包括*Handbook of Crisis and Risk Communication*、*International Encyclopedia of Communication*、*Journal of Health Communication Research*、*Health Promotion Practice*、*Communication Monographs*、*International Journal of Crisis and Contingency*

Management、*Communication Yearbook*、*the Handbook of Public Relations*、*Handbook of Applied Communication Research*、*Communication Monographs*、*Public Relations Review*、*Communication Studies*、*the Southern Communication Journal*、*Journal of Business Ethics*、*Journal of Business Communication*、*Management Communication Quarterly*、*Journal of Applied Communication Research*、*the Journal of Organizational Change Management*等。

西格教授独著或与别人联合撰写的著作共8部，主要内容聚焦危机与风险传播，包括*Communication and Organizational Crisis*（2003）、*Crisis Communication and the Public Health*（2008）、*Effective Crisis Communication*（2007）、*Effective Risk Communication*（2009）、*Theorizing Crisis Communication*（2014）、*Crisis and Emergency Risk Communication*（Second Edition, 2015）、*Narratives of Crisis: Stories of Ruin and Renewal*（2016），以及*the International Handbook of Crisis Communication*（2016）。另外，西格教授指导过40余篇博士论文。